강진 백운동 별서정원

# 강진 백운동 별서정원

## 동백 숲길 맑은 그늘 물 끝난 곳 구름 이네

백운동 별서는 월출산 옥판봉 남쪽 자락에 위치한 강진군 성전면 월하리 안운마을에 자리잡은 산중 정원이다. 담양 소쇄원과 면앙정, 강진의 다산초당과 해남의 일지암 등과 더불어 호남 전통 원림의 원형이 그대로 남아 있다. 이곳은 입산조인 이담로가 중년에 조성하여 만년에 손자 이언길을 데리고 들어와 살기 시작한 이래 지금까지 12대에 걸쳐 이어지온 유서 깊은 생활공간이다.

글 정민 ― 사진 김춘호

글항아리

## 서언

백운동을 처음 찾은 것은 2006년 8월이었다. 그전까지 강진에 그런 곳이 있는
줄 알지도 못했다. 다산 친필 편지를 보려고 월출산 자락으로 물어물어 찾아갔
다. 처음 주인의 태도는 전혀 우호적이 아니었다. 그러다가 마침 그가 책상에 놓
아두고 읽던 내 책 때문에 마음을 열고는 귀한 자료를 마음껏 볼 수 있게 해주
었다. 이때 세상을 놀라게 한 『동다기』가 처음 빛을 보았다.

이 귀한 인연으로 강진 걸음을 할 때마다 백운동에 자주 들렀다. 12대째 백
운동을 지켜온 이효천 옹은 갈 때마다 걸어둔 곶감을 떼어 주거나 직접 덖은 구
증구포의 덖음차를 짐에 넣어주곤 했다. 그 마음이 고마워서 "제가 꼭 백운동에
대해 자세한 소개 글을 한번 쓸게요" 무심코 이렇게 말했고, 말이 씨가 되어 이
책을 썼다. 그 사이에 노인은 세상을 떴다. 이제 가면 빈집 마루에 앉아 혼잣말
로 몇 마디씩 대화를 나누다 오곤 한다.

2014년 봄 강진군에서 백운동 별서 정원의 복원 사업과 관광 개발을 위한 자

문회의를 한다는 연락을 받았다. 짚이는 것이 있어 혹시나 하고 내려갔다. 우려했던 대로 인근에 야영장까지 만드는 관광지 개발 계획이 잡혀 있었다. 백운동의 역사와 가치에 대한 깊은 이해가 없어 나온 생각이었다. 노인과의 해묵은 약속을 실행에 옮길 때가 되었다고 생각했다. 어떻게든 개발 계획을 막아보려고 강진군에 백운동 관련 역사 기록의 정리를 자청하고 나섰다.

백운동의 풍광을 다산이 쓰고 초의가 그린 『백운첩』을 비롯해 관련 기록들을 뒤지기 시작했다. 문집 총간을 검색하고 『백운세수첩』과 『견한록』 등 입산조인 이담로의 친필 자료 및 역대 명류들의 제영시를 수집 정리했다. 생각지 못한 자료가 끝없이 쏟아져 나왔다. 하나의 별서 공간에 백운동만큼 많은 시문이 존재하는 예는 따로 보지 못했다. 담양 소쇄원의 기록이 많다고 해도 작가의 면면과 작품의 양은 백운동 쪽이 훨씬 더 다채롭고 풍부하다. 게다가 대부분 친필로 남아 있다.

처음 이곳을 찾을 당시만 해도 정원에는 잡초가 우거져 황폐하고 황량했다. 그 사이 강진군에서 복원 노력을 기울여 지금은 살림집으로 사용해온 본채를 제외하곤 대부분 옛 모습을 회복했다. 이곳은 강진의 숨은 보석일 뿐 아니라 호남 원림의 원형을 온전히 보존한 소중한 문화유산이다. 아홉 구비로 마당을 안아 흐르는 유상구곡은 민간 정원에서는 유일하게 이곳에만 남아 있다. 그 규모도 가히 볼 만하다.

들어가는 초입의 하늘을 가린 동백나무 숲길과 원경으로 잡히는 월출산 옥판봉의 웅자. 눈을 시원하게 해주는 강진다원의 차밭과 3만 제곱미터가 넘는 대지에 펼쳐진 울창한 대숲, 오밀조밀 옹기종기 구색을 갖춘 정자와 화계의 짜임새 있는 배치. 기품 있는 매화와 소나무, 아름드리 비자나무 그늘, 그리고 정선대 아래쪽의 차밭과 정자. 물길만 회복하면 사시사철 옥색 물이 폭포를 이뤄 흐를 계곡과 이 물을 끌어와 마당을 한 바퀴 돌아 나가도록 설계된 아홉 구비 유상곡수 등 백운동의 매력은 참으로 끝이 없다.

더욱이 이곳은 13대째 대를 이어 지켜온 유서 깊은 별서다. 없던 것도 새로 만드는 판에 있던 것을 못 지킨대서야 말이 되겠는가? 이 책에는 백운동의 온갖 역사가 모두 담겨 있다. 손때 묻혀 가꿔온 역대 주인들의 이야기, 이곳을 거쳐간 명류들의 100편이 훨씬 넘는 시문도 모두 실었다. 이 책으로 백운동의 지나온 역사를 다 담았다고 자부한다. 미래의 백운동을 가꾸는 것은 이제 우리가 지킴이로 나서야 한다. 기쁘게도 출간 직전 강진군에서 큰 예산을 들여 이곳을 원형 그대로 복원해 호남 원림의 상징 공간으로 조성해나갈 거라는 소식을 전해왔다. 강진원 강진 군수의 용단에 깊은 경의를 표한다. 지하의 노인께도 내 마음이 한결 가벼워졌다.

집필에 많은 분의 도움을 입었다. 우선 강진군에서 백운동 별서 정원의 기록 정리를 위한 용역을 내게 맡겨 정리의 계기를 마련해주었다. 문화관광과의 이재연 선생이 중간에서 수고를 아끼지 않았다. 실제 작업에는 작고한 이효천 옹과 13대 주인인 아들 이승현 선생의 전폭적인 지지 및 성원이 든든한 뒷심이 되어주었다. 후손인 이효우, 이철주 선생은 본인이 소장한 다산과 이시헌 친필을 비롯해 『백운세수첩』 등 각종 실물 자료를 기꺼이 제공해주었다. 작업 막바지에 이담로 친필 『견한록』의 존재를 알려주고 자료를 제공해준 박철상 선생의 도움도 컸다. 강진의 신영호 선생께도 자료 수집에 도움을 받았다. 사진작가 김춘호 씨와 작업을 함께 할 수 있었던 것을 특별히 기쁘게 생각한다. 그는 틈만 나면 강진까지 혼자 내려가 그 풍경 속에 오래 잠겨 있다 오곤 했다. 그의 솜씨로 네 계절을 고루 담지 못한 것은 조금 아쉽다. 뒤에 보완할 기회를 갖겠다.

다산에 붙들린 이래로 강진과 관련된 공부가 꼬리를 물고 있다. 실낱같은 인연이 새로운 인연으로 이어지는 과정은 늘 경이롭다 못해 신비하기까지 하다. 다산과의 만남이 아니었다면 내가 백운동을 알 까닭이 없었을 테고, 노인과의 인연이 없었다면 이 책을 쓸 일도 없었을 것이다. 우리 산하 곳곳에 아직도 이런 보석이 원석 상태로 남아 있다는 것은 참으로 신나지만 한편 부끄러운 일이다. 새봄에는 책을 노인의 산소 앞에 놓고 평생 그가 즐겼던 소주 한잔을 올려야겠다. 글항아리의 이은혜 편집장이 책을 만드는 내내 수고를 아끼지 않았다. 유재형 군이 원문을 입력하느라 고생을 했다. 다 고마운 인연이다.

2015년 매화 시절
행당동산에서 정민 씀

# 서설

강진군의 백제 때 이름은 도무군道武郡이다. 신라 때 양무군陽武郡으로 이름을 고쳤다가 고려 때 다시 도강현道康縣으로 바꿔 영암군에 소속시켰다. 조선조에 들어 병마절도사의 군영이 이곳으로 옮겨지면서 병영兵營이 자리잡아 군사 요충의 역할과 함께 상업상 중요한 곳이 되었다.

한편 탐진현耽津縣은 본래 백제의 동음현冬音縣이던 것을 신라 때 탐진으로 고쳐 양무군에 복속시켰다가 고려 때는 영암군에 속하게 하고 후에 다시 장흥부에 소속케 되었다. 조선조 들어 도강현과 탐진현이 합쳐져 지금의 강진현康津縣이 되었다. 처음에는 탐진현을 치소治所로 삼았고 훗날 도강현의 송계松溪로 이전했다. 이를 고읍古邑이라 부른다. 그 뒤 얼마 안 있어 다시 탐진으로 치소를 옮겼다. 현재 강진군청의 소재지다.

이러한 강진군의 대략의 연혁은 서울대 규장각한국학연구원에 소장된 「강진현지도康津縣地圖」 상단에 보인다. 강진군은 그 유구한 역사 속에서 다양한 권역을 내재한 문화의 고장이다. 고지도 하단 왼쪽 바다와 접한 곳에 자리한 청자박

「강진현지도」, 1872,
규장각한국학연구원 소장.

물관 권역과 건너편 만덕사 및 귤동의 다산초당을 하나로 묶는 다산초당 권역, 읍내의 영랑 생가와 시문학파 박물관을 중심으로 한 영랑시 권역, 치소의 오른쪽 상단에 자리한 병영성과 하멜기념관 권역 등 곳곳에 문화의 향기가 배어 있고 역사의 숨결이 살아 있다.

이 가운데 풍부한 잠재 가치를 지녔음에도 불구하고 그 위상을 제대로 평가받지 못한 채 묻혀 있는 공간이 있다. 고지도 상단 왼쪽 월출산 아래 월남사지 석탑에서 이한영 생가를 지나 강진다원을 거쳐 무위사로 이어지는 이른바 차문화 권역이다. 이중에서도 월출산 옥판봉 아래 강진다원에 둘러싸인 백운동 별서 정원은 이 권역의 핵심이 될 중심 공간이다. 강진군에서는 일찍이 이 공간의 잠재 가치를 높게 평가하여 지난 2008년부터 백운동 별서 정원의 복원 계획을 세웠다. 별서 정원의 여러 공간은 남아 있던 유구遺構와 옛 기록에 근거하여 복원 완료되었다. 현재 한국전쟁 이후에 다시 지어 살림집으로 쓰던 낡은 본채를 헐고 중건하는 일과 화단의 식재植栽, 주변 공간의 정리 및 진입로 정비만 남겨둔 상태다.

이 책은 백운동 별서 정원의 문화적 잠재 가치를 확인하고 역대 각종 문헌 자료와 시문을 통해 이 권역의 역사와 문화를 일반에 널리 알리고자 집필되었다.

백운동白雲洞 별서別墅는 월출산 옥판봉 남쪽 자락에 위치해 있으며, 행정구역상으로는 강진군 성전면 월하리 안운마을에 자리잡은 전통 정원이다. 담양의 소쇄원瀟灑園과 명옥헌鳴玉軒, 강진의 다산초당 및 해남의 일지암一枝庵 등과 더불어 호남 전통 원림의 원형이 그대로 남아 있다.

이곳은 입산조인 이담로李聃老(1627~?)가 중년에 조성하여 만년에 둘째 손자 이언길李彦吉(1684~1767)을 데리고 들어와 살기 시작한 이래 지금까지 12대에 걸쳐 이어져온 유서 깊은 생활공간이다.[1] 백운동 5대 주인 이시헌李時憲(1803~1860)이 엮어 정리한 『백운세수첩白雲世守帖』에 역대 명류들이 백운동 8영詠을 읊은 연작시가 다수 실려 있다. 이들 시는 초기 백운동의 모습을 재구성하는 데 큰 밑바탕이 된다.

이밖에도 『백운세수첩』에는 이담로가 백운동을 묘사한 글과 적와기수適窩畸叟 신명규申命圭(1618~1688)가 쓴 「백운동초당 8영白雲洞草堂八詠」, 임영林泳(1649~1696)과 김창흡金昌翕(1653~1722)의 「백운동 8영」 등이 각각 실려 있다. 또 송익휘宋翼輝(1701~?)의 「백운동 10영白雲洞十詠」과 이시헌의 발문이 남아 있다. 그 외 개인 문집에 백운동을 노래한 시가 몇 수씩 더 있고, 김창집金昌緝(1662~1713)의 『포음집圃陰集』과 김재찬金載瓚(1746~1827)의 『해석유고海石遺稿』, 이하곤李夏坤(1677~1724)의 『두타초頭陀草』에도 백운동을 노래한 기록들이 나온다.

한편 다산茶山 정약용丁若鏞(1762~1836)은 이곳을 직접 방문해 백운동 12경시 연작을 지었다. 또 이때 제자 초의草衣(1786~1866)에게 「백운동도」와 「다산도」를 그리게 한 뒤 자신의 친필 시를 합첩한 『백운첩白雲帖』을 남겼다. 이를 이어 다산의 제자 황상黃裳(1788~1870)과 이시헌이 스승의 시에 화운해서 12경 또는 14경 연작시를 지었다. 초의와 소치小痴 허련許鍊(1808~1893) 등도 이곳을 찾아 시를 남겼다. 이외에도 백운동과 관련된 역사 문헌은 꽤 풍부하게 전해져온다. 원주 이씨 가장家藏 문헌을 통해 확인되는 내용만 해도 적지 않다.

이로써 볼 때 백운동은 우리나라에 남아 있는 전통 별서 중 기록이 가장 풍부한 축에 속한다. 담양 소쇄원의 문헌 기록도 풍부한 편이지만 그 다양성에 있어서는 백운동에 미치지 못한다. 이처럼 다채로운 기록과 자료들은 백운동의 문화사적 위상을 뚜렷이 밝혀줄 뿐 아니라 향후 복원 사업 및 이곳을 문화권역으로 묶어 역사와 문화가 살아 숨 쉬는 공간으로 재탄생시키는 데 있어 중요한 기준점을 제시해준다.

이 책은 다음 몇 가지 큰 목표를 갖고 집필한다. 우선 백운동 별서 원림의 문화사적 위상을 자리매김할 수 있는 인문서로 구성하되, 관련 시문과 역사 자료를 망라한 자료집 구실을 겸하도록 한다. 아울러 현장감을 살리기 위해 각종 풍부한 원전 자료의 이미지와 풍경사진을 함께 제시할 것이다. 이 책에서 구체적으로 밝히고자 하는 핵심 주제들은 다음과 같다.

첫째, 관련 문헌 정리로 백운동의 역사 복원.
둘째, 전통 별서 원림 백운동 정원의 공간 구성.
셋째, 백운동 역대 주인의 행적과 관련 기록 정리.
넷째, 다산 정약용과 백운동에 얽힌 인연 및 차문화사적 위상 정립.
다섯째, 한국 전통 별서 원림으로서의 백운동의 문화사적 가치 규명.

이를 위해 이 책은 모두 6장으로 구성했다.

제1장에서는 백운동 별서 정원에 대한 각종 그림 자료와 현대의 재현도를 소개하고 백운동 원림의 공간 구성과 경관 요소를 조경학적 관점에서 정리할 것이다. 이어 원림 안팎의 공간 배치를 살펴본 뒤 건물의 구성과 기능, 공간의 구획과 배치 등을 다른 전통 원림과의 비교를 통해 알아보겠다. 이를 백운동 별서 정원의 문화사적 위상을 자리매김하는 도입부로 삼는다.

제2장은 각종 문헌 기록을 정리함으로써 백운동 별서 원림의 연원과 유래를 알아본다. 집안에 전해져온 『백운세수첩』 속의 기록들을 검토하고, 그 외 각종 문집 자료에 수록된 백운동 별서에 관한 정보를 종합해 백운동의 유구한 역사를 검토하려 한다. 나아가 백운동을 지켜온 역대 주인들의 자취도 함께 짚어볼 것이다. 모두 12대에 걸쳐 대물림하며 가꾸고 지켜온 역사다.

제3장은 다산 정약용이 남긴 『백운첩』을 통해 백운동 12경을 풍경점별로 사진과 함께 제시해 별서 원림의 세부 윤곽을 그려보겠다. 아울러 『백운첩』이 만들어지게 된 배경, 다산초당과의 비교 및 다산이 백운동에 보낸 여덟 통의 간찰

도 소개할 것이다.

제4장은 백운동을 노래한 시문들과 이를 남긴 문인들의 자취를 좇을 것이다. 17세기 후반부터 18세기까지는 김창흡과 김창집 형제, 신명규와 임영, 송익휘와 김재찬, 이하곤 등이 8경 중심의 백운동 시문을 남겼다. 19세기 이후에는 정약용이 12경 시를 남긴 이래 그의 제자 황상과 이시헌, 그리고 초의와 소치 등이 백운동을 시로 여러 차례 읊었다. 이들 자료를 여기서 모두 선보일 것이다.

제5장은 차문화 산실로서의 백운동의 위상을 정립하려 한다. 전통 차 이론서인 『동다기東茶記』의 발견 경위와 다산이 백운동에 보낸 제다법을 설명한 편지, 그 밖에 이시헌이 남긴 차시와 일제강점기 이한영의 백운옥판차로 이어지는 맥락을 검토해 차문화사에서 백운동이 차지하는 위상을 제시하려 한다.

제6장은 이런 논의들을 종합하여 한국의 전통 별서 원림과 문화공간으로서 백운동이 점하는 위치를 검토한다. 백운동 별서의 본가인 금당리 연지초당蓮池草堂과 이담로의 증손으로 사도세자의 사부를 지내고 월남사지 근처 월강사月岡祠에서 강학활동을 펼쳤던 이의경李毅敬(1704~1778)의 활동을 포함해 이 인근 일원의 역사 사적을 하나의 문화벨트로 묶을 것을 제안해보려 한다.

마지막으로 부록을 덧붙였다. 백운동 관련 주요 인물의 행장과 묘비문 및 주요 기록을 원문과 번역문으로 소개하고, 더불어 백운동의 주요 전적 자료 및 문물을 소개하고자 한다.

이러한 논의 과정에서 백운동 별서 정원이 담양 소쇄원에 비견될 공간으로 재탄생하여 강진 지역 차문화 권역의 중심축을 이루는 새로운 문화 명소로 자리매김될 수 있기를 기대한다.

# 강진의 전통 원림 백운동 별서 정원

백운동 별서 정원의 외원과 내원의 공간 구성은 어떠한가? 외원과 내원의 경계는 별서의 담장으로 구분한다. 일반적으로 별서 정원의 남장은 보기 동안 정신수 부분적으로 실패하기 쉬운 정의 뜬 정원의 내부와 외부를 가르는 경계가 아닐 때가 많다. 하지만 백운동 별서 정원의 경우 집 둘레가 담장에 둘러져 있다.

백운동 별서 정원은 월출산 옥판봉 남쪽 자락에 자리잡은 안운마을에 있다. 행정구역상으로는 전라남도 강진군 성전면 월하리 546번지이며, 강진군 향토문화유산 제22호다. 소쇄원, 명옥헌, 다산초당, 일지암 등과 더불어 몇 남지 않은 호남 전통 원림의 원형을 고스란히 간직하고 있다.

이 장에서는 본격적인 논의에 앞서 이곳의 전체적인 분위기를 그려볼 수 있도록 사진과 그림 자료를 소개하고 정원의 공간 구성 및 경관 요소를 살피는 것으로 글을 시작한다.

사진과 그림으로 본 백운동 별서 정원

먼저 백운동 별서 정원의 전체적인 모습과 공간 배치를 잘 드러내는 각종 도판 자료를 살펴보자. 첫째로 볼 것은 서설에서 소개한 「강진현지도」에서 백운동이 표시된 부분을 확대한 것이다.

지도의 월출산 정상 바로 아래에 고사탑古寺塔이라 한 것은 월남사지 삼층석탑이다. 그 왼쪽 아래 비스듬히 누운 네모 안에 '백운동'이란 지명이 보인다. 그 아래쪽은 월남리다. 강진현 치소에서 40여 리 떨어진 거리에 있다고 했다. 현재 이 일대에는 태평양 강진다원에서 운영하는 차밭이 드넓게 조성되어 있다.

항공 촬영 사진을 통해 이 일대를 조망해보자. 뒤쪽의 위쪽 사진은 월출산 전경이 한눈에 들어오는 시점으로 포착했다. 하지만 이 장면에서는 백운동의 모습이 거의 잡히지 않았다. 화면 왼쪽 끝 중앙에 불쑥 솟은 봉우리 너머에 위치한 작은 점이 바로 백운동 별서 정원이다.

다시 반대 방향에서 백운동 별서를 중심에 두고 찍은 화면이 아래쪽 사진이

다. 왼쪽 상단의 길 좌우로 숲 한 자락이 이어져 내려오다가 그 중앙에 반달 모양의 작은 길과 집 한 채가 보인다. 바로 이 지점이 백운동 별서 정원이다. 백운동의 산세를 타고 내려오면 아래쪽에 안은 저수지가 나온다. 사진 하단의 봉긋 솟은 봉우리가 지금은 강진다원의 차밭이 가로지르는 바람에 산세가 끊겼지만, 원래는 산자락으로 이어져 좌청룡 우백호로 국세局勢를 펼쳐 저수지 바로 옆에 솟은 숲이 안산의 구실을 하는 풍수지리상 혈 자리에 해당되는 명당이다.

강진군에서 백운동 생태공원 조성을 계획하면서 그린 복원도를 보자. 현재 복원된 화면과 향후 복원할 본채의 예상 도면을 반영해서 그렸다. 대체로 실측을 바탕으로 했지만 과장되고 왜곡된 면이 있다. 우선 계류 주변 담장 밖으로 난 길이 실제보다 넓고 평탄하다. 원래의 계류는 좁고 비탈이 굴곡진 경사면을

강진군을 조망한 항공 촬영 사진, 강진군청 제공.

백운동 별서 정원 복원 조감도. 강진군청 제공.

타고 내려오는데 복원도에서는 평지를 지나는 듯 그려져 있다. 별서 정원 내부의 풍광은 실제 모습과 큰 차이가 없다. 다만 마당에 자리한 유상곡수流觴曲水 상하 방지方池의 수로가 조금 과장되었다. 또 정선대로 올라가는 담장을 직선으로 하지 않고 꺾어놓은 점이 본모습과 다르다.

별서 최상부의 본채 자리에 현재는 본채 대신 한국전쟁 때 새로 지은 낡은 건물이 있다. 곧 헐고 그림 속의 규모로 복원할 예정이라 한다. 화면에서 보듯 집은 경사면을 따라 지어져서 축대를 3단으로 쌓아 화계花階를 조성해 공간을 확보하고 여기에 모란을 비롯한 각종 화훼와 나무를 심었다. 아래쪽 정자의 높이는 본채와 비슷하다. 현재 상단의 본채는 방위가 상당히 뒤틀려 있다. 전쟁 때 소실된 건물을 새로 지으면서 초석의 위치를 잘못 잡는 바람에 동북쪽으로 25도가

「백운동도」, 송영방, 1990, 이효우 소장.

량 뒤틀리게 되었다고 한다.

200여 년 전 백운동 별서 정원의 모습은 다산이 제자 초의를 시켜서 그리게한 「백운동도」에 꽤나 세밀하게 담겨 있다. 이 그림은 뒤 절 다산의 『백운첩』을설명할 때 「다산도」와 함께 소개하고 여기서는 잠시 미뤄두겠다.

대신 우현 송영방 화백이 초의의 「백운동도」를 바탕으로 주변의 형세를 넓게잡아 펼쳐 재구성한 「백운동도」를 살펴보자.

이 그림에서는 백운동 별서 정원 내부가 초의의 그림보다 현실적으로 반영된반면 마당의 유상곡수를 그리지 않았고, 정원 아래쪽 울타리 바깥의 정선대停仙臺 부분이 실경과 달리 과장된 느낌을 준다. 계류를 끼고 나 있는 대문이 생략되었고 아래쪽 울타리의 문도 실제로는 바위에 잇대어 가려져 보이지 않는다. 이그림은 송영방 선생이 1990년에 후손인 이효우李孝友 선생의 의뢰로 그린 것이다.당시에는 백운동 별서 정원의 복원이 이루어지기 전인 데다 기록에 의한 고증이섬세히 이뤄지지 않았던 탓에 주변 배치가 실제와 조금 다르다. 그렇다 하더라도전체적으로 주변의 국세와 화면의 스케일이 시원스럽다.

백운동 별서 정원의
공간 구성과 경관 요소

이제 백운동 별서 정원의 구성과 특성을 입지와 내외부 공간 구성 및 경관 연출의 기법과 유형, 건물과 수경 및 점경물, 담장과 석축 등의 구성 요소, 시각적 체험 구조의 유형에 따른 배수 및 수경 기법, 경물 배치와 배식 기법 등으로 세밀히 나누어 조경학적 관점에서 검토하겠다.

별서는 살림집인 본제本第에서 떨어져 인접한 경승에 은거를 목적으로 조성한 제2의 주거를 일컫는다. 일반적으로 간단한 취사와 기거가 가능한 소박한 형태의 별장이란 의미로 쓰인다. 입지적 특성에서 보면 우선 풍광이 아름다운 곳에 자리잡고 본제, 즉 살림집과는 도보로 왔다 갔다 할 수 있는 그리 멀지 않은 거리에 위치하며, 마을과는 대체로 차폐물이나 물리적 방법을 통해 격리되어 있다.[2]

별서 정원은 조성 배경에 따라 은거형隱居型과 휴양형休養型, 추모형追慕型 등으로 구분하거나 기능에 따라 별장처럼 이용되는 별장형別莊型과 주거 형태를 갖춘

백운동 별서 정원의 전경

별업형別業型 등으로 나누기도 한다. 별서 가까운 곳에 강이나 호수가 자리잡았는지 여부에 따라 임수형臨水型과 내륙형內陸型으로 구분할 수 있고, 입지 면에서 별서의 곁 또는 내부로 시내가 흐르는 계류형溪流型과 그렇지 않은 무계류형無溪流型으로 구분할 수도 있다. 이같이 다양한 분류와 입지 특성이 별서 정원 저마다의 독특한 개성을 낳는다. 즉 다양한 공간 분할과 물 처리 기법, 담장과 수목을 통한 차폐, 진입로와 화계 조성 등에서 주변 경관의 반영에 따른 차이가 생겨난다.

별서 정원의 공간은 내원內園과 외원外園으로 나눈다. 때로 좀더 광범위한 영향권역을 따로 설정할 수도 있다. 별서 정원의 중심 공간인 내원은 울타리에 의해 물리적으로 구분된 내부 공간을 일컫는다. 외원은 내원에서 볼 때 시야에 들어오는 담장 둘레의 가시권역이다. 이는 이용 방식에 따라 권역이 다시 세분된다.

이제 이러한 기본 개념을 전제로 백운동 별서 정원의 공간 구성을 살펴보자. 백운동 별서에 관한 연구는 김수진·정해준·심우경이 공동 집필한 「강진 백운동 별서정원에 관한 기초 연구」란 논문이 최초로, 이곳의 입지적 특성과 조영 배경 및 공간 구성을 꼼꼼하게 분석했다. 이 절에서는 이 연구 성과에 기초해 조경학의 일반 논의를 조금 확장하여 정리해보기로 한다.

먼저 백운동 별서의 입지적 특성이다. 앞서 「강진현지도」와 항공 사진에서 보았듯 백운동 별서는 월출산 옥판봉의 남쪽 기슭을 끼고 백운곡의 동쪽 산자락에 자리잡았다. 풍수지리적으로 볼 때 월출산이 배산背山이 되고, 백운 계곡에서 갈라진 양 날개가 좌청룡 우백호를 이뤄 국면을 펼치며 그 앞쪽에 불쑥 솟은 안산을 갖춘 전형적인 길지 명당터다.

백운동 별서 정원의 외원과 내원의 공간 구성은 어떠한가? 둘의 경계는 담장으로 나뉘어 있다. 일반적으로 별서 정원의 담장은 보기 흉한 경관을 부분적으로 차폐하기 위한 것일 뿐 정원 내부와 외부를 가르는 경계로 지어지지 않는다.

하지만 백운동 별서 정원은 집 둘레가 담장에 둘러져 있다. 처음 별장형 별서로 조성되었던 이 공간이 뒷날 생활형 별서로 성격이 바뀌면서 일어난 변화다. 외원은 다시 별서 아래쪽 마을을 끼고 난 동백숲에 둘러싸인 진입 공간과 내원의 담장을 끼고 흐르는 계류 공간, 정원 아래쪽 담장 밖에 불쑥 솟은 언덕인 정선대 공간, 본채 왼편 운당원의 왕대밭 공간, 본채 담장 뒤편의 후원 공간 등으로 구분된다. 경사면을 따라 조성된 내원은 본채와 사랑채가 있는 상단과 3단의 화계로 이루어진 중단, 그리고 상하의 방지를 끼고 유상곡수가 흐르는 하단으로 나뉜다. 각 풍경점의 위치와 세부 설명은 백운동 12경을 설명하는 뒤 절로 잠시 미뤄둔다.

## 외원 공간

먼저 살펴볼 것은 백운동 별서의 외원 공간이다. 구역별로 구분해서 설명한다. 진입 공간부터 보자. 일반적으로 별서 정원은 입지 특성상 마을과 적절한 거리를 두고 격리된 공간에 자리잡는다. 격리는 대숲이나 동백림 등의 차폐림 혹은 하천에 의해 이루어진다. 마을이 가까운 곳에 있을 때 인위적으로 조성해 시선을 차단하기도 하고 원래 숲이 있던 곳에 터를 잡기도 한다. 대개 고도高度 차이를 활용하거나 진입 동선을 우회시키는 등의 다양한 방법을 동원한다.

백운동 별서는 차폐림 구실을 하는 동백나무와 비자나무 등 상록수림과 집 옆을 흐르는 계류에 의해 아래쪽 안운마을과는 이중으로 차단되어 있다. 다산이 백운동의 제2경으로 꼽은 산다경山茶徑의 '유차성음油茶成陰'에 해당된다. 마을에서는 이렇듯 겹겹의 차단벽으로 가려진 별서 공간이 눈에 전혀 띄지 않아 진입로를 돌아 들어오면서도 그 존재를 알아차리기 어렵게 되어 있다.

백운동이란 글자가 새겨진 바위.

산다경의 동백나무 숲길이 끝나면서 계류와 만나는 지점에 놓인 큰 바위에
'백운동白雲洞'이란 세 글자가 암각되어 있다. 일반적으로 암각은 사람의 통행이
많아 눈에 잘 띄는 곳에 해놓는 데 반해 백운동의 암각은 진입 방향에서는 보이
지 않고 산 위쪽에서 진입로 방향으로 내려설 때 시야를 약간 비껴선 지점에 새
겨져 있다. 따라서 백운동으로 들어오는 이들은 이 암각을 쉬 발견하기 어렵다.
백운동을 나서면서 시선을 둘러보고 나서야 비로소 이것이 눈에 띈다. 암각은
백운동의 경관을 구성하는 점경물로, 배석配石이라 부르는 인공적인 석가산石假山
이나 자연석을 인위적으로 바닥에 늘어놓는 방식이 아닌 원래 놓인 자연석에 새

겼다. 글씨는 백운동의 입산조인 이담로가 쓴 것으로 알려져 있다.

　진입 공간인 산다경이 끝나는 지점에서 계류와 만난다. 계류는 위쪽으로부터 백운동 별서의 담장을 끼고 흘러내려와 대문 앞쪽에 놓인 다리 밑을 지나면서 작은 폭포를 이루며 아래로 떨어진다. 제4경 홍옥폭紅玉瀑이다. 예전에 계류의 수량이 풍부할 때는 이곳에 물레방아가 설치되기까지 했다. 강진다원 조성 당시 위쪽으로 큰길이 나면서 물길이 끊겨 현재 시내는 유량이 거의 없는 건천乾川에 가깝다. 백운동 별서 복원 때 가장 신경써서 해결해야 할 부분이다.

　계류는 집과 마을을 가르는 또 하나의 분명한 경계선이다. 계류를 지나면 대문을 만나기 전에 옆으로 길게 뻗은 절벽이 시야를 우뚝 막아선다. 다산이 백운동 제6경으로 꼽은 창하벽蒼霞壁이다. 창하벽이 끝나는 지점에 백운동 별서의 대문이 나타난다. 이담로 당대에는 담장이나 대문이 없는 말 그대로의 별서였을 것이나 이담로 서거 후 손자 이언길 대에 가족을 이끌고 이곳에 들어와 살면서 점차 주거의 형태를 갖추며 담장과 대문 등이 세워진 듯하다.

　창하벽의 상부는 대문 안쪽 내원에서 보면 하단 끝에 둘러쳐진 담장 너머 굽어 도는 길을 따라 난 제11경 정선대 공간이다. 정선대 옆에 낙락장송의 소나무 군락이 또 제7경 정유강貞蕤岡이다. 대문 뒤 내원에서 볼 때 솟은 창하벽의 꺾인 북면은 제10경 풍단楓壇이다. 정선대 위에서는 북쪽으로 다산이 백운동 제1경으로 꼽은 월출산 옥판봉의 일렬로 늘어선 암봉이 시야에 잡히고, 내원 또한 전경이 한눈에 들어온다. 내원이 끝나는 지점에 잇대어 솟은 공간이 집 뒤편의 월출산과 산 아래 집 전체를 시야에 넣는 독특한 전망을 만들어내는 셈이다. 아래쪽 마을 방향으로는 소나무 군락이 백운동 별서를 외부 공간과 격절시키는 차단막 구실을 한다.

　계류 반대편인 내원의 왼쪽 담장 밖은 제12경 운당원篔簹園이 자리잡았다. 상당히 넓은 구역에 걸쳐 대밭이 조성되어 있다. 초의는 뒤에 볼 「백운동도」에서

백운동 별서 정원 입구의 수석과 계류.

운당원 왕대나무 밭을 특별히 강조해서 그렸다. 백운동의 왕대나무는 생계의 방편으로도 요긴한 쓰임새를 지녔다. 또 이 대밭에 자생하는 차나무에서 당대는 물론 후대까지 유명한 백운옥판차白雲玉版茶가 생산되었다.

외원을 구성하는 마지막 요소는 본채 담장 뒤편 공간이다. 집 둘레와 비탈로 오르는 언덕이 제3경 백매오百梅塢다. 이곳에 심어져 있었다는 100그루의 매화나무는 이시헌 당대에 이미 몇 그루 남지 않았던 듯하고, 현재는 내원에 두 그루의 고매가 남아 있어 희미하게나마 지난날의 성대했던 광경을 떠올리게 한다. 백매오 위쪽 별서 전체가 내려다보이는 지점에 입산조인 이담로의 묘소가 있다.

이렇게 볼 때 외원은 진입 공간과 계변溪邊 공간, 정선대 공간과 운당원 공간, 백매오 공간 등 다섯 공간으로 나뉘고 이곳에 백운동 12경 중 9경이 배치되어 있다. 외원은 담장으로 사방을 차단한다. 또 본채 내부에서 밖을 보면 정선대가 시선을 가로막고 정선대는 다시 시야를 본채 쪽으로 돌려세워, 관람자의 시선이 백운동 별서 영역을 벗어나지 못하도록 제한한다. 양옆의 대숲과 계류 주변의 차폐림은 담장 밖의 시선이 숲을 벗어나지 못하게 막아 별서 내부 공간은 그대로 분지의 형국을 띠면서 숲속에 폭 안긴 모양새다. 즉 주변 경관을 끌어들이는 차경借景의 방향이 반대로 된 점은 백운동의 특징적인 국면 중 하나다. 본채에서는 정선대에 가려져 산 아래가 보이지 않는 대신 정선대에서는 다시 산 아래가 아닌 반대 방향의 옥판봉과 별서 전경이 눈에 들어온다. 그런데 막상 대문을 들어설 때는 국면이 위쪽으로 열려 있어 뒤편의 정선대는 시야에서 가려져 사라진다. 따라서 차경이 집 아래쪽이거나 양옆의 것을 끌어들이게 마련인 일반적인 경우와 달리 백운동 별서는 오히려 집 밖 정선대에서 반대편 옥판봉과 집 전체를 차경으로 끌어들이는 독특한 방식으로 공간이 배치되어 있다.

## 내원 공간

내원 공간은 평면도로 보면 장방형長方形의 구조로 원래 산비탈이었을 경사면을 따라 조성되었다. 본채가 가장 위쪽에 자리잡았다. 이어 경사면을 평지로 조성하면서 나온 흙을 메워 앞마당으로 터를 닦아 내고, 그 아래 경사면은 다시 축대를 쌓아 3단의 화계와 중앙 계단을 조성하는 방식으로 공간의 낙차를 완화시켜나갔다. 그 상부에 백운 별서의 본채가 자리잡은 것이다. 본채에는 지금은 잠시 별도의 장소에 보관되어 있는, '백운유거白雲幽居'라고 쓴 해묵은 나무 현판이 걸려 있었다.

본채에서 한 층 내려선 곳에 시내 쪽 담장을 끼고 제9경 취미선방翠微禪房이 자리잡았다. 이담로의 6세손인 이시헌은 사랑채의 이름을 자이당自怡堂으로 고쳐 불렀다. 원래 터만 남았던 자리에 2009년 강진군에서 복원 계획에 따라 세 칸 초가집을 새로 지었다. 다산과 이시헌의 시문에 따르면 취미선방 곁 계류변에 이와는 별도로 원두막에 가까운 죽정竹亭이 있었다.

화계는 모두 3단으로 그 형태가 온전하게 남아 있다. 이곳이 백운동 제8경 모란체牡丹砌다. 화단에 모란을 무리지어 심어둔 것인데, 남은 기록으로 볼 때 모란

'백운유거' 현판.

외에도 영산홍과 국화를 비롯해 여러 화초를 가꾸었다. 나무는 매화와 단풍나무 등 다양한 수종이 숲을 이룬 외원과 달리 점식点植 형태로 심어져 있었다. 일반적으로 화훼는 시각의 중심점을 이루는 방지나 연못가 또는 정자 주변에 심는 것이 보통이지만, 백운동의 경우 비탈길에 조성된 3단의 화계에 집중적으로 심어졌다.

화계를 내려서면 대문으로 이어지는 아래 마당, 즉 전정前庭이 나온다. 이곳의 대표적인 풍경점은 집 옆을 흐르는 계류를 끌어들여 구곡九曲으로 돌려 조성한 제5경 유상곡수다. 현재 경주의 포석정과 창덕궁의 주변에 유상곡수의 유구가 남아 있지만 민간 정원에 이렇듯 유상곡수의 자취가 온전하게 보전된 곳은 백운동이 유일하다. 이것 하나만으로도 백운동 별서의 존재는 특별하다.

유상곡수는 계류에서 물을 끌어다 바깥 담장 밑으로 난 수구水溝를 따라 흐르다가 대문 옆의 작은 입수구를 통해 90도 꺾여 내원의 마당으로 흘러든다. 원내로 유입된 물길은 마당 중앙에 조성된 두 개의 방지를 거치게 되어 있다. 심우경 등의 실측에 따르면 상지上池는 3.5×4.5미터 크기의 장방형 못으로, 못 중앙에 석가산을 표현한 2구의 괴석이 놓여 있다. 하지下池는 다시 물길이 꺾여서 들어가는데, 이 또한 3.6×5.7미터 크기의 장방형이다. 여기에는 석가산이 없다. 보통의 방지보다 좀더 큰 규모다. 방지 둘레에는 석축을 쌓아 물막이를 했다. 2006년 필자가 처음 방문했을 당시에는 방지가 거의 매몰되어서 흔적만 겨우 볼 수 있었으나 이후 복원 과정을 거쳐 그 모습을 되찾았다.

하지로 돌아든 물은 다시 방향을 꺾어 대문 쪽을 향해 난 물길을 타고 흘러 나간다. 이렇게 해서 계류로부터 끌어들인 물길이 마당에서 다섯 차례 방향을 꺾으면서 한 바퀴 온전히 돌아 다시 대문 밖 물길을 타고 원래의 계류로 합류한다. 계곡에서 2곡, 내원에서 5곡, 외원에서 다시 2곡을 합쳐 9곡의 숫자를 채웠다.

상지와 하지가 꺾여 돌아가는 지점에 초정草亭 하나가 따로 있었다. 실측을 통

「동궐도」에 그려진 창덕궁 후원의 옥류천 일대, 273×576cm, 국보 제249호,
1830년 이전, 고려대박물관. 유상곡수의 자취가 남아 있다.

해 그 존재가 확인되어 현재 마당에 복원되어 있는 상태다. 연못을 바라보며 쉬
는 휴식 공간이자 공부하는 곳이다. 이담로 당시 제현이 지은 백운동 8영시 연
작에 연꽃이 빠지지 않고 등장하는 것으로 미루어 상하 방지에는 연꽃이 심어
졌던 것이 분명하다.

  백운동은 집 곁으로 시내가 흐르는 이른바 계류 인접형의 별서이지만, 자연적
인 계류에 만족하지 않고 이 계류를 내원으로 끌어들여 부지 안을 관통한 뒤 다
시 합류시킴으로써 부지 관류형의 특징을 아울러 갖추게 되었다. 전문 용어를

빌리면 자연스레 흐르는 유수형流水型과 강제로 끌어들여 물을 멈춰 가두는 지수형止水型이 복합된 흥미로운 모양새다. 담양의 소쇄원이나 명옥헌도 이처럼 계류의 물을 당겨 상하 방지로 끌어들이는 구조다. 백운동은 여기에 다시 유상곡수 개념을 추가해 더욱 뜻깊고 운치 있는 구조를 만들어냈다.

# 백운동 별서의 연원과 내력

백운동 별서 정원을 최초로 조성한 이담로는 바로 서구정 이빈의 아들이다. 노장적 분위기가 물씬한 담론풍류한 이름에서 보듯 그는 은거의 삶을 즐겼다. 오늘 백운동은 난동이라는 이름으로 썼다. 젊은 시절 근신 부친의 뒤를 이어 과거 급제의 꿈을 이루기 위해 부단히 노력했고 늘도록 뜻을 이루지 못하자 마침내 과거에 대한 미련을 버리고 은거의 삶을 택했던 인물인 듯하다.

여기서는 각종 문헌 기록을 정리해 백운동 별서 원림의 역사와 조성 내력 및 그곳에서의 일상생활을 살펴보려 한다. 먼저 집안에 전해오는『백운세수첩』과 이담로 친필의『견한록遣閑錄』속의 관련 기록을 꼼꼼히 살피고 그 외 관련 문집 자료를 검토해 백운동의 연원과 내력을 정리할 것이다. 이어 역대 백운동 주인의 면면을 차례로 소개한다.

백운동 별서 정원의 조성 내력

백운동 별서 정원은 고려시대 백운암이 있던 터에 자리를 잡았다. 옛 시대의 자취가 『호산록湖山錄』과 『만덕사지萬德寺志』 등에 남아 있다. 뒤 절에서 따로 살펴볼 것이다. 다만 백운동 별서 정원은 그 입지상 입산조인 이담로 이전에도 많은 사람의 발길이 끊이지 않았던 듯하다.

광해군 때의 인물인 해암解菴 김응정金應鼎(1527~1620)의 『해암문집』에 「제정선대題停仙臺」 2수가 수록되어 있는바, 그 제목 바로 아래에 "월출산 남쪽 백운동이니 남은 터가 지금도 있다月出山之南白雲洞, 遺址尙在"라고 하였다. 그 시는 이렇다.

옛 골짜기 안쪽 솔숲 깊은 곳　　　　　　　　　　松林古洞裏

작은 시내 곁에다 집을 지었지.　　　　　　　　結屋小溪頭

푸른 산굴 추녀 위에 마주 서 있고　　　　　　碧岫當軒上

긴 내는 섬돌 둘레 흘러내린다.　　　　　　　　長川繞砌流

| | |
|---|---|
| 처마 밑 송뢰 소리 상쾌도 하고 | 簷前松籟爽 |
| 창밖엔 대 그림자 그윽하여라. | 窓外竹陰幽 |
| 비 갠 뒤 시내와 산 흥취가 일어 | 雨後溪山興 |
| 지팡이 짚고 산보하며 노닐어보네. | 扶藜散步遊 |

| | |
|---|---|
| 진작에 산수의 맛을 알아서 | 早知山水味 |
| 언제나 백운 속에 누워 지낸다. | 長臥白雲中 |
| 바윗가 물에서 발을 씻고서 | 濯足巖邊水 |
| 냇가 솔잎 따다가 요기를 하네. | 療飢澗畔松 |
| 가을 오면 밝은 달빛 구경을 하고 | 秋來翫皓月 |
| 봄이 가면 맑은 바람 희롱도 하지. | 春去弄清風 |
| 물외에서 거닐며 소요하는 곳 | 物外逍遙處 |
| 쓸쓸히 마음만 절로 공허해. | 廖廖心自空 |

고동古洞은 고려 때 옛 절이 있던 해묵은 골짜기란 의미다. 냇가 바로 곁 송림 우거진 곳에 집을 얽었다. 벽수碧岫란 멀리 보이는 월출산을 일컫고, 시내가 섬돌을 돌아 흐른다고 한 데서 정선대가 물가에 정자 형태로 지어진 집임을 짐작할 수 있다. 처마 밑으로 솔바람 음악 소리가 상쾌하고 창밖에는 대숲의 그늘이 그윽하다. 비가 개면 온통 청신한 기운으로 넘쳐나 지팡이 짚고 노니는 산보가 길어진다.

제2수에서는 산수의 맛을 알아 백운동 골짝에 늘 누워 지내는 삶을 예찬했다. 시냇물에 탁족하고 냇가 솔잎을 씹어 요기를 한다고 하여 거주 공간이 아닌 잠깐씩 머물다 가는 유상遊賞 공간임을 밝혔다. 가을에는 달구경, 봄에는 바람 쐬기로 물외의 소요는 욕심에 찌든 마음을 자꾸만 비워내게 해준다.

이 시를 쓴 김응정은 백운 별서를 경영한 이담로보다 꼭 100년 앞서 태어난 인물이다. 그는 강진군 병영면 화방산華坊山 아래 삭둔동索遯洞에 살았던 은사로 문집에 수록된 「행장」을 보면 이렇게 적혀 있다.

> 평소 성품이 산수를 사랑하고 뜻과 기운이 초탈하였다. 지역의 명산과 경치
> 가 훌륭한 곳은 발길이 두루 미쳤다. 그가 집을 지어서 지팡이와 짚신으로
> 왕래했던 곳은 구포九浦 위쪽의 봉황대鳳凰臺와 월출산 남쪽의 정선대停仙臺,
> 관산冠山의 기악旗岳에 자리한 삼가정三佳亭 등이다. 모두 우의하는 바가 있
> 어서 이름 붙인 것이다.[3]

위 대목과 앞의 시를 통해 우리는 백운동 냇가에 세운 정선대는 김응정이 처음으로 지었고 이름도 붙인 사실을 확인할 수 있다. 당시에도 이 계곡은 풍광이 아름다워 많은 사람의 발길을 잡아 끌었던 것이 틀림없다. 하지만 김응정은 강진 지역의 여러 경치가 빼어난 곳에 정자와 누대를 지어놓고 마음 맞는 대로 들렀을 뿐 이곳을 주거공간으로 경영했던 것 같지는 않다.

김응정의 정선대 경영은 당시 한벽寒碧 곽기수郭期壽(1549~1616)가 김응정에게 준 「증김처사贈金處士」 7수에서도 확인된다. 이중 제2수와 제4수는 이렇다.

| | |
|---|---|
| 소미성이 변하여 노인성이 되도록 | 小微星作老人星 |
| 이내 신세 산의 구름 물의 부평 다름없다. | 身世山雲與水萍 |
| 어이해야 인간의 일 마땅히 내던지고 | 何當擺棄人間事 |
| 정선대에 함께 살며 산굴 빗장 닫을꼬. | 共住仙臺掩峀扃 |

| | |
|---|---|
| 정선대 위에 사는 땅 위의 신선이 | 停仙臺上地行仙 |

| | |
|---|---|
| 나는 걸음 도리어 겨드랑이 날개 단 듯. | 飛步還如腋羽然 |
| 몇 날 난새 수레 타고 하늘로 날아올라 | 幾日驂鸞凌倒景 |
| 적성과 현포를 마음껏 돌아볼꼬. | 赤城玄圃任蹁躚 |

　전체 7수 중 두 수에 정선대를 거론했다. 김응정을 모시고 정선대에 함께 머물며 인간의 일을 다 내던지고 싶다고 했고, 정선대에 머물다가 겨드랑이에서 날개가 돋아 난새 수레를 타고 선계로 들어 마음껏 태청허공을 날아보고 싶다고도 했다.

　이처럼 이담로보다 근 100년 전에 정선대를 노래한 작품이 존재하는 것을 보면 뒤에 이담로에 의해 백운동 별서 정원이 본격적으로 경영되기 전부터 이곳의 승경이 널리 회자되었음을 짐작할 수 있다.

　한편 이곳은 바로 아래쪽 마을인 안정동安靜洞에 자리잡았던 청련靑蓮 이후백李後白(1520~1578)과의 연관 또한 깊어 보인다. 원주 이씨 집안에는 백운동이 원래 이후백 집안의 사패지賜牌地였는데 이담로 때에 이르러 백마 1필과 맞바꾸었다는 이야기가 전해온다. 이후백의 후손 중에서도 이수인李壽仁(1601~1661)이 1637년부터 세상을 뜰 때까지 안정동에서 강학활동을 한 사실이 확인된다. 현재 근거로 삼을 만한 더 이상의 상세한 기록이 없어 이담로 이전의 백운동에 관한 논의는 이 정도에서 그치겠다.

　막상 입산조인 이담로가 백운동에 들어오게 된 구체적인 계기와 정확한 시기는 분명하지 않다. 그의 본관인 원주 이씨가 강진 지역에 자리잡게 된 것은 16세기 초 강릉부사를 지낸 이영화李英華(?~1517)가 재취로 해남 최씨를 맞아 처가가 있는 곳으로 옮겨오면서부터다. 그를 이어 손자 이남李楠(1505~1555)은 무장현감을 지냈다. 그가 강진군 금당리에 터를 잡아 세거하면서 강진 지역 원주 이씨의 입향조가 되었다. 이영화와 이남 모두 무과에 급제했고 이남의 아들 억복億福 또

한 무과를 한 누대 무반의 집안이었다.[4]

강진의 원주 이씨가 처음으로 문과에 급제한 것은 이남의 증손인 서주西疇 이 빈李彬(1597~1642) 대에 이르러서다. 이빈은 백의종사로 중국 사신 접빈에 참여했고, 이후 사마시와 문과에 잇달아 급제함으로써 이 집안 문한文翰의 전통을 처음으로 열었다.

백운동 별서 정원을 최초로 조성한 이담로는 바로 서주공 이빈의 아들이다. 노장적老莊的 분위기가 물씬한 담로耼老란 이름에서 볼 수 있듯이 그는 은거의 삶을 즐겨 호를 백운동은白雲洞隱으로 썼다. 현재 남아 전하는 그의 친필 필사본 중에 여러 책 분량의 『국조친책國朝親策』이 있다. 역대 임금별로 친시親試의 대책문對策文을 집성해서 엮은 것이다. 이로 보아 젊은 시절 그는 부친의 뒤를 이어 과거 급제의 꿈을 이루기 위해 부단히 노력했고 늦도록 뜻을 이루지 못하자 마침내 과거에 대한 미련을 버리고 은거의 삶을 택했던 인물인 듯하다.

이담로의 6대손인 이시헌은 「가장초기家狀草記」에서 이담로에 대해 "뜻과 행실이 고결하고 과거 공부를 기뻐하지 않아 백운 별서를 짓고 금서琴書로 홀로 즐겼다志行高潔, 不屑擧業, 築白雲別墅, 琴書自樂"라고 했고, 가장家藏 필사본 『원주이씨세계原州李氏世系』에서는 "공은 문학으로 일찍부터 이름이 드러났고 절조가 맑고도 고상하였다. 과거 공부를 낮게 보아 이를 버리고 월출산 백운동에 집을 지어 금서로 홀로 즐기며 세상을 마쳤다公文學夙著, 操履淸高, 卑棄公車業, 卜築月出山白雲洞, 琴書自娛以終老"라고 썼다.

집안 기록에서는 이담로가 만년에 맏아들 이태래李泰來(1657~1734)에게 집안 살림을 책임지우고 둘째 손자 언길彦吉(1684~1767)을 데리고 백운동으로 들어와 별서를 경영하기 시작했다고 되어 있다. 그의 살림집은 별서에서 6킬로미터가량 떨어진 성전면 금당리 연당蓮堂 고택에 있었다. 만년에 가족과 떨어져 은거 공간으로 이곳을 가꿀 작정이었던 듯하다. 이담로가 백운동에 처음 들어온 것은 언

남농 허건이 그린 백운동 별서의 본제本第인 「연지초당」, 이철주 소장.

제였을까? 이에 관해서는 명확한 기록이 없다. 다만 「가장초기」의 다음 대목으로 추정해볼 수는 있다.

부군(언길)께서는 어려서 백형인 박사博士 휘 언열彦烈(1680~1719), 아우 휘 언철彦喆과 더불어 모두 빼어난 자질이 있었고 효성과 우애가 함께 지극하였다. 글을 짓는 데 있어서는 형이나 아우에 미치지 못했지만 절조의 단정하고 확고함은 두 사람보다 나았다. 승지공(이담로)께서 늘 아끼셔서 만년에 부군을 데리고 백운 별서에서 거처하셨다. 당시 부군께서는 나이가 아직 어렸다. 승지공께서는 성품과 태도가 간엄하면서도 고결하셨다. 하지만 부군께서 곁에서 모시기를 조심하고 삼가서 20여 년을 하루같이 하였으므로 승지공이 별서를 그에게 맡겼다. 별서는 월출산 가운데 있는데 묏부리가 빼어나 기이하고 시내와 못이 맑았다. 풍단楓壇과 매원梅園, 선대仙臺와 운학雲壑이 아름

답고도 그윽하여 자못 노닐 만한 흥취가 있었다.[5]

조손이 입산할 당시 이담로는 만년이었고 이언길은 유년이었다. 그들은 이곳에서 20여 년을 함께 지냈다. 다른 기록에도 1684년생인 이언길이 소흘齠齕, 즉 젖니를 갈 나이인 7, 8세쯤 이곳에 들어왔다고 했으므로 그는 대략 1692년을 전후해 백운동에 들어온 것으로 추정된다. 이후 20여 년을 모셨다고 했으니 이담로의 몰년은 대략 1715년을 전후한 시점일 것이다. 이 추정이 맞는다면 세상을 뜰 당시 이담로는 90세 가까운 고령이었을 것이다.

그런데 백운동 별서 정원이 조성된 때를 1692년보다 훨씬 더 앞선 시기로 볼 수밖에 없는 기록이 따로 전한다. 김창집金昌集의 『몽와집夢窩集』 권4, 『남천록南遷錄』에 수록된 장편 고시 「술회述懷」에 1678년 6월 강진에 내려와 백운동 이담로의 거처를 방문한 내용이 보인다. 그의 형인 김창흡도 같은 때에 「백운동 8영」 연작을 남겼다. 또 『백운세수첩』 첫머리에 수록된 신명규의 「백운동초당 8영. 주인 이연년을 위해 짓는다白雲洞草堂八詠爲主人李延年題」란 작품도 있다. 뒤에서 자세히 살피겠지만 신명규는 1675년에서 1683년 사이에 강진에서 유배생활을 했고, 1688년에 세상을 뜬 인물이다. 신명규의 이 작품은 1682년에 지어졌다. 이 두 기록은 손자 이언길이 입산한 것으로 추정되는 1692년보다 14년 앞선 1678년 이전에 이미 백운동 별서 정원의 규모가 거의 완전하게 갖추어져 있었음을 말해준다. 1678년이면 이담로의 나이 52세였다.

이담로는 아들이 없어 아우 송로松老의 2자인 이태래를 입계하여 대를 이었다. 이태래는 다시 장남 언열, 차남 언길, 삼남 언술彦述과 사남 언철彦喆 등 네 아들을 두었다. 이담로는 자신에 이어 양자로 들인 태래마저 급제하지 못하자 장손인 언열에게 집안의 모든 기대를 걸었던 듯하다. 대신 글쓰기 재능은 조금 부족해도 성품이 단정해 특별히 아꼈던 둘째 손자 언길을 데리고 백운동으로 완전히 입산해버렸다. 아들에게 경제권을 넘긴 뒤 자신은 은거의 삶을 살겠다는 오래전부터의 결심을 행동으로 옮긴 것이었다. 앞쪽 김창집과 김창흡, 신명규 등의 시로 미루어 1682년보다 훨씬 더 앞선 1670년대부터 이담로는 백운동 별서 정원을 가꾸어왔고, 1692년에 즈음해서는 아예 다시는 나오지 않을 작정으로 손자를 데리고 들어갔던 것으로 보인다.

이담로의 장손 이언열은 자가 열경烈卿, 호가 애일암愛日庵이다. 그는 조부와 부친의 기대를 저버리지 않고 마침내 1713년 생원시에 급제하여 이듬해 문과에 올라 승문원박사承文院博士를 지냈다. 하지만 불행히도 5년여 뒤인 40세 때 미처 뜻을 펴지 못한 채 병으로 돌연히 세상을 떴다.

이언길의 4대손 이시헌이 정리해서 편집한 『백운세수첩』과, 역시 이담로가 친필로 쓴 『견한록』에는 「백운동명설白雲洞名說」 및 「백운동유서기白雲洞幽棲記」 등 이담로 자신이 백운동에 들어와 은거하게 된 심경을 피력한 글이 여럿 남아 있다. 이들 글에는 그가 백운동 별서 정원을 어떻게 가꾸어나갔는지가 잘 드러나 있다. 다음 절에서 꼼꼼히 읽기로 하고 잠시 미뤄둔다.

이담로가 손자와 함께 20년간 경영해 일군 백운동 별서 정원은 이담로의 서거 후 위 기록에서 보듯 이언길에게 상속되었다. 장손인 이언열은 1719년 급작스레 병을 얻어 세상을 떴다. 이후 이언길이 할아버지를 이어 백운동을 어떻게 경영했는지는 이시헌이 남긴 「가장초기」에 자세히 나와 있다.

부군께서는 남에게 팔지 않고 지켜야 한다는 조부의 경계를 능히 지켜 녹문鹿門의 거처를 일구었다. 일찍이 글을 남겨 후손에게 보여주었는데 그 대략의 내용은 이러하다. "아! 이곳 백운동은 바로 내 할아버님께서 세우신 별업이다. 내가 어려서부터 언제나 이곳에서 모셨는데 이제 와 생각해보니 나도 모르게 슬퍼진다. 하물며 이곳을 건네주실 적에 두 번 세 번 말씀하시고 경계하신 것이 이처럼 간곡하였다. 내 자신이 이곳에 살지 않고 그저 그 땅의 소출만 받아먹는다면 이것은 할아버님의 뜻을 따르는 것이 아니다. 다른 사람에게 빌려주어 이곳에 주인 노릇을 하게 하거나 그 땅을 팔아먹는 것 또한 할아버님의 뜻을 따르는 것이 아니다. 각별히 삼가 준수해서 선대의 뜻을 실추케 하지 않는 것이 나의 뜻이다. 아! 내 장남과 장손은 또한 내 뜻을 유념해서 각별히 지켜 실추시키지 않도록 하라."

부군은 일찍이 과거에 급제했으나 이미 숨어 살 뜻이 있었다. 하지만 당시에는 아버지인 참판공參判公께서 건강하셨으므로 부군은 연당蓮堂의 옛 마을에서 아버지를 모시며 지냈다. 갑인년(1734)에 참판공께서 세상을 뜨고 병진년(1736)에 복服을 마치자 인하여 백운 별서에 거주하였다. 맏아들 의권毅權(1704~1759)은 옛 마을에 있으면서 먹거리를 대게 했다. 병자년(1756)에 큰 기근이 들자 온 식구를 다 이끌고 처음으로 별서로 들어왔다. 이에 영리에 뜻을 끊고 임천에서의 삶을 즐기니 방 안 가득 도서를 쌓아놓고 편안한 거처에서 초연하게 지냈다. 오로지 자식을 가르치고 책 읽는 것으로 일을 삼았다. 나이가 높아질수록 정력은 더욱 강건해졌다. 평소에는 반드시 새벽에 일어나 세수하고 양치질한 뒤 의관을 정제하고 종일 주렴치고 책상에 앉아 부지런히 공부하니 풍신이 시원스럽고 운치가 빼어났다. 매년 따뜻한 봄날과 시원한 가을이면 베옷 입고 짚신을 신고는 높은 산에 오르며 물가에 임해 서성이면서 돌아옴을 잊었다. 문득 마음으로 만나고 정신으로 기뻐하며 유연히 홀로 즐거워하였다. 하지만 또한 시문을 지어 꾸미고 다듬는 말단의 일에는 마음을 두지 않았다. 편안하게 지내며 그윽하고도 곧아 표연히 티끌세상을 벗어난 듯한 느낌이 있었다.[6]

원문에는 이담로가 세상을 뜰 때 손자 이언길에게 평천平泉의 경계를 남겼다고 했다. 평천의 경계란 당나라 때의 재상 이덕유李德裕(787~849)에 얽힌 고사에서 나온 말이다. 그의 별서인 평천장平泉莊은 중국 하남성河南省 낙양洛陽 남쪽에 있었는데 기화이초奇花異草와 진송괴석珍松怪石으로 이름난 곳이었다. 이덕유는 「평천산거계자손기平泉山居戒子孫記」란 글에서 "후대에 이 평천을 파는 자는 내 자손이 아니며, 평천의 나무 한 그루와 돌 하나라도 남에게 주는 자는 훌륭한 자제가 아니다後代, 鬻平泉者, 非吾子孫也. 以平泉一樹一石與人者, 非佳子弟也"라고 경계한 일이 있다. 이담로는 이곳을 절대로 남에게 팔아서는 안 된다는 뜻으로 이언길에게 신신당부한 후 별서의 소유권을 넘겨주었다. 이언길 자신으로서도 조부를 모시고 20년간 애정을 들여 함께 가꾼 이 공간에 대해 특별한 애착이 있었을 법하다.

이담로 서거 후에 이언길은 다시 연당의 본가로 돌아와 아버지 태래를 봉양하며 지냈고, 백운동은 이따금씩 머물며 관리하는 정도로 유지되었던 듯하다. 이후 1734년 친상을 당해 삼년상을 마친 1736년에 그는 백운 별서로 다시 들어와 거주했다. 이때 그의 나이는 이미 53세였다. 조부 이담로가 그랬던 것처럼 경제권은 당시 33세였던 맏아들 의권에게 맡겼다.

이언길이 73세 되던 1756년에 전국에 큰 기근이 들었다. 이때 비로소 의권을 비롯한 온 식구가 백운 별서로 이주했다. 이후 백운동 별서 정원은 더 이상 별서가 아닌 이언길 직계의 생활 터전으로 대를 물려 지켜왔다. 글에는 이후 11년이 지난 1767년에 이언길이 84세의 고령으로 세상을 뜰 때까지 백운동에서의 일상을 그림 그리듯 묘사하고 있다. 방 안 가득 쌓아둔 도서, 강학과 독서의 일상, 그리고 그곳에서의 하루 일과 등이 상세하다.

이제 입산조인 이담로의 친필 기록을 통해 그가 직접 묘사한 백운동의 초기 경
관과 그곳에서의 생활을 살펴보자. 『백운세수첩』은 백운동에 전해온 각종 기록
과 시문을 모아 입산조 이담로의 6대손 이시헌이 엮은 것이다. 당시까지 전해오
던 백운동 관련 기록들을 수습해서 한 권의 책자로 묶어 낸 것이다. 책 뒤에 이
시헌의 친필 발문이 남아 있다. 이를 읽어본다.

> 백운산장은 바로 내 6대조이신 처사공께서 지으시고 내 고조이신 수졸암守
> 拙菴 이언길 공께서 받아 전하여 지켜온 것이다. 시내와 바위, 안개와 노을의
> 경치가 호남에서 유명해 당시에 이름난 분과 어진 이들이 수창하며 주고받
> 은 시문이 많았다. 하지만 세월이 오래다보니 많이 유실되어 남은 것이 얼마
> 없다. 이제 대나무 상자를 뒤져 얼마간의 시와 글을 얻고 합쳐서 한 권으로
> 만들어 오래 전하기를 도모하고 「백운도白雲圖」를 그려 책머리에 얹는다. 맨

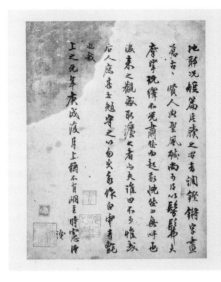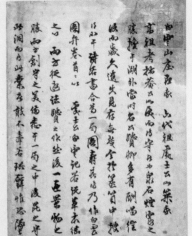

이시헌의 『백운세수첩』 발문.

앞에는 처사공이 지으신 「백운기白雲記」와 「명설名說」의 초고를 싣고 이를 이어 양세에 종유했던 여러 어진 이의 작품을 실었다. 그런 뒤에야 한 구역 경물의 빼어남과 양대에 걸쳐 만들고 지켜온 아름다움이 한 권의 책 가운데 갖추어져 자세하게 실리게 되었다. 후손으로서 백운동을 지켜 이 집을 전하는 자라면 귀한 옥처럼 받들어 오로지 감히 실추시킬까 두려워하지 않을 수 있겠는가? 하물며 짧은 시와 조각 글 사이에 가락이 맑게 울리고 자획이 예스러워 옛 어진 이의 전형과 풍치를 오히려 방불하게 얻을 수가 있다. 손으로 어루만져 아껴 살피노라니 나도 모르게 숙연하여 공경하는 마음이 일어나므로 개연히 감탄하였다. 훗날 이를 보고 느끼며 법으로 취하는 자가 또한 누가 된다 해도 안 될 것은 없지만 다만 내 후손들이 서로 힘써 이를 지켜 잃지 않아 길이 백운동의 귀한 물건이 되게 하기를 바라노라.

제2장 백운동 별서의 연원과 내력

지금 임금 원년, 경술년(1850) 10월 상현에 불초 동주洞主 이시헌은 삼가 적는다.[7]

자신을 동주洞主라고 소개했다. 백운동의 주인이란 뜻이다. 집안에 전해온 이곳을 거쳐간 여러 인물이 남긴 시문이 적지 않았는데 그 사이 유실되어 남은 것이 얼마 안 되므로 이를 수습해 엮은 책이 바로 『백운세수첩』인 셈이다. 책 첫머리에는 백운동 풍경을 그린 「백운도」를 얹었고 이어 이담로의 「백운기」와 「명설」 등의 초고를 실은 후, 잇달아 당대 제현의 시문을 정리했다. 여기서 말하는 「백운도」는 훗날 다산의 지시로 초의가 그린 「백운도」가 아니라 다른 사람이 그린 것으로 보인다. 현재 남아 있는 『백운세수첩』에는 당시에 그렸다는 「백운도」가 빠지고 없다.

이밖에 최근 새롭게 발견된 개인 소장의 『견한록』 또한 이담로의 친필 필사본인데, 『백운세수첩』에 실린 글 전체는 물론 상당량의 빠진 글이 추가되어 있다. 이제 이 두 책에 수록된 백운동 별서 정원의 조성과 일상을 적은 이담로의 글을 차례로 읽어보자.

먼저 『백운세수첩』에 실린 이담로의 백운동 관련 글은 다음과 같다.

「백운동명설白雲洞名說」

「백운동유서기白雲洞幽棲記」

「영신거詠新居」

「백운금명白雲琴銘」

「백운동장백해白雲洞藏魄解」

이와 별도로 전하는 『견한록』은 박철상 선생 개인 소장으로 표지 뒷면에 '백운동은白雲洞隱 유록遺錄'이라고 쓴 여섯 글자가 있다. 백운동은은 이담로의 별호로 이 책의 기록이 모두 이담로의 친필이란 의미다. 필체가 『백운세수첩』에 실린 이담로의 것과 동일하다. 첫 면에 '견한록遣閒錄'이라 쓰고 그 아래에 3과의 장서인이 찍혀 있다. 주문朱文의 '정우당서화장淨友堂書畫藏'과 주백문朱白文의 '백련白蓮' 및 주문의 '연당蓮堂'인이 아래위로 나란히 찍혀 있다. 원래 백운동의 본가인 금당리 연당 종가에 소장되어 있던 자료인 셈이다.

책의 앞쪽은 중국의 여러 고전에서 옮겨 적은 필기류 초서鈔書가 대부분이다. 끝의 다섯 장에 이담로가 백운동 생활에 대해 쓴 글들을 그 자신이 직접 친필로 수록했다. 이중 『백운세수첩』에 누락된 글이 적지 않다. 『백운세수첩』에 실린 위 다섯 편의 글 외에 다음 글이 더 추가되었다.

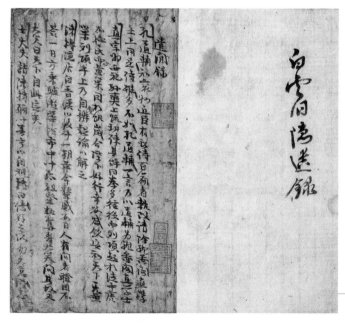

『견한록』의 첫면.

「백운동관물음白雲洞觀物吟」

「백운동한면록白雲洞閑眠錄」

「영신축詠新築」

「제서첩題書帖」

「곡망녀문哭亡女文」

「청두견우음聽杜鵑偶吟」

「범구호泛九湖」

「구정음九井吟」

「감경물변천感景物變遷」

「독주역讀周易」

「낙중술회洛中述懷」

「임계잡지壬癸雜誌」


이 중 「백운동관물음」과 「백운동한면록」이 특별히 흥미로우며 나머지 시문은 백운동에서의 소소한 생활을 피력한 내용이다. 차례로 간추려 읽어 이들 글에 그려진 백운동의 초기 원림을 재구성하고 여기에 담긴 이담로의 뜻과 정신을 새겨보기로 한다.


## 「백운동명설白雲洞名說」

백운동은 월출산의 옛 백운사白雲寺 아래 기슭에 있다. 앞쪽으로는 석대石臺로 올라가 굽어볼 수가 있고, 뒤편에는 층층의 바위산이 옥처럼 서 있다. 소나무와 대나무 숲에 덮여 길이 희미한데 맑은 시내가 이를 비추며 둘리어 있다. 시냇물을 끌어와 아홉 구비를 만드니 섬돌을 타고 물소리가 울린다. 냇가 바위 위에 '백운동'이라고 세 글자를 새긴 것이 있다. 옛 이름을 따서 걸고 그윽한 운치를 기록한 것이다.[8]

이 골짜기가 백운동이란 이름을 갖게 된 연유를 밝히고 전체 풍광을 한눈에 보여준 글이다. 월출산 옥판봉 자락 아래에 예전에 백운사라는 절이 있었다. 『신증동국여지승람』「강진현」의 '불우佛宇'조에 백운사와 수암사秀巖寺가 월출산에 있다고 했는데 바로 이 절을 말한 것이다. 지금도 별서 뒤편으로 시내를 건너 100미터쯤 올라가면 절터의 주춧돌과 석재들이 숲속에 흩어져 있어 예전 백운사의 위치와 규모를 소상하게 알려준다. 덤불 속에 가려져 사람들이 쉬 찾기 어

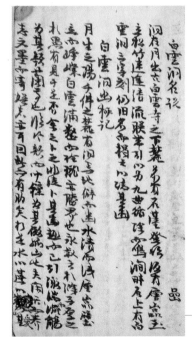

「백운동명설」과 「백운동유서기」.

제2장 백운동 별서의 연원과 내력

백운사 터.

러운데 언젠가는 지표 조사를 통해 그 상세한 규모를 발굴해야 할 장소다.

　백운동 별서 정원은 이 옛 절터의 아래 기슭에 자리잡았다. 앞쪽에는 석대가 솟아 있고 집 뒤편으로는 멀리 옥판봉의 층암이 기둥처럼 열을 지어 서 있다. 솔과 대가 무성한 군락을 이뤄 길을 숨기고 그 사이를 뚫고 흐르는 한 줄기 맑은 시내에 숲 그림자가 비치는 아름다운 곳이다. 집주인은 시냇물을 잠시 집으로 끌어들여 아홉 구비로 꺾어 흘렸다. 이른바 유상구곡流觴九曲이다. 진나라 때 왕희지王羲之는 삼월삼짇날 벗들과 회계 난정蘭亭에 모여 유쾌한 계모임을 가졌다. 난정 둘레로 굽이굽이 물길이 돌아 나가는 곳마다 사람이 앉아서 상류에서부터

명나라 문징명文徵明의 「난정아집도」.
계곡물을 끌어와 물길을 돌려 둘러앉은 유상곡수의 모습이 보인다.

연신 흘려서 내리는 술잔을 받아 마시며 시를 짓고 흔쾌한 하루의 봄 소풍을 누렸다. 유상곡수의 놀이는 여기에서 연원한다. 경주의 신라시대 포석정이 이 유상곡수 놀이의 흔적이고, 경복궁 후정 옥류천 구역에도 유상곡수의 자취가 또렷이 남아 있다.

아홉 구비로 꺾어 흘러든 시냇물은 섬돌을 타고 돌면서 쟁글쟁글 물소리를 내며 마당을 한 바퀴 돌아들어서야 시냇물과 다시 만난다. 냇가 건너편 바위 위에 '백운동'이라는 세 글자가 또렷이 암각되어 있다. 날렵한 행서체다. 글씨를 쓴 사람은 입산조인 이담로 본인이다. 그는 이 세 글자를 각석해 이곳이 예전 백운사 경역에 속한 곳이어서 그 이름을 따오고 여기에 더하여 그윽한 운치를 깃들이고자 한다고 적었다.

　　　　　　　　　　　　　　　　제2장 백운동 별서의 연원과 내력

# 「백운동유서기白雲洞幽棲記」

월생산月生山 남쪽, 천불산 기슭에 골짜기가 있다. 땅이 후미져서 그윽하며 물은 맑고도 얕다. 층암절벽이 서서 우뚝하고, 흰 구름이 골짝을 메워 영롱하니 또한 아름다운 곳이다. 구양수의 저주滁州와 유종원의 우계愚溪를 이곳에서 볼 수 있다. 내가 여기에 자리잡은 것은 그윽한 운치만을 위한 것은 아니다. 여울물을 끌어서 술잔을 띄움은 왕희지의 난정을 본받고자 함이요, 바람의 가락에 맞춰 종소리가 들림은 임포林逋의 고산孤山을 본받기 위함이다. 대저 한가로이 지내며 뜻을 기르고, 문묵文墨으로 즐거움을 부치는 것은 또한 이것들로 인하여 도움받을 수 있다. 이에 물에는 연꽃을 심어 천연스런 자태를 아끼고, 동산에는 매화로 해맑은 풍격을 숭상하며, 국화는 절개를 취해 서리에도 끄떡 않는 자태를 돌아본다. 소나무는 절조를 높여 뒤늦게 시드는 자태와 문채 남을 시험하였다. 서성이다 흥이 일면 물가에는 대나무가 있고, 마음 맞음을 의탁하매 뜰엔 난초가 있다. 조롱에는 학을 두어 달빛에 울음 울고, 시렁에는 거문고가 있어 바람에 소리 낸다. 이것이 백운동의 생활이다. 마침내 기문으로 삼는다.

인하여 시를 지어 이렇게 노래한다.


| | |
|---|---|
| 산은 도 즐김에 마침맞고 | 山宜考槃 |
| 물은 발 씻기에 알맞다. | 水宜濯足 |
| 이제 내가 여기 사니 | 今我居之 |
| 맑은 경관 실로 좋다. | 寔贗淸覩 |

| | |
|---|---|
| 물속 고기 낚시하며 | 釣有沈鱗 |

| | |
|---|---|
| 향기론 나물 캐는구나. | 采有幽香 |
| 이제 내가 여기 사니 | 今我居之 |
| 실로 맑은 맛을 보네. | 寔膺淸嘗 |
| | |
| 낚시터엔 달빛 가득 | 苔磯月滿 |
| 골짝에는 바람 차다. | 丹壑風冷 |
| 여기 바로 낙토이니 | 斯是樂土 |
| 군자 길이 편안하리. | 君子攸寧 |
| | |
| 저녁 산굴 구름 걷고 | 暮岫雲收 |
| 새벽 물가 눈이 갠다. | 晨汀雪霽 |
| 여기 바로 낙토이니 | 斯是樂土 |
| 군자가 쉬어가리. | 君子攸憩[9] |

좀더 구체적으로 백운동 별서 정원의 내부와 낱낱의 사물에 깃든 의미를 설명했다. 월생산은 월출산의 옛 이름이다. 서두에서는 집 뒤편으로 옥판봉의 층암절벽이 우뚝 솟고 골짜기 안에는 흰 구름이 영롱한 아름다운 곳이라고 백운동을 소개했다. 구양수가 아끼고 사랑해 글로 남긴 저주의 서간西磵이나 유종원의 우계에 견줘도 조금도 못하지 않은 이곳의 풍광을 자부했다.

이어 자신이 이곳에 자리잡은 연유를 설명했다. 유상곡수는 왕희지의 난정 고사를 본받기 위해서이고, 바람결에 뎅그렁 풍경風磬이 우는 것은 서호西湖 처사 임포의 고산 풍류를 재현하기 위해서라고 했다. 여기에 물에 심은 연꽃의 천연스런 자태와 동산 매화의 해맑은 풍격, 서리에 끄떡없는 국화의 오상고절傲霜孤節과 소나무의 세한지자歲寒之姿를 다시 더 꼽았다. 물가 대나무의 흥취와 뜰 난초의 마음 맞음, 달밤에 우는 학의 해맑은 울음소리, 바람에 홀로 우는 거문고 가락 등 8영으로 손꼽는 8가지 사물을 구체적으로 열거하여 마음을 얹었다. 다시 말해 유상곡수와 처마 밑 풍경에 더해 연蓮, 매梅, 국菊, 송松, 죽竹, 난蘭, 학鶴, 금琴의 8목目을 추가한 것이다.

끝에는 시경풍의 4언 4구를 한 단위로 하는 네 수의 연작시를 덧붙였다. 이토록 아름다운 산수 자연을 벗삼아 도를 즐기고 탁족濯足하며 고기 낚고 나물을 캔다. 이끼 긴 낚시터 바위에 달이 둥실 떠오르고 단풍으로 붉게 물든 골짝에는 시원한 바람이 분다. 혹 저물녘에 구름이 걷히고 서산에 노을이 걸리며 새벽 물가에 눈이 갠 아침이면 낙토樂土, 즉 지상 낙원이 따로 없다.

## 「백운동관물음白雲洞觀物吟」

아! 대저 사람이 사물을 관찰함에 있어 어찌 구차할 수 있으랴! 눈에 깃들일 수 있다면 안 될 것이 없고 마음에 담을 수 있다면 저마다 각기 운치가 있게 마련이다. 내 동산에는 기르는 것이 많다. 위로는 석대에 올라 바라보는 것에서부터 아래로 흐르는 시내를 굽어보는 것에 이르기까지 숲가를 은은히 비추며 붉은 꽃과 푸른 잎이 서로 다툰다. 내 눈을 기쁘게 해주고 나의 놀잇감이 되어주지 않는 것이 없다. 하지만 봄에 앞서 꽃망울을 터뜨리는 것은 매화가 으뜸이고 날씨가 추워진 뒤에도 시들지 않는 것은 소나무에서 그 절조를 취한다. 진흙탕에서 나왔으면서도 이들이들 깨끗해서 아낄 만한 것은 연꽃이 그렇다. 저 물가를 바라보매 아름답게 흥취를 일으키는 것은 대나무다. 세 갈래 길로 나아가서 도연명의 국화를 캐고, 구원九畹을 찾아가서 굴원의 난초를 기른다. 화정和靖 임포의 학이 아니라도 손님이 때때로 오는 것을 알려주는 것이 기쁘고 백아의 거문고는 아니지만 「아양곡峨洋曲」의 여운을 떠올려본다. 이 몇 가지 것이 다만 사람으로 하여금 온갖 시름을 없애주고 티끌 하나에도 물들지 않게 해주니, 과연 따르는 바가 없이도 사람에게 유익함을 더해주지 않겠는가? 이에 내가 8영詠으로 이를 올려서 숨어 사는 거처에 글로 써서 놓아두고 서성이며 자적하련다. 그 뜻은 한갓 사람의 이익을 취함에 있는 것이 아니니, 이로써 사물을 살피려는 것이다.<sup>10</sup>

어지러이 썼다가 지운 글씨의 흔적을 살펴보면 이 글의 원래 제목은 「백운동관물음」이 아닌 「백운동팔영지白雲洞八詠誌」였다. 백운동 8영의 조목을 나열하고 그 연유를 적은 내용이다.

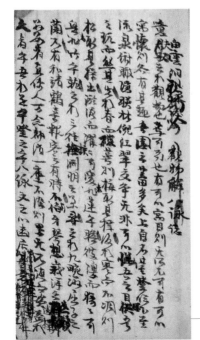

『견한록』「백운동관물음」.

제2장 백운동 별서의 연원과 내력

첫줄에서 관물觀物의 변을 피력했다. 우목寓目과 우회寓懷를 나눠 말했다. 눈으로 보아 안 될 것이 없지만 마음에 깃들이는 것은 저마다의 운치가 다 다르니 따져서 살펴야 한다고 이야기했다. 이담로가 꼽은 백운동 8영은 매梅, 송松, 연蓮, 죽竹, 국菊, 난蘭, 학鶴, 금琴의 여덟 가지다. 반복되는 얘기지만 매화는 봄에 앞서 눈 속에 꽃을 피우는 매운 뜻을, 소나무는 추위 속에서도 시들지 않는 기상을, 연꽃은 진흙탕 속에서 지켜낸 깨끗한 자태를, 그리고 대나무는 물가에 곧추서서 흥을 일으키는 아련한 정취를 내뿜기에 사랑했다. 여기에 도연명의 동쪽 울타리 밑에서 자라던 국화와 굴원이 허리에 차고 싶다던 난초, 매처학자梅妻鶴子로 유명한 화정 임포의 학과 종자기의 지음知音을 꿈꾸는 금琴 등을 꼽아 이를 통해 해당 인물들의 맑은 정신을 깃들이고자 한다고 피력했다. 앞서 본 「백운동유서기」를 좀더 부연 설명한 내용이다.

이담로는 이 여덟 가지 사물이 '온갖 시름을 없애주고 티끌 하나에도 물들지 않게 해준다'며 그 쓸모를 예찬했다. 이를 통해 얻는 경제적 이익에 목적이 있지 않고 관물을 통해 사물 속에 깃든 삶의 깊은 의미를 음미할 수 있게 해주는 까닭에서다.


## 「영신거詠新居」와 「영신축詠新築」

이담로는 백운동 골짜기에 새로 거처를 정한 후 몹시 기뻤던 것 같다. 「영신거詠新居」 2수와 「영신축詠新築」을 각각 따로 남겼다. 특이하게 6언체로 지은 「영신거」 2수를 읽어본다.

백운동 깊은 골에 집이 있으니　　　　　　　　　　　　家在白雲深谷

| | |
|---|---|
| 구호九湖의 바람 안개 길로 통하네. | 路通九湖風烟 |
| 생애라야 거문고와 학이 한 마리 | 生涯琴一鶴一 |
| 사업은 선천先天과 후천後天일레라. | 事業先天後天 |
| 아침엔 월출산의 풍광을 보고 | 朝挽月出風光 |
| 저물녘엔 구강포의 물빛 떠운다. | 暮泛九江水色 |
| 이태백의 향로봉이 어떠하던가 | 何如太白香爐 |
| 소동파의 적벽에는 못 미치겠네. | 不及蘇仙赤壁 |

『견한록』에는 첫 수만 실려 있고, 『백운세수첩』에는 옆쪽 빈칸에 비스듬히 흘려 쓴 글씨로 제2수를 추가해놓았다. 『백운세수첩』에 의거해서 두 수로 정리했

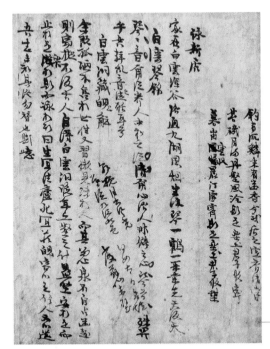

『백운세수첩』「영신거」.

다. 백운동 깊은 골짝은 구호의 바람 안개가 오가는 길목이다. 그 속에서 거문고 하나, 학 한 마리를 놓아두고 선천과 후천의 일을 도모한다. 아침나절에는 월출산의 풍광이 눈앞에 바로 섰고, 저물녘엔 멀리 강진만 구강포의 물빛이 얼비친다. 이태백이 극찬했던 향로봉의 풍광과 엇비슷하겠지만 큰 물이 없다는 점에서 소동파의 적벽강에 견줄 수는 없을 것 같다. 은근한 자부와 흡족한 심사가 그대로 전해진다.

다시 「영신축」 한 수를 마저 읽는다.

| | |
|---|---|
| 백운사 서편의 작은 냇가 새집 짓자 | 小溪新築白雲西 |
| 빗긴 볕에 물색이 배나 더 해맑고야. | 片光物色一倍淸 |
| 이 늙은이 벗 사귐을 답답타 하지 말라 | 休說斯翁交道隘 |
| 낱낱의 진면목이 정을 옮겨주는 것을. | 箇箇眞面若輸情 |

백운사 터 서편의 작은 냇가에 새집을 지었다. 볕이 들면 사물의 빛깔이 한없이 투명하게 느껴지는 공간이다. 이곳에서 세상과 담을 쌓고 지내는 내 삶에 대해 안쓰럽게 여길 것이 없다. 이 속의 하나하나의 사물이 지닌 진면목이 내게 더할 수 없는 위로가 되고 마음을 함께 나누는 벗이 된다. 이 속에서 나는 혼자가 아니다. 혼자일 수가 없다. 새롭게 마련한 거처에 흡족해하는 시인의 심상이 넉넉하게 드러나 있다.

## 「백운금명白雲琴銘」

거문고여                                                              琴

| | |
|---|---|
| 거문고여! | 琴 |
| 너의 덕을 울리어서 | 音爾德 |
| 사람에게 중화의 덕을 길러주네. | 養人中和之德 |
| 네 마음이 맑은지라 | 淸爾心 |
| 사람의 편벽되지 않은 마음을 다스리네. | 治人非僻之心 |
| 거문고여 | 琴兮 |
| 거문고여! | 琴兮! |

간사하고 어지러운 소리하는 무리가 귀를 시끄럽게 하는 것과는 다르도다.

殊異乎姦聲亂音之徒聒耳兮

백운동 별서에서 가장 가까운 벗이 되어준 거문고에 이담로는 '백운금白雲琴'이란 이름을 붙여주었다. 거문고는 중화中和의 덕을 길러주고 편벽되지 않은 공정한 마음을 간직하게 해준다. 간사한 소리, 어지러운 소음은 한갓 귀를 시끄럽게 할 뿐인데 거문고 소리는 마음을 맑게 해주고 정신이 늘 청정한 상태로 깨어나게 해준다. 오늘날 이 백운금은 실물이 전해오지 않는다.

## 「백운동장백해白雲洞藏魄解」

내가 고루하다보니 세상에서 알아주지 않는다. 성품마저 게으름이 몸에 배어 남이 나를 소원하게 대한다. 하지만 마음에 시내와 바위를 머물러 두어 홀로 그윽한 운치를 차지하였으니 옛사람에게 미치지는 못하겠지만 백운동을 얻고부터는 만년에 전원에 묻혀 지내려는 계획이 더욱 굳어졌다. 여기에서 편안하고 여기에서 멈추며, 이곳을 즐거워하고 이곳에서 노래하며 이렇게 말한다. "살아서는 집짓기에 딱 맞고 죽어서는 묻히기에 알맞다." 일찍이 이것으로 사람에게 말하고 또 내 뜻을 남겨두니 끝내 바꾸지 않을는지는 아직 잘 모르겠다. 아![11]

「백운동장백해」는 자신이 평생 이곳에서 살다가 죽어서도 백운동에 묻히려는 까닭을 설명한 글이다. 고루하고 게을러 세상에 쓰임을 얻지 못했다. 마음에 울적함이 있었지만 백운동을 얻고 나서는 만년의 삶을 이곳에서 마치겠다는 결심이 더 굳어졌다. 살아서는 여기에 집을 짓고 살겠고 죽어서는 넋을 묻겠다. 이 글을 쓰는 뜻은 남에게 지금의 결심을 남겨 끝내 바꾸지 않기 위해서다. 그의

이담로 무덤 앞 상석. 백운동은이공지묘白雲洞隱李公之墓라고 이담로의 친필로 쓰여 있다.

이 같은 다짐은 삶의 끝자리에까지 지켜져서 그의 묘소는 백운동 별서 정원이 한눈에 내려다보이는 본채 뒤편에 부인 함풍 이씨와 나란히 누워 있다.

## 「백운동한면록白雲洞閑眠錄」

내가 한가로이 지내며 일이 없는지라 문묵文墨과 도서를 회심의 벗으로 삼고, 물과 구름 꽃과 바위를 정관靜觀의 벗으로 삼으며, 등나무 평상과 대나무 침대를 마음에 맞는 벗으로 여겼다. 바야흐로 꿈을 꿀 때는 꿈이 깨는 것을 알지 못하고, 꿈에서 깨어나면 깨어나 꿈이 있는 줄을 모른다. 어느덧 잠이 들고 갑작스레 깨어나니 꿈이란 것은 깨어나기 위함이요, 깨어남은 꿈꾸기 위함인지도 모르겠다. 꿈과 깨어남이 맞물려 있고 보니 깨어남이 꿈이 아닌 줄 어찌 알랴? 깨어남과 꿈꾸는 것이 맞닿아 있으매 또 어찌 꿈이 깨어남이 아닌 줄 알겠는가? 꿈꾸다 깨고 깨었다가 꿈을 꾸니 마침내 꿈속의 꿈으로 돌아가는 셈이다. 이 몸과 세상을 돌아다보면 무엇인들 꿈이 아니랴. 지나간 일이 모두 꿈이거늘 뒤에 죽을 것만 홀로 꿈이 아닐 것인가?[12]

이 글은 『견한록』에만 실렸다. 백운동 별서의 벗을 회심우會心友와 정관우靜觀友, 그리고 합정우合精友로 나누어 꼽았다. 문묵도서文墨圖書를 회심우로 삼고, 수운화석水雲花石은 조용히 관조하는 정관우가 된다. 또 등상죽침藤床竹枕, 즉 등나무 평상과 대나무 베개는 마음에 마침맞는 합정우로 삼았다. 책을 읽다 지치면 주변 풍경을 관찰하며 마음을 보듬고, 그것도 피곤해지면 평상에 벌렁 누워 꿈나라로 접어든다.

이어 장황하게 꿈꿀 때와 깨어 있을 때의 말꼬리 물기식 논법을 펼친 끝에 사실 꿈과 생시의 구별이란 것이 원래 의미가 없으므로 세상 모든 일이 꿈 아닌 것이 없다며 달관에 이른 심경을 드러내 보였다.

『견한록』에는 이밖에도 「제서첩題書帖」, 「곡망녀문哭亡女文」, 「청두견우음聽杜鵑偶吟」, 「범구호泛九湖」, 「구정음九井吟」, 「감경물변천感景物變遷」, 「독주역讀周易」, 「낙중술회洛中述懷」, 「임계잡지壬癸雜誌」 등의 글이 더 수록되어 있으나 백운동 별서 정원에 대한 직접적인 내용이 아니므로 여기서는 다루지 않는다.

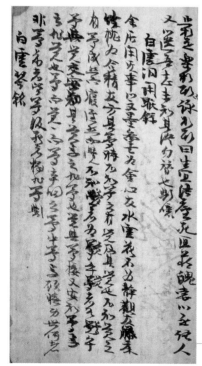

『견한록』「백운동한면록」.

백운동을 지켜온 사람들

백운동을 지켜온 역대 동주들의 면면을 살펴볼 차례다. 강진의 원주 이씨는 그다지 현달하지는 않았으나 누대 문한文翰이 끊이지 않았던 집안이다. 가장 필사본 『원주이씨세계』에 따라 백운동을 지키며 가꿔온 역대 동주의 인적 사항을 [표 1]과 같이 정리하였다.

역대 백운동주 가운데 뚜렷한 행적을 남긴 사람은 많지 않다. 표에서 위쪽에 있는 이해와 이빈은 백운동에 별서 정원이 조성되기 이전 세대다. 입산조 이담로와 그의 손자 이언길은 백운동 별서를 처음 경영하고 오늘의 모습으로 일군 주역이다. 이담로의 아들 이태래는 백운동에 들어와 산 적이 없다. 이담로를 따라 들어온 손자 이언길이 조부의 유언에 따라 제2대 백운동 별서의 주인이 되었다. 이언길은 84세의 장수를 누리면서 이 공간을 평생에 걸쳐 정성을 쏟아 가꾸었다. 이담로 시대에 별서였던 이곳은 이언길의 만년인 1756년 이후 온 가족이 이거하면서 생활 주거 공간으로 탈바꿈했다.

| 세계 | 이름 | 생몰 연대 | 자호 | 관직 | 배필 | 비고 |
|---|---|---|---|---|---|---|
| 1 | 이해李海 | 1568~1611 | 자 종지宗之 | 승의랑承議郞 | 수원 백씨水原白氏 | |
| 2 | 이빈李彬 | 1597~1642 | 자 빈빈彬彬<br>호 서주西疇 | 지평持平<br>증贈 집의執義 | 거창 진씨居昌愼氏 | |
| 3 | 이담로李聃老 | 1627~? | 자 연년延年<br>호 백운동은白雲洞隱 | 증贈 승지承旨 | 함풍 이씨咸豐李氏 | 백운동<br>입산조 |
| 4 | 이태래李泰來 | 1657~1734 | | 증贈 참판參判 | 반남 박씨潘南朴氏 | |
| 5 | 이언길李彦吉 | 1684~1767 | 자 길보吉甫<br>호 수졸암守拙菴 | 생원生員<br>수동지壽同知 | 전주 최씨全州崔氏 | 2대 |
| 6 | 이의권李毅權 | 1704~1759 | 자 사형士衡 | | 나주 나씨羅州羅氏<br>문화 유씨文化柳氏 | |
| 7 | 이현박李顯樸 | 1735~1819 | 자 여림汝臨 | | 해남 윤씨海南尹氏<br>창녕 조씨昌寧曺氏 | 3대 |
| 8 | 이덕휘李德輝 | 1759~1828 | 자 윤경潤卿 | | 광산 김씨光山金氏 | 4대 |
| 9 | 이시헌李時憲 | 1803~1860 | 자 숙도叔度<br>호 자이당自怡堂<br>매원梅園 | | 전주 이씨全州李氏 | 5대 |
| 10 | 이면흠李冕欽 | 1834~? | 개명 면흠勉欽<br>자 치문稚文 | | 낭주 최씨朗州崔氏 | 6대 |
| 11 | 이환영李爔永 | 1856~1928 | 자 사규士圭 | | 장택 고씨長澤高氏 | 7대 |
| 12 | 이대림李大林 | 1875~1928 | | | 제주 양씨濟州梁氏 | 8대 |
| 13 | 이절묵李梲默 | 1910~? | | | 제주 양씨 | 9대 |
| 14 | 이효천李孝天 | 1933~2012 | | | 해주 최씨海州崔氏 | 10대 |
| 15 | 이승현李承鉉 | 1959~ | | | 초계 정씨草溪鄭氏 | 11대 |

이곳은 이담로 당대부터 경향 간에 널리 알려져 호남의 명원名園 중 하나로 손꼽혔다. 별서 정원의 존재와 풍광은 김창흡, 김창집, 신명규, 임영 등 여러 명망가의 제영시 연작을 통해 더 깊이 각인되었다. 제영시의 기록은 뒤 절에서 하나하나 따로 살펴보겠다.

입산조인 이담로와 2대 동주인 이언길에 대해서는 앞 절에서 상세히 살폈다. 이언길의 장남 이의권은 84세까지 장수한 부친보다 8년 앞서 세상을 떠서 백운동의 주인 노릇을 한 번도 제대로 하지 못했다. 이후 이현박李顯樸(1735~1819), 이덕휘李德輝(1759~1828)로 이어져 내려오다가 이담로의 6대손인 이시헌李時憲(1803~1860) 대에 이르러 백운동은 또 한 번 발전의 계기를 맞는다. 이현박과 이덕휘에 관해서는 특별히 남아 있는 기록이 없어 자세한 사정을 알기 어렵다. 이덕휘는 딸만 넷을 두어 아들이 없었으므로 아우 석휘錫輝의 아들 시헌을 입계해서 대를 이었다. 이덕휘는 1812년 월출산 유람차 걸음했다가 우연히 이곳을 찾게 된 다산 정약용과 외가인 해남 윤씨와의 인연으로 가까운 교분을 맺었다. 이덕휘는 이후 다산의 후원자로서 지원을 아끼지 않았고 아들인 이시헌을 다산초당으로 보내 강학의 말석을 지키게 했다. 다산이 이덕휘에게 보낸 편지 세 통이 남아 있다. 다음 절에서 따로 읽어보겠다.

　이시헌은 백운동 원림의 중흥조라 할 만한 인물이다. 그는 양자로 들어가 맡게 된 주손冑孫의 역할에 큰 책임감을 느끼고 가문을 다시 일으켜 세우는 일이 자신의 어깨에 달려 있다고 생각했던 듯하다. 그는 다산의 제자답게 우선 집안에 전해오는 문적文籍들을 정리하는 일부터 착수했다. 선대의 문집과 행록을 펴내고, 집안에 전해오던 필묵들을 묶어 책자로 만듦으로써 백운동의 역사를 오늘날 전하게 해주었다. 그는 다산의 백운동 방문을 계기로 당시 강진에 귀양와 있던 다산 문하에 막내 제자로 합류했다. 이후 다산이 유배에서 풀려나 상경한 뒤에도 편지를 주고받으며 교류를 이어갔다. 또 그는 후에 근재近齋 성근묵成近默(1784~1852)의 문인이 되어 중앙 학계와도 소통의 채널이 열려 있던 인물이다.

　백운동에서 그의 생활은 이담로의 7대손인 이금李嶔의 『계양유고桂陽遺稿』 권3에 수록된 「백운처사자이선생행록白雲處士自怡先生行錄」에 비교적 자세히 나와 있다.

　　백운동 별업에는 예전에 선인께서 사시던 집이 있었다. 집 앞에는 구곡지九曲池와 정선대, 백매오百梅塢와 영홍체映紅砌가 있고, 동편에는 운당포篔簹圃요

이시헌의 묘소.

서쪽에는 풍림단楓林壇이 있었다. 벽에는 망천도輞川圖를 걸어놓고 집안에서
는 평천장平泉莊의 훈계를 지켰다. 젊어서 과거시험 공부를 포기하고 오로지
성리性理의 글만을 궁구하였다. 가난한 생활을 편안하게 여겨 지팡이 짚고서
소요하였다. 갑 속에는 거문고 하나를 보관해두고 서가에는 만 권의 책을
쌓아두었다. 이따금 흥이 나면 왕희지의 『난정첩蘭亭帖』을 펼쳐놓고 물 흐르
듯 붓을 휘두르니 원근에서 가져다가 법으로 삼았다. 동산의 대나무가 서까
래처럼 굵었다. 도둑이 죽순을 꺾어가자 가시덤불을 걷어내고 그를 위해 작
은 길을 열어주니 이웃 마을에서 모두들 그 덕량에 감복하였다. 집에 어진
아우가 있었는데 휘가 시순時淳이요 호는 월초月樵다. 그 또한 맑고 고상하며
유아儒雅한 선비였다. 책상을 마주해 기뻐하며 늙음이 장차 이르는 것도 알
지 못하였다.[13]

또 3남 복흠復欽이 쓴 「선부군행장초기先府君行狀草記」에는 이시헌에 대해 이렇게 적었다.

부군은 몸가짐이 단정 엄숙하였고 신채가 밝고도 빼어났다. 성근 살적과 마른 뺨에 콧날은 오뚝하고 눈동자는 맑았다. 힘써 배우고 널리 보아 모르는 것이 없었다. 삼베옷 입고 짚신을 신고 백운초려에서 휘파람 불고 시를 읊조리며 흰머리가 되도록 경전을 궁구하는 데 차근차근 노력을 기울였다. 효제충신孝悌忠信에 마음을 다 쏟고 마땅함을 행하는 방도를 깨끗하게 지녀 구경사자九經四子와 구류백가九流百家의 서적을 두루 살폈다. 가깝게는 공맹의 연원을 잇고 멀리 관민關閩의 뜻과 맞닿았다. 광채를 감추고 자취를 깎아 명성을 구하지 않았으니 먼 지방의 벗 가운데 그 풍모를 듣고 의리를 사모하는 자가 모두 한번 그 얼굴을 아는 것만으로도 영광으로 여겼다. 새로 태수가 내려오면 반드시 직접 집을 찾아와서 예를 표하였으니, 이는 이른바 주옥珠玉이 산과 못에 감춰져 있어도 능히 그 광휘를 가릴 수 없다는 것이다.
당시에 이름나고 어진 분들이 이따금 편지글 사이에서 만남을 의탁하여 천릿길에 우편 소식이 오가며 학문의 대화를 이었다. 상서尙書 서헌순徐憲淳(1801~1868)이 호남관찰사로 있을 적에 어떤 사람이 찾아가서 만나보자 공이 이렇게 말했다. "그대는 숙도叔度를 만나보았는가?" 그러고 난 뒤 상자 속에서 부군의 시와 편지를 찾아 꺼내 보여주며 말했다. "이는 진실로 숙도의 큰 덕이라네." 판서 사고社皐 박승휘朴承輝(1802~1869) 또한 '구석진 땅의 시례詩禮'로 일컬은 것을 내가 본 적이 있다. 상서 이인석李寅奭은 예전에 이 고을의 원을 맡았는데 처음 내려왔을 때 그 이름을 사모하여 열흘마다 치는 시험의 시 제목을 '그대의 고장에 안자顏子가 있으니 우리 숙도라고 대답을 하네子國有顏子, 答見吾叔度'로 정했다. 숙도는 바로 부군의 자字다. '먼저 서유

소산 그림, 「독조한강도」, 이승현 소장.

자徐孺子가 사는 집을 묻는다先問徐孺子所居'를 부賦의 제목으로 삼았으니, 부군을 남쪽 나라의 안자로 여기고 남쪽 고을의 고사高土로 본 것이 아니겠는가. 이는 모두 내 귀로 직접 들어 마음에서 잊을 수 없는 것들이다.

탁옹籜翁 정약용 공께서 남쪽 땅으로 귀양와서 귤원橘園의 북쪽에 초막 하나를 짓고 예전 굴원屈原이 그랬던 것처럼 상강湘江 물가에서 국화 꽃잎을 따서 먹던 장소로 삼았다. 당시 부군은 나이가 고작 10세였는데도 책 상자를 지고서 다산의 동암으로 공을 찾아뵙고 절하였다. 스승을 높이고 윗사람에게 공경하는 범절과 학업에 힘 쏟고 과정을 익히는 공부가 의젓하여 노성한 선비 같았다. 이때 여러 제자가 한자리에 모여 술 마시기로 의논을 하고 사

람을 시켜 개를 목매달아놓고 갔다. 부군이 이를 보고 웃으며 '사구구死狗拘'
라고 말했다. 대개 구狗와 구拘가 음이 같았기 때문이다. 새벽마다 일어나면
비를 들고 마당을 깨끗이 쓸고 책상에 오도카니 앉아 낭랑하게 글을 외우며
좌우를 돌아보지 않았다. 탁옹께서 내 조부님께 보낸 편지 중에 이렇게 말
씀하신 것이 있다. "아드님의 공부는 부지런하고도 독실해서 더 열심히 하라
고 말할 필요가 없군요." 또 부군께서 아버님을 뵈러 오자 이렇게 편지를 썼
다. "아드님은 공부를 부지런히 합니까? 매번 그의 인품이 대단히 좋은 것을
생각하며 능히 잊지 못하겠습니다." 어린 나이에 스승 및 선배의 칭찬과 기림
이 이와 같았으니 부군의 품은 생각이 어려서부터 대단하고 재주와 사고의
민첩함을 이를 통해서도 미루어 떠올려볼 수가 있겠다. 뒤늦게 하석霞石 성
근묵 선생의 문하에 나아갔다. 학업과 나이가 이미 높았으나 조예는 더욱 새
로워 당시에 덕 높은 선비치고 부군보다 나은 이가 없었다. 아, 성대하도다!
대저 전원생활은 한가할 때가 많아 벗들이 지나다가 들르면 첫 자리에서 차
마시기를 파하고 나서 문득 기쁘게 함께 맑은 물굽이와 대숲 사이로 데려가
서 학문을 강론하고 문장을 논하며 온종일 돌아옴을 잊곤 했다. 구구한 바
깥 사물쯤은 마음을 얽어매기에 부족하였다. 담박하고 삼가며 기쁘게 자득
하였다. 시내와 바위, 안개와 노을 사이에서 소리를 내며 흐르는 물과 우짖
는 새의 울음소리, 봄꽃과 가을 단풍 등은 모두 내 성정을 길러주고 내 정신
과 기운을 편안하게 해주기에 충분하였다. 그런 까닭에 지은 시는 맑고 담백
하며 한가롭고 아득해서 남들이 이르지 못하는 경지에 다다랐다. 말 한 마
디 동작 하나도 오히려 속된 습속을 답습할까 염려했다.[14]


이밖에 이시헌의 문집 『자이집自怡集』에는 백운동의 14경을 노래한 시를 비롯
해 이곳에서의 일상이 오롯하게 기록되어 있다. 그는 선대 문적의 보존과 정리

에도 각별한 힘을 쏟아 『백운세수첩』과 『수졸암행록守拙菴行錄』, 『칠세보묵七世寶墨』, 『시간일람時簡日覽』 등의 자료를 정리해서 펴냈고 그 밖에 각종 기록을 남겨 백운동의 역사가 후대에 전해질 수 있도록 했다.

이시헌을 이어 6대 동주 이면흠李冕欽(1824~?)과 7대 동주 이환영李瓛永(1856~1928), 8대 동주 이대림李大林(1875~1928), 9대 동주 이절묵李梲默(1910~?) 등에 대해서는 간찰 한두 통이 남아 있을 뿐 이렇다 할 기록이 없다. 어쨌거나 백운동 별서 정원은 10대 동주 이효천李孝天(1933~2012)과 현재 11대 동주인 이승현李承鉉에 이르기까지 13대째 직계의 후손으로만 한 줄기로 대를 이어 지켜왔다.

『백운첩』의 백운동 12경과 다산의 편지

다산 정약용의 『백운첩』은 1812년 제자들과 함께 월출산에 놀러 갔던 다산이 백운동의 12경을 노래한 시를 적은 시첩이다. 다산은 산행에서 하산하다가 도중에 백운동에 들러 하룻밤을 유숙했다. 다산초당으로 돌아온 뒤에도 그곳의 풍광을 잊지 못해 시서화 모두를 포함해 13수의 시를 지어 이 시첩을 꾸몄다.

백운동 별서 정원의 역사에서 가장 주목할 인물은 단연 다산 정약용이다. 1801년에 강진에 유배온 그는 이후 18년간 이 고을에 머물면서 놀라운 학문적 성과를 거두고 수많은 제자를 길러내며 숱한 일화를 남겼다. 다산은 백운동을 직접 찾아가 그곳의 12경을 친필 시로 적어 제자 초의에게 「백운동도」와 「다산도」를 그리게 한 뒤 『백운첩』으로 꾸며 선물했다. 이 『백운첩』에 의해 비로소 백운동 12경이 명명되었다. 이밖에 다산이 백운동에 보낸 편지만도 현재 여덟 통이나 남아 있다.

이 장에서는 다산이 남긴 『백운첩』을 통해 백운동 12경을 차례로 제시하고 풍경점별로 사진과 함께 설명해 별서 정원의 세부 윤곽을 그려 보이겠다. 『백운첩』이 만들어지게 된 배경과 다산이 백운동에 보낸 편지도 함께 소개한다.

다산 정약용의 『백운첩』은 1812년 제자들과 함께 월출산에 놀러 갔던 다산이 백운동의 12경을 노래한 시를 친필로 적은 시첩이다. 다산은 하산하던 중 백운동에 들러 하룻밤을 유숙했다. 다산초당으로 돌아온 뒤에도 그곳의 풍광을 잊지 못해 서시를 포함해 도합 13수의 시를 지어 이 시첩을 꾸몄다.

여기 실린 「백운동도」와 「다산도」는 그림에 뛰어난 재능을 보였던 초의선사가 젊은 시절에 다산의 명을 따라 그린 것이다. 이런 연유로 백운동 별서와 다산초당의 당시 모습이 오롯이 남게 되었다. 설명을 듣고 관념으로 그린 것이 아니라 직접 사생해서 묘사한 실경이다. 뿐만 아니라 백운동 12경의 명명이 이 시첩에서 최초로 이루어져 오늘날 백운동 별서 복원의 기준점을 마련해준다.

이 시첩은 당대에도 그 존재가 이미 알려져 있었다. 위당葳堂 신관호申觀浩(1819~1888)가 백운동 이시헌에게 보낸 편지 중에 "다산시첩茶山詩帖을 살펴보고 또 그대의 집을 그린 그림을 볼 수 있기를 간절히 바랍니다. 비록 왕유王維의 망천輞川과 배도裵度의 오교별장

신관호가 백운동에 보낸 편지.

午橋別莊이라 한들 이보다 더하지는 않았겠지요. 복인福人의 복지福地라 틀림없이 하늘도 없애지 못할 것입니다. 부럽기 짝이 없습니다切仰茶山詩帖閱來, 且觀貴莊圖. 雖輞川午橋, 恐不加此. 福人福地, 信是天不窮也. 健羨何已"라고 한 내용이 남아 있는 것을 보아도 알 수 있다. 이 시첩은 원래 백운동에 대대로 보관되어오다가 수십 년 전 외부로 유출되어 여러 차례 주인이 바뀌면서 현재 개인 소장으로 되어 있다.

시첩에는 모두 13수의 시를 수록했다. 이씨의 유거幽居를 노래한 서시 외에 다산은 백운동 12승사勝事를 꼽아 차례로 시를 한 수씩 지었다. 앞에 실려 있는 「백운동도」를 먼저 설명한 뒤 다산의 시제詩題와 시 내용에서 뽑은 12경의 품목을 다산의 시와 더불어 하나하나 소개하겠다. 그리고 끝에 「다산도」를 함께 보여 백운동과 다산초당을 맞겨뤄보고자 했던 다산의 뜻을 살펴보려 한다.

『백운첩』.

「백운동도」와 백운동 12경

『백운첩』은 표제에 예서로 '백운첩白雲帖'이란 세 글자를 썼다. 표지를 넘기면 첫 장에 「백운동도」가 펼쳐진다. 화면을 다산이 꼽은 12경의 설명에 맞춰 따라가보자. 먼저 우측 상단에 큼지막한 주문朱文과 백문白文을 섞은 음양인이 찍혀 있다. 상단에 가로로 길게 쓴 한 글자는 백문으로 새긴 '백白'자이고, 하단 중앙에 역시 백문으로 '운雲'자를 새겼다. '운'자 양옆에는 주문으로 '산山'과 '수水' 두 글자가 보인다. '백운산수白雲山水' 네 글자를 새긴 것인데 집주인인 이시헌의 장서에 자주 보이는 인장이다. 성첩成帖 당시에 찍은 것이다. 하단에는 '정우당서화장淨友堂書畫藏'이라 새긴 주문의 목인木印이 찍혀 있다. 정우당의 정우淨友는 연꽃을 가리키는 표현으로 백운동의 본가인 강진군 성전면 금당리 연당의 사랑채 이름이다. 백운동 별서에 소장되어 있던 이 시첩이 어느 때인가 금당리 본가로 옮겨져 보관되었던 사정을 짐작케 한다.

그림을 살펴보자. 먼저 화면의 오른쪽 중앙에 백운동 별서의 본채가 들어앉았다. 디근자로 둘러친 담장 안에 놓인 기와집 한 채가 바로 '백운유거白雲幽居'의 해묵은 현판이 걸려 있는 본채다. 그 아래쪽에 보이는 초가집이 취미선방이라 불린 사랑채다. 그 아래로 섬돌을 쌓고 중앙에 계단을 두었다. 현재의 본채는 한국전쟁 때 전소된 옛 본채 자리에 새로 지은 것이다. 화면상 본채와 사랑채가 약간 비껴 있고 본채 중앙에서 화계를 따라 계단이 층을 지어 내려오는 구조다.

이제 다산의 명명에 따라 화면 속 12경의 풍광을 차례로 불러보자. 제1경은 그림 좌측 상단에 삐죽삐죽 나란히 늘어선 옥판봉의 '옥판상기玉版爽氣'다. 다산은 옥판봉의 상쾌한 기운이야말로 백운동의 첫손 꼽는 풍경이라고 칭찬했다.

제2경은 화면 좌측 하단 백운 별서로 접어드는 소로와 그 양편의 동백나무 군락을 가리키는 산다경의 '유차성음'이다. 화면상 옥판봉 아래쪽 하단에는 소나무 군락이 층지어 나오고 초가집 몇 채의 부락이 보인다. 다시 아래로 백운 별서 초입의 소로와 우람한 동백나무가 관찰된다. 중앙에 우뚝 솟은 바위 뒤편과 아래쪽에도 동백나무가 있다. 산다山茶 또는 유차油茶는 모두 동백나무의 별칭이다.

제3경은 백매오百梅塢의 '백매암향百梅暗香'이다. 집 둘레 언덕에 심어진 100그루의 매화가 눈 속에 붉은 꽃을 일제히 피우면 장관도 그런 장관이 없었을 법하다. 화면 속에는 사랑채 섬돌 아래, 뜰 건너편 작은 누대 옆에 매화 두 그루만 그려 놓았다. 백매오의 매화는 다산이 방문했을 당시에도 그리 많이 남아 있지는 않았다.

제4경은 홍옥폭紅玉瀑의 '풍리홍폭楓裏紅瀑'이다. 산다경이 화면 중앙에 솟은 바위와 만나기 직전 돌다리가 놓였고 바위와 다리 사이로 시내가 폭포를 이루며 쏟아져 내린다. 폭포의 물에 바위 위의 단풍나무 붉은빛이 얼비치면 물색이 마치 홍옥紅玉과 같다 해서 이처럼 멋진 이름을 얻었다.

제5경은 집 옆 시냇물을 끌어다 마당을 굽이굽이 돌아 나가는 '곡수유상曲水流觴'의 유상곡수流觴曲水다. 유상流觴이란 물길 위로 술잔을 흘려 띄운다는 말이

『백운첩』
「백운동도」, 초의선사.

9경 십홀선방

8경 화계모란

5경 유상곡수

12경 운당천운

11경 선대봉출

3경 백매암향

7경 유강홍린

다산이 명명한
백운동 12경의 위치.

다. 두 채의 집 축대 아래 마당 가운데를 휘돌아 나가는 구조인데 화면에는 구도상 유상곡수를 그리지 않았다. 곡수曲水는 물길을 꺾어 굽이굽이 돌아 나가게 만든 장치를 가리킨다. 그 위에 배 모양의 잔 받침을 놓고 술잔을 띄웠다.

제6경은 창하벽蒼霞壁의 '창벽염주蒼壁染朱'로 그림 하단 중앙 시내 옆에 우뚝 솟은 바위 절벽을 가리킨다. 다산은 시에서 이곳에 붉은색 먹으로 글자를 써두었다고 했다. 「백운동도」 속 바위 전면에도 글씨처럼 보이는 붓질이 있다.

제7경은 화면 오른쪽 하단에 봉긋 솟은 소나무 군락이 있는 언덕인 정유강貞蕤岡의 '유강홍린蕤岡紅鱗'이다. 정유貞蕤는 소나무의 별칭이고 홍린紅鱗은 소나무의 껍질이 붉은 용의 비늘 같대서 붙인 이름이다. 화면 우측 하단 아래쪽에 위로 솟은 소나무 여러 그루가 보인다. 실경보다는 훨씬 더 오른쪽에 치우쳐 그려졌다.

제8경은 모란을 심은 화단인 모란체牡丹砌의 '화계모란花階牡丹'이다. 그림에서는 화계가 드러나지 않는다. 본채에서 앞마당으로 내려가는 계단의 축대는 3단으로 되어 있고 계단 양쪽에 화계가 조성되어 있는데, 화면 구도상 화계를 생략했다.

제9경은 취미선방의 '십홀선방十笏禪房'을 꼽는다. 본채 바로 아래 초가를 얹은 세 칸짜리 사랑채다. 십홀은 좁은 크기를 나타내고 선방은 내부의 조촐함을 드러낸 표현이다. 원래 없어졌던 건물인데, 강진군에서 2009년 원래 모습대로 복원했다.

제10경은 풍단楓壇의 '홍라보장紅羅步障'이다. 화면 가운데 솟은 바위에서 집 쪽을 바라보는 방향으로 단풍나무가 심어져 있다. 단풍철에 잎이 물들면 온통 붉은 비단 커튼을 둘러친 것 같대서 이렇게 불렀다. 중앙 바위 위에 길쭉한 잎으로 그린 나무가 있는 위치다. 시선에 잡히지 않아 화면에서는 구체적으로 표현하지 않았다.

제11경은 정선대의 '선대봉출仙臺峯出'이다. 화면 오른쪽 하단의 나무들이 군집해 선 둥근 언덕 위에 초가지붕만 드러나 있는 작은 집이 바로 정선대다. 이곳에 올라서 보면 대각선으로 옥판봉의 웅장한 자태가 한눈에 들어온다고 했다. 오늘날에는 건너편 숲이 웃자라 정선대 위에서는 옥판봉의 모습이 시야에 잘 잡히지 않는다.

제12경은 운당원賞簹園의 '운당천운賞簹穿雲'을 꼽는다. 운당賞簹은 왕대나무인데 화면 우측 중앙의 대나무 숲이 바로 그곳이다. 본채의 울타리 우측에 무성한 대숲이 오늘날까지 그대로 보존되어 있다. 대숲은 집 뒤란의 숲에도 드넓게 조성되어 있다.

초의는 부감俯瞰의 시선으로 전체 화면을 잡아서 스승이 노래한 백운동 12경의 풍광을 하나의 화폭 안에 빠뜨림 없이 담아냈다. 간결한 필치와 과감한 생략으로 전체 상의 큰 왜곡 없이 백운동의 전경을 잘 포착해냈다.

백운동 12경을 표제로 다시 정리하면 다음과 같다.

제1경: 옥판상기玉版爽氣, 옥판봉의 상쾌한 기운.

제2경: 유차성음油茶成陰, 산다경의 동백나무 그늘.

제3경: 백매암향百梅暗香, 백매오의 매화 향기.

제4경: 풍리홍폭楓裏紅瀑, 단풍나무의 붉은빛이 어린 옥구슬 폭포.

제5경: 곡수유상曲水流觴, 마당을 돌아 나가는 물굽이에 띄운 술잔.

제6경: 창벽염주蒼壁染朱, 창하벽에 붉은 먹으로 쓴 글씨.

제7경: 유강홍린蕤岡紅麟, 정유강의 용 비늘 같은 소나무.

제8경: 화계모란花階牡丹, 꽃 계단에 심은 모란.

제9경: 십홀선방十笏禪房, 사랑채인 취미선방의 세 칸 초가.

제10경: 홍라보장紅羅步障, 풍단 단풍나무의 붉은 비단 장막.

제11경: 선대봉출仙臺峯出, 옥판봉이 한눈에 들어오는 정선대.

제12경: 운당천운賞簹穿雲, 운당원에 우뚝 솟은 왕대나무.

# 『백운첩』의 체제와 구성

이제 「백운동도」에 이어 다산의 시 13수를 차례로 읽어보자. 시첩에는 모두 13수를 수록했다. 시제는 다음과 같다.

1. 「백운동 이씨의 유거에 부쳐 제하다寄題白雲洞李氏幽居」
2. 「옥판봉玉版峯」
3. 「산다경山茶徑」
4. 「백매오百梅塢」
5. 「홍옥폭紅玉瀑」
6. 「유상곡수流觴曲水」
7. 「창하벽蒼霞壁」
8. 「정유강貞蕤岡」
9. 「모란체牡丹砌」

10. 「취미선방翠微禪房」

11. 「풍단楓壇」

12. 「정선대停仙臺」

13. 「운당원篔簹園」

14. 다산 발문

첫 수는 백운동 이씨의 유거幽居를 노래한 서시에 해당된다. 그리고 이어지는 12수가 백운동 12경을 노래한 내용이다. 대부분 다산의 친필이지만 몇 수는 초의艸衣와 윤동尹峒 등 당시 동행한 제자들에게 옮겨 쓰게 해서 그들의 필적 또한 기념으로 남길 수 있도록 배려했다.

다산은 각 편 시의 끝에 자신의 서명을 저마다 다르게 남겼다. 첫 수인 「백운 동 이씨의 유거에 부쳐 제하다」란 작품은 다산 친필이다. 시 끝에 '용제鏞題, 9월 12일'이라고 썼다. 이 시를 지은 날짜가 1812년 9월 12일이란 뜻이다. 「산다경」에 는 다산이 즐겨 쓰던 호인 '탁옹籜翁'이란 서명을 썼고, 「백매오」에는 드물게 '송보 頌甫'라고 적었다. 「유상곡수」에는 다시 다산의 나무꾼이란 뜻으로 '다산초자茶山 樵者'란 서명을 남겼다. 「정유강」 끝에는 '미용美庸'이란 자를 썼다.

한편 13수의 시 중 4수는 제자들의 글씨다. 「홍옥폭」과 「풍단」, 「정선대」 등 3 수는 초의선사가 전서체로 썼다. 「홍옥폭」 끝에 '부서孚書'라 쓴 글씨가 있다. 자 가 중부中孚인 초의가 썼다는 뜻이다. 「정선대」 끝에도 '중부서中孚書'란 세 글자가 전서로 적혀 있다. 당시 초의는 전서를 막 익히던 때였던 모양으로 필체가 서툴 고 어색하다.

마지막 「운당원」 글씨는 제자 윤동이 행서로 썼다. 역시 필체가 안정되어 있지 못하다. 그 끝에 '동서峒書, 승중부전僧中孚篆, 승중부화僧中孚畫'라고 부기했다. 「운 당원」 시의 글씨를 윤동이 썼고, 시첩 중의 전서 부분과 앞뒤의 그림이 초의의 솜씨라는 점을 밝힌 것이다. 글씨만 두 사람이 썼을 뿐 시는 다산이 지었다. 시첩 끝에 다산이 친필로 발문을 적었다. 발문의 내용은 다음과 같다.

> 가경 임신년(1812) 가을. 내가 다산에서 백운동으로 놀러 갔다가 하룻밤을 자고 돌아왔다. 남은 미련이 오래 지나도 가시지 않기에 승려 의순을 시켜서 「백운도」를 그리게 하고 이를 이어 12승사의 시를 지어서 주었다. 끝에 「다산도」를 붙여서 우열을 보인다. 9월 22일.**15**

백운동에서 하룻밤을 묵고 돌아왔는데 그곳의 풍경에 대한 여운이 있어 함께 갔던 승려 초의에게 「백운동도」를 그리게 했다. 여기에 자신이 지은 백운동 12

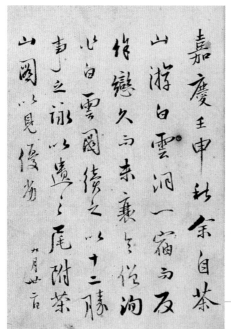

다산이 쓴 『백운첩』의 「발문」.

경을 잇대어 적은 후, 끝에는 「다산도」를 그리게 해서 백운동과 다산초당 중 어느 곳이 더 아름다운지 겨뤄보고픈 마음을 내비쳤다. 시를 지어서 주었다고 했으니 이 시첩은 원래부터 백운동 주인에게 선물하기 위한 목적에서 만든 것이다. 당시 백운동의 주인이었던 이덕휘의 요청에 다산이 호응해서 써준 것으로 짐작된다. 첫 수를 9월 12일에 지었다고 했으며, 발문은 9월 22일에 썼다. 이로 보아 다산이 백운동에 놀러 갔던 날이 1812년 9월 12일이었고 그로부터 열흘 뒤 12승사 시를 더 짓고 초의의 그림 두 폭을 앞뒤에 얹어 작첩한 것임을 알 수 있다. 첫 수와 뒤쪽의 12수는 지어진 시점으로 보면 며칠의 시간 차가 난다.

한편 『백운첩』에 수록된 시 13수는 『다산시문집』에는 모두 누락되고 없다. 결국 시 13수는 다산의 일시逸詩여서 자료 가치가 더 높다. 중간에 전서로 쓴 부분의 몇 글자는 판독이 어렵다. 다행히 한국학중앙연구원 장서각에 소장된 필사본 『다산시고茶山詩稿』에 이 13수가 온전히 실려 있어 글자 판독이 가능하다.[16] 뿐만 아니라 이 『다산시고』는 다산 친필의 『백운첩』에 실린 시와 간혹 바뀐 글자도 있어 상호 대조를 통해 문맥을 더 분명하게 가다듬을 수 있게 해준다.

다산의 백운동 시 13수 감상

---

이제 『백운첩』에 수록된 다산의 시를 화면을 좀더 끌어당겨 실경에 맞춰 읽어보자. 편마다 실경 사진과 함께 보며 감상하기로 한다.

## 「백운동 이씨의 유거에 부쳐 제하다寄題白雲洞李氏幽居」

『백운첩』의 첫머리에 서시 격으로 쓴 작품이다. 이 시는 1812년 9월 12일 다산이 이곳을 방문했을 당시에 썼다.

| | |
|---|---|
| 백운처사 숨어 사는 유정幽貞의 괘 얻으니 | 白雲處士筮幽貞 |
| 임금께 헌책獻策함은 뜻에 맞지 않는다네. | 獻策君門不稱情 |
| 십무十畝의 솔과 대로 땅의 이익 거두고 | 十畝松篁收地利 |

| 반산半山의 누각에서 물소리를 베개 삼지. | 半山樓閣枕溪聲 |
| 풍류는 예원진倪元鎭만 못함이 전혀 없고 | 風流不減倪元鎭 |
| 명승은 고중영顧仲瑛에게 소문이 다 났다지. | 名勝皆聞顧仲瑛 |
| 상자 속에 남긴 글이 그대로 남아 있어 | 爲有遺書在篋裏 |
| 훗날에도 금석 같은 그 맹세를 안 바꾸네. | 他年金石未渝盟 |

은자의 조촐한 삶을 살아가는 백운처사 이덕휘의 생활과 백운동의 조촐한 살림을 노래했다. 첫 구에서 유정의 괘卦란 『주역』「이괘履卦」에 "이도履道가 탄탄하니 유인幽人이 곧고도 길하다履道坦坦, 幽人貞吉"라고 한 데서 따왔다. 이후 유정은 흔히 은사隱士를 가리키는 말로 썼다. 당나라 한유韓愈가 「복지부復志賦」에서 "큰 거북 빌려다가 점괘를 살펴, 은자의 살 곳을 찾아보노라假大龜以視兆兮, 求幽貞之所廬"라고 한 것이 있고, 청나라 때 유대괴劉大櫆도 「방부군묘지명方府君墓誌銘」에서 "근대 이래로 벼슬해서 녹을 받는 것을 귀하게 여기고 유정幽貞은 천하게 본다近代以來, 貴祿仕而賤幽貞"고 한 것 등이 유정의 쓰임새를 잘 보여준다.

2구의 '헌책군문獻策君門'은 임금 앞에 나아가 나라를 위한 계책을 올린다는 의미다. 벼슬길에 나아가 임금에게 글을 올려 자신의 포부를 펼침을 말한다. 그런데 그것이 마음에 맞지 않는다不稱情고 해서 벼슬길에 아무런 뜻이 없으므로 자발적으로 은사의 삶을 살아간다는 뜻을 펴 보였다.

백운동의 생활은 10무畝 넓이의 송황松篁, 즉 솔숲과 대숲에서 나는 소출로 이루어지고, 일상은 반산半山 누각에서 시냇물 소리를 베개 삼아 지내는 유유자적에 있다고 기렸다. 무는 전답의 단위다. 1보가 사방 6자이고, 100보가 1무의 너비다. 반산은 '누각연우반산중樓閣烟雨半山中' 고시의 구절에서 따온 표현이다.

5구의 예원진倪元鎭은 원말 명초의 문인화가인 예찬倪瓚(1301~1374)이다. 원진元鎭은 그의 자다. 성품이 고결하여 천하가 장차 어지러워질 것을 알고는 가산을 다 팔아 강소성江蘇省의 삼묘호三泖湖 호반에 소한관瀟閑館을 짓고 은거하여 풍류의 삶을 살았던 인물이다. 다산은 예찬의 삶을 몹시 흠모해서 그의 시 곳곳에서 예찬을 노래한 바 있다. 백운동의 풍류가 예찬의 것 못지않다고 칭찬한 것이다.

6구에 나오는 고중영顧仲瑛은 원대 고덕휘顧德輝(1310~1369)로, 집안에 옛날의 법서法書와 명화名畵 및 정이鼎彝 같은 골동품을 모아 서경茜涇 서편에 별장을 짓고 '옥산가처玉山佳處'라고 불렀다. 끊임없이 손님을 초대해 사방의 학사들이 모두 그 집에 모여들었다. 풍류와 문아文雅로 명망이 높았던 인물이다.

다산은 예전 원나라 때 은거로 이름 높던 예찬과 고덕휘를 끌어와 집주인 이덕휘의 백운 별서 풍류를 기렸다. 고덕휘가 집주인 이덕휘와 이름이 같았던 것도 연상의 고리가 되었음 직하다.

7, 8구에서 상자 속에 담긴 유서遺書와 금석의 맹서를 훗날에도 저버리지 않고 있다고 했다. 이 말은 입산조인 이담로가 백운 별서를 손자 이언길에게 물려주면서 남에게 팔지 말고 지키라는 경계를 남긴 이래 후손들이 그 뜻을 아껴 가꿔온 정성을 환기한 내용이다. 이언길 또한 이런 글을 남긴 바 있다.

아! 이곳 백운동은 바로 내 할아버님께서 세우신 별업이다. 내가 어려서부터 언제나 이곳에서 모시었는데 이제 와 생각해보니 나도 모르게 슬퍼진다. 하물며 이곳을 건네주실 적에 두 번 세 번 말씀하시고 경계하신 것이 이처럼 간곡하셨다. 내 자신이 이곳에 살지 않고 그저 그 땅의 소출만 받아먹는다면 이것은 할아버님의 뜻을 따르는 것이 아니다. 다른 사람에게 빌려주어 이곳에 주인 노릇을 하게 하거나 그 땅을 팔아먹는 것 또한 할아버님의 뜻을 따르는 것이 아니다. 각별히 삼가 준수해서 선대의 뜻을 실추시키지 않는 것이 나의 뜻이다. 아! 내 장남과 장손은 또한 나의 뜻을 유념해서 각별히 지켜 실추시키지 않도록 하라.[17]

「가장초기家狀草記」에 나온다. 다산은 백운동 방문 당시 바로 위 이언길의 유서를 읽었고 다짐을 겸해 이를 7, 8구에서 떠올린 것이다. 다산은 이 집주인인 이덕휘 또한 선대의 가르침을 잊지 않고 오랫동안 기억해 어기는 일이 없을 것이라며 축복했다.

## 「옥판봉玉版峯」

옥판봉은 월출산 구정봉 서남쪽 정상 봉우리의 이름이다. 다산은 제목 바로 옆에 작은 글씨로 "옥판봉은 월출산 구정봉의 서남쪽에 있다. 백운동에 12승사가 있는데 '옥판봉이 상쾌한 기운玉版爽氣'의 으뜸을 차지한다玉版峯者, 月出山九井之西南也. 白雲洞有十二勝事, 玉版爽氣, 居其首焉"고 하여 '옥판상기'의 상쾌한 기운을 12승사의 첫손으로 꼽았다. 백운 별서 아래쪽에 정유강이란 이름의 야트막한 등성이가 있고 이곳에 정선대란 정자가 세워져 있다. 이 정자에 올라 바라보면 옥판봉의 전경이 한눈에 들어온다. 시는 다음과 같다.

| | |
|---|---|
| 내 예전 영산靈山에 놀러 와서는 | 我昔游靈山 |
| 옷깃 떨쳐 절정까지 오르려 했지. | 振衣淩絶頂 |
| 힘 빠져 능히 내려오지 못하고 | 力盡不能下 |
| 해 지자 입은 옷이 너무 추웠네. | 日落衣裳冷 |
| 사슴 가죽 깔개로 몸을 감싸고 | 裹身鹿皮韉 |
| 여러 시내 웅덩이를 건너왔었지. | 九流度阬阱 |
| 돌아와선 깊은 유감 품고 지내며 | 及歸抱深恨 |
| 구슬피 구정봉만 올려다봤네. | 悵然瞻九井 |

| 그럭저럭 하다보니 7년이 지나 | 荏苒歷七載 |
| 수염 터럭 어느새 고기 가실세. | 鬢髮如魚鯁 |
| 굳이 묵은 소원 풀고자 하여 | 強欲酬夙願 |
| 이에 다시 선경에 거닐었다네. | 復茲涉仙境 |
| 빙 둘러선 뭇 봉오리 고운 빛깔이 | 森羅衆峯色 |
| 목을 길게 빼고서 나를 보는 듯. | 見我如引領 |
| 뭇 신선 티끌 먼지 깨끗이 씻고 | 羣眞濯塵垢 |
| 단정하게 옥홀玉笏을 들고 섰는 듯. | 端然秉圭珽 |
| 빼어난 기운 푸른 옥색 맑기도 하고 | 秀氣澹青標 |
| 엷은 구름 맑은 그림자 머금었구나. | 薄雲含清影 |
| 우러러 바라보니 기쁜 맘 들어 | 仰望有愉悅 |
| 수고로이 다리 시게 걷지 않았네. | 不勞酸行脛 |
| 이제야 알겠네 예전 오를 때 | 始知登歷日 |
| 거칠게 기운만 부려댄 줄을. | 麤豪氣徒逞 |
| 산인은 산 위로 오르지 않고 | 山人不上山 |
| 가만 앉아 마음이 고요하다네. | 燕坐心常靜 |

월출산 육판봉.

시에 7년 전 월출산 구정봉 등정에 나섰다가 실패하고 돌아왔다고 썼다. 1812
년 9월 12일의 산행은 말하자면 두 번째 월출산 등정에 나선 걸음이었다. 첫 등
정은 1806년 8월 17일에 시도했었다. 자신만만하게 시작했던 다산이건만 산 정
상에 가까이 가지도 못한 채 탈진했고 날까지 저무는 바람에 도중에 포기해야
만 했다. 오한을 못 견뎌서 안장 깔개로 가져간 녹피를 몸에 두르고 허둥지둥 시
내와 구덩이를 수없이 건너서 겨우 돌아올 수 있었다.

당시에 지은 시는 『다산시문집』 권5에 「월출산 정상에 올라登月出山絕頂」란 제목
으로 남아 있다. 잠시 읽어본다.

| | |
|---|---|
| 우뚝이 뿔 하나가 맑은 허공 꽂혀 있어 | 岧嶢一角偘晴空 |
| 남녘 땅 진압하는 바위 기세 웅장하다. | 平鎭南邦石勢雄 |
| 청해의 안쪽 땅은 두힐豆肹이라 봉했던 곳 | 豆肹提封淸海內 |
| 탐라의 성곽이 저녁 안개에 잠겼구나. | 乇羅城郭暮煙中 |
| 골짝에선 손등孫登의 휘파람 소리 절로 나니 | 巖阿自發孫登嘯 |
| 완적阮籍의 막힌 길을 천지에 뉘 근심하리. | 天地誰憂阮籍窮 |
| 임금 계신 창덕궁 지붕 어느메에 있는가 | 昌德觚稜何處是 |

상서론 붉은 구름 적상산이 막고 섰네.　　　　　　　　　赤裳遮斷瑞雲紅

정상에 오르지도 못했으면서 말로는 절정에서 지었다고 기염을 토했다. 삐죽 솟은 월출산은 허공중에 뿔 하나가 우뚝한 형국이다. 이 산이 남녘의 산하를 발아래 거느려 웅장한 산세를 뽐낸다. 바닷가 나주목의 회진현會津縣은 백제 적에 두힐이라 불렀다. 탁라, 즉 제주의 성곽이 저문 안개 너머로 보일 것만 같다. 진晉나라 때 죽림칠현의 한 사람인 완적阮籍이 은사 손등孫登을 만나 신선술에 대해 묻자 손등은 대답도 않고 휘파람을 불며 떠나간 일이 있었다. 그 완적은 수레를 몰고 아무 데나 가다가 길이 막히면 통곡하며 돌아섰다는 궁도곡窮途哭의 울보로 유명하다. 이 멋진 산에 올라와 가슴이 툭 트이는 광경을 보고 나니 자신이 마치 손등이 된 듯한 느낌이 일어 완적의 울음 따위는 간데없더란 말을 이렇게 했다. 한편 문득 임금 그리운 생각에 서울 쪽 하늘을 돌아다 보니 신선이 수행한다는 무주 적상산 중턱에 상서론 붉은 구름이 자옥하더라며 자신의 감회를 실었다.

어쨌거나 당시의 등정은 중도에 체력 저하로 인해 실패로 끝났고, 이후 다산은 멀리 구정봉을 올려다볼 때마다 그때의 좌절을 아쉬워했던 듯하다. 어느덧 7년 만에 정상 등정의 숙원도 풀 겸 월출산 자락의 선경仙境 속으로 발을 들여놓았다. 가을을 맞아 붉게 물든 단풍이 마치 자신이 오기를 기다려 목을 길게 빼어 내다보는 것 같았다며 설렌 마음을 감추지 않았다. 오랜만에 올려다본 옥판봉의 삐죽삐죽 솟은 바위들은 뭇 신선이 티끌세상의 먼지를 깨끗이 털고 단정하게 나란히 서서 옥홀을 들고 하늘에 예를 올리는 듯한 느낌마저 들게 했다.

상쾌한 기운은 옥빛 하늘에 시원스러웠고, 그 위로 흩어지는 엷은 구름이 이따금 맑은 그림자를 땅 위에 스치고 지나갔다. 다산은 이번에는 정상 등정에 욕심을 부리지 않았다. 그저 올려다보기만 해도 기쁨이 차올라 굳이 정강이가 시리도록 걷는 수고를 하지 않을 작정이었다. 일정도 덩달아 넉넉하고 마음마저 여유로웠다. 그제야 7년 전 자신의 산행이 공연한 욕심으로 기운을 부린 일인 줄을 깨달았다.

끝의 두 구절에 나오는 산인山人은 백운동 주인 이덕휘를 가리킨다. 그 산 아래 사는 집주인은 굳이 산에 오를 욕심을 부리는 법이 없다. 그는 편안히 앉아서 날마다 산을 우러러보아 그 마음이 언제나 고요하다고 했다. 자신도 진작에 이러한 깨달음을 얻지 못한 것을 아쉬워한 표현이다.

이 같은 시의 내용으로 보아 다산은 두 번째 등정에서도 월출산 구정봉 자락을 서성이며 구경하다가 일찌감치 정상 등정을 포기하고는 백운 별서로 찾아들었던 듯하다. 그곳에서 주인 이덕휘와 만나 대화를 나누고 집안의 문적을 살피며 융숭한 손님 대접을 받고 하룻밤을 유숙했다. 이덕휘의 어머니인 해남 윤씨가 다산의 외가와 가까운 인척이었으므로 두 사람은 금세 의기투합할 수 있었다. 다산이 이후 백운동에 보낸 편지에서 자신의 이름 앞에 먼 일가임을 나타내는 '척기戚記' '척말戚末' 등의 표현을 즐겨 쓴 것도 이 때문이다.

이날의 정황은 이덕휘의 아들인 이시헌의 기록에도 꽤 상세히 남아 있다. 그가 쓴 「다산의 옥판봉 시운에 차운해서 정유상에게 부쳐 보내다次茶山玉版峯詩韻, 奉寄維桑並小序」의 서두에는 이렇게 적혀 있다.

> 예전 임신년(1812)에 탁옹(정약용의 별호)께서 다산에서부터 걸어오셔서 월출산에 오르셨다. 돌길이 위태로워 천황봉 정상까지 오를 수 없게 되자 길을 돌려 백운동으로 들어오셔서 〈옥판봉 12운〉 시를 남기셨다.[18]

이어지는 장시 중에도 "예전에 초상苕上의 탁옹께서, 사슴 가죽 두르고 구덩이 길 내려와, 저물녘에 백운동에 들어와서는, 구정봉 못 오름을 한하셨었지往者苕上

翁, 鹿髉下坑坵, 暮入白雲洞, 恨不窺九井"라고 적은 대목이 보인다. 『자이집』권1에 실려
있다. 다산이 시에서 한 말과 달리 구정봉 정상까지 등정하려다가 길이 무척 위
험해 결국 다시 포기하고 저물녘에 허둥지둥 백운동으로 찾아든 모습이다.

어쨌거나 다산의 이 「옥판봉」 시는 자신이 백운동을 찾게 된 내력과 예전 등
정의 과정 및 두 번째 등정의 느낌 등을 상세히 적고 있어 전체 12경의 서설 격
이라 할 만한 작품이다.


## 「산다경山茶徑」

산다경은 백운동 입구에서 시내를 끼고 별서로 들어가는 동백나무 숲 소로를
가리킨다. 다산은 백운동의 제2경으로 '유차성음', 곧 유차나무가 그늘을 드리운
이 길을 꼽았다. 유차는 동백나무의 별칭이다. 동백은 대나무와 함께 백운동을
대표하는 수종이다. 수백 년 된 둥치 굵은 동백 숲이 이제껏 온전하게 보존되어
있다. 다른 곳에서는 보기 힘든 장관이다.


| | |
|---|---|
| 언덕을 끼고 심은 동백나무가 | 夾岸油茶樹 |
| 이제는 길 가득 그늘 만드네. | 今成滿路陰 |
| 가지마다 꽃 보숭이 맺혀 있으니 | 頭頭結蓓蕾 |
| 세한歲寒의 마음을 남겨둔 걸세. | 留作歲寒心 |


지금도 백운동 입구에서 백운동 별서로 올라가는 길가에는 동백나무 숲이 건
강한 군락을 이루고 있다. 숲이 하도 깊어 하늘이 보이지 않을 정도다. 시 속의
'만로음滿路陰', 즉 길 가득 온통 그늘이라는 말은 조금도 과장이 아니다.

겨울 눈 속에 가지 끝마다 붉은 꽃 보숭이가 피어나면 굳이 소나무와 잣나무가 아니라도 날씨가 추워진 뒤에 소나무 잣나무가 더디 시듦을 안다고 한 공자孔子의 '세한연후지송백지후조歲寒然後知松柏之後凋'의 기상을 떠올리게 된다. 동백꽃의 선연한 붉은빛은 눈 속에 피어난 뜨거운 정열의 표현이 아니겠는가?

다산은 먼저 「옥판봉」 시에서 백운동 별서의 전체 환경을 조망한 뒤, 두 번째 「산다경」에서 백운동 별서 초입의 동백 숲길을 노래함으로써 그 풍광에 들어서는 감회를 피력했다. 키워드는 '세한심歲寒心'이다. 역경 속에서 더욱 빛을 발하는 마음을 말해 주인의 덕성을 슬며시 높였다.

## 「백매오百梅塢」

백매오란 별서의 본채 주변 언덕에 100그루의 매화나무를 심어둔 공간이다. 다산은 백운동의 제3경으로 '백매암향百梅暗香', 100그루 매화가 풍기는 암향暗香을 꼽았다. 다만 오늘날은 당시의 고매를 거의 찾아볼 수 없고 본채 왼편 담장 아래와 취미선방 아래쪽 담장 밑에 수백 년 된 고매 두 그루가 남아 있을 뿐이다. 초의의 「백운동도」에서는 모란체 아래쪽 정선대 곁에 매화나무 한 그루가 그려져 있다.

| | |
|---|---|
| 집 둘레에 층층 바위 아주 푸른데 | 市屋層嵒翠 |
| 백 그루 홍매화 나무 가꾸네. | 栽花百本紅 |
| 산 빛 어린 속에서 오가노라면 | 往來山色裡 |
| 온통 모두 암향暗香 속에 있는 것 같아. | 都在暗香中 |

백매오에 남은 고매 한 그루.

제1구의 첫 글자가 빙 두르다라는 뜻의 '잡市'이다. 장서각본 『다산시고』에는 두가 '요繞'자로 바뀌어 있다. 집은 앞뒤로 층암의 푸른빛에 둘러져 있다. 그 푸른 빛을 상쇄하려고 100그루의 홍매紅梅를 심었다. 이른 봄 산길을 왕래하노라면 매화의 암향이 온 산속에 둥실둥실 떠다닌다.

사실 백매오라고는 했지만 다산이 방문했을 당시에도 매화는 그리 많이 남아 있지 않았다. 초의의 「백운동도」에도 마당 아래쪽에 겨우 한 그루 그린 것이 보일 뿐이다. 이시헌의 문집에 이와 관련된 시가 나와 잠깐 소개한다.

이시헌이 쓴 시의 제목은 「예전에는 백 그루의 매화가 있었으나 지금은 몇 그루만 남아 꽃을 피운지라 느낌이 일어 읊다古有百本梅, 今存數朶開花, 感而吟」이다. 시는 다음과 같다.

| | |
|---|---|
| 백 그루 중 몇 떨기만 새 꽃이 남았는데 | 百本猶存數朶新 |
| 늙은 용의 비늘 껍질 이끼가 슬었구나. | 莓苔半蝕老龍鱗 |
| 맑은 자태 모두 다 내 마음의 벗이거니 | 淸標儘是吾心友 |
| 백발노인 네 주인임 알아볼 수 있겠는가. | 白髮知否爾主人 |
| 얼음 서리 견디고도 기력이 거뜬하여 | 耐得氷霜餘氣力 |
| 별빛 달빛 빗길 적에 정신을 드러낸다. | 橫斜星月見精神 |
| 아울러 평천계平泉誡를 지니고 있음 아끼노니 | 愛他兼有平泉誡 |
| 산가에서 5세 봄을 피고 지고 하였고나. | 開落山家五世春 |

백매오의 100그루 매화는 입산조인 이담로 이래로 가꾸어온 것이다. 오랜 세월이 지나 고매들이 다 시들어 죽고 남은 몇 그루 매화가 봄을 맞아 새 꽃을 피우자 감개에 젖어 쓴 작품이다. 매화를 심우心友라 하고 달밤에 피어난 꽃을 '현정신見精神', 즉 정신을 드러냈다고 표현한 것이 인상적이다. 5대에 걸쳐 꽃을 피

운 그 매운 정신을 끝에서 높이 기렸다.


## 「홍옥폭紅玉瀑」

동백나무 숲길인 산다경을 지나 백운 별서 대문으로 들어서기 전 방문자는 시내를 건너야 한다. 홍옥폭은 시내 위에 놓인 다리 아래로 층이 져서 떨어지는 폭포의 이름이다. 다산은 시 속에서 이것을 제4경으로 꼽고 '풍리홍폭楓裏紅瀑', 즉 단풍나무 붉은빛이 어리는 폭포를 내세웠다. 붉은 옥은 어디서 나온 말일까? 폭포 바로 곁에 풍단이 있고 가을이면 풍단 위 단풍나무의 붉은빛이 폭포 물에 얼비쳐, 부서져 내리는 물방울이 붉은 옥 같대서 붙인 이름이다.

| | |
|---|---|
| 천봉에 빗방울 쏟아지더니 | 快瀉千峯雨 |
| 냇물이 백 갈래로 갈리어 난다. | 分飛百道泉 |
| 온통 단풍나무 속을 따라서 | 都從楓樹裏 |
| 죽정竹亭 앞을 부딪히며 지나가누나. | 衝過竹亭前 |

월출산에 소나기가 쏟아지면 골마다 흘러내린 물줄기가 냇물로 한꺼번에 몰려들면서 나는 듯한 물결을 만든다. 백운 별서 옆을 관통하며 흐르던 물줄기는 단풍나무 숲을 통과하자 온통 붉은빛을 띠고 죽정을 뒤흔들며 폭포 아래로 떨어진다. 떨어지는 물방울의 포말이 붉은 옥구슬로 부서진다. 지금은 백운동 위쪽에 태평양 강진다원이 대규모로 조성될 당시 위쪽으로 큰 도로를 내면서 물길이 끊겨 백운동 계곡은 거의 건천乾川이 된 상태다. 백운동 생태 원림의 모습을 되찾는 데 있어 물길 복원은 가장 선결되어야 할 과제다.

홍옥폭.

시에 보이는 죽정은 사랑채인 취미선방에 잇대어 계곡 쪽으로 붙여 지은 대나무로 얽어 엮은 정자를 가리킨다. 현재는 없다.

위 시의 끝에 '부서俘書'라 쓴 작은 글자가 있는 것으로 보아 중부中孚라는 자를 썼던 초의의 글씨임을 알 수 있다. 미수眉叟 허목許穆의 전서체에 뿌리를 둔 독특한 서체다. 다만 당시 초의는 27세의 젊은 나이인 데다 전서를 막 익히던 때였던 듯 서체가 다소 정돈되어 있지 못하다.

## 「유상곡수流觴曲水」

시냇가 죽각에서 담장을 끼고 물줄기를 끌어와 마당의 두 방지方池를 거쳐 다시 울 밖으로 돌아 나가도록 설계된 아홉 굽이의 물굽이다. 이곳에 술잔을 띄워 주객 간에 노닐었다. 다산은 '곡수유상'을 백운동의 제5경으로 내세웠다. 유상곡수는 예전 진晉나라의 왕희지가 난정에서 수계修禊할 때 곡수연曲水宴을 베푼 데서 본떴다. 경주의 포석정과 창덕궁의 후원 옥류천에도 유상곡수의 자취가 남아 있다. 이 둘은 비교적 널리 알려진 데 반해 백운동의 유상곡수는 세상에 알려진 적이 없다. 그러나 규모 면에서 이곳의 유상곡수가 가장 크며 생활 속의 운치를 느끼게 해준다.

구조를 보면 시내에서 물을 끌어와 담장을 끼고 작은 물길을 냈다. 이 수로가 담장 아래 구멍에서 방향을 꺾어 마당을 가로지른 뒤 첫 번째 방지로 떨어진다. 방지에는 중앙에 석가산을 쌓아두었다. 방지를 넘쳐흐른 물은 다시 방향을 꺾어 두 번째 방지로 이어진다. 두 번째 방지에는 석가산이 없다. 백운동 8영의 하나인 연꽃이 여기에 심어져 있었을 것이다. 두 번째 방지를 돌아 나온 수로는 다시 솟을대문 쪽을 향해 달려가 담장 아래서 한 차례 더 방향을 꺾어 본류와 합쳐

유상곡수.

진다. 그 꺾인 방향의 횟수가 아홉 번이라 구곡지九曲池라고도 부른다.

　다산의 시를 읽어보자.

| | |
|---|---|
| 담장 뚫고 여섯 굽이 흐르는 물이 | 六曲穿牆水 |
| 고개 돌려 담장 밖을 다시 나간다. | 回頭復出墻 |
| 어쩌다 온 두세 분 손님이 있어 | 偶來三兩客 |
| 편히 앉아 술잔을 함께 띄우네. | 閒坐共流觴 |

　다산은 9곡을 6곡으로 줄여 말했다. 마당 안쪽의 굽이로만 보면 6곡이라 할 수 있으나 울타리 밖에서 계곡의 물이 꺾여 들어와 다시 꺾여 나간 횟수를 합치면 9곡이 맞다. 우연히 이곳을 찾은 두세 손님이 한가로이 물길을 따라 앉아 술잔을 물 위에 띄우며 노니는 광경이다. 마당에 유상곡수를 처음 설치한 이는 이담로였다. 이담로 친필의 「백운동명설」에 이미 "시냇물을 끌어와 아홉 구비를 만드니 섬돌을 타고 물소리가 울린다"고 한 언급이 있다.

　담헌澹軒 이하곤은 『두타초』 권18에 실린 「남행록南行錄」에서 1722년 11월에 백운동 별서에 들러 구경한 기록을 남겼다. "정원 가운데는 산골 물을 끌어다 물굽이를 만들었는데 지난날 술잔을 띄워 흘리며 놀던 곳이다. 언열이 죽자 이 또한 폐하여진 지가 오래다庭中引山泉爲曲水, 蓋舊日流觴之所. 彦烈死亦廢久矣"라고 썼다. 이 기록을 보면 이하곤이 이곳을 찾았을 당시에 유상곡수는 이미 흙에 덮여 원래의 면모를 잃은 상태였던 듯하다. 이하곤은 유상곡수가 덮이고 만 것이 못내 아쉬웠던 듯 시집에도 「백운동은 고故 정자正字 이언열의 별업이다. 뜰 가운데에 시내를 끌어와 유상곡수를 만들었는데 지금은 없어졌다. 동백이 한창 활짝 피었다白雲洞故正字李彦烈別業也. 庭中引泉, 爲流觴曲水, 今廢. 冬柏方盛開」라는 긴 제목의 시를 남겼다. 시는 이렇다.

| | |
|---|---|
| 백운동 별업에서 말을 멈추고 | 駐馬白雲洞 |
| 문에 들자 뜰 가득 소나무일세. | 入門松滿庭 |
| 잔설의 나무 위에 꽃이 피었고 | 花開餘雪樹 |
| 사람 홀로 숲속의 정자로 간다. | 人去獨林亭 |
| 유상곡수 어느 해에 덮여버렸나 | 曲水何年廢 |
| 대숲만 다만 홀로 저리 푸르다. | 脩篁只自靑 |
| 지팡이를 짚고서 옛 단壇에 오니 | 古壇來拄杖 |
| 그윽한 뜻 더더욱 시원해지네. | 幽意更泠泠 |

이로부터 다시 90년 뒤인 1812년에 다산이 찾았을 때에는 유상곡수가 어떤 상태였는지 알 수 없다. 필자가 2006년 처음 백운동을 찾았을 당시만 해도 유상곡수의 유구遺構는 반쯤 파묻힌 상태였는데 현재는 말끔하게 복원되어 본래의 면모를 되찾았다.

## 「창하벽蒼霞壁」

창하벽은 본채에서 화계를 따라 내려와 유상곡수를 지나면 모습을 드러내는 우뚝 솟은 절벽을 말한다. 다산은 제목 바로 아래에 작은 글씨로 '풍단楓壇이 있는 절벽이다楓壇之壁也'라고 주를 달아놓았다. 제6경 '창벽염주蒼壁染朱'로, '붉은색으로 글자를 쓴 푸른 절벽'이란 뜻이다. 원래는 각자를 하고 싶었던 듯한데 붉은 먹으로 글씨만 썼다.

| | |
|---|---|
| 틀림없이 바람이 도끼로 깎아 | 定是風斤斲 |

| | |
|---|---|
| 그 틈으로 비 이끼가 스며든 게지. | 從他雨蘚渝 |
| 바위에 새긴 글씨 없음 아쉬워 | 惜無岣嶁刻 |
| 붉은 빛깔 큰 글자를 써두었다네. | 大字染猩朱 |

창하벽은 말 그대로 푸른 안개를 토해내는 절벽이다. 냇가에 임해 직각으로 서 있는 석벽으로 표면이 매끄럽지 못하고 주름이 많이 졌다. 다산은 바람이 도끼인 양 바위를 깎아 쪼개는 바람에 그 틈새로 비와 이끼가 스며들어 푸른빛을 띠게 되었다고 풀이했다. 석벽의 이마 위에 끌로 글씨를 새겨넣었으면 딱 보기 좋을 자리인데 아무 글자도 새겨져 있지 않아 자신이 붉고 큰 글자로 '창하벽'이란 세 글자를 써놓고 왔다고 했다.

당시 다산이 석벽 위에 붉게 쓴 글씨는 당연히 흔적도 없다. 다행히 『백운첩』에 다산이 친필로 쓴 세 글자가 남아 있으므로 이것을 확대해 절벽에 새로 새기면 좋을 듯하다. 복원이 진행될 때 이 절벽에 『백운첩』의 다산 글씨로 각자를 해둘 것을 제안한다.

## 「정유강貞蕤岡」

정유강은 유상곡수를 지나 풍단 위쪽으로 난 계단을 따라 비스듬히 돌아 오르면 나타나는 아름드리 소나무 몇 그루가 자라고 있는 산등성이를 말한다. 정유貞蕤는 소나무의 별칭이다. 다산도 시 제목 아래에 '정유라는 것은 소나무다貞蕤者松也'라고 부기해놓았다. 이것이 바로 제7경으로 꼽은 '유강홍린蕤岡紅鱗'이다. '소나무 언덕의 붉은 비늘'이란 뜻으로 용의 비늘처럼 생긴 홍송紅松의 껍질을 표현했다. 현재는 두 그루의 소나무만 남아 있다.

정유강의 풍경.

| | |
|---|---|
| 천 길 되는 붉은 비늘 나무가 있어 | 千尺紅鱗樹 |
| 빈산에 고요히 그림자 길다. | 山空靜影長 |
| 저절로 삼뢰三籟의 소리가 나서 | 自生三籟韻 |
| 이따금 정자 절반 시원케 한다. | 時作半樓涼 |

앞서 본 「백운동도」의 화면 우측 하단에 둥그렇게 솟은 언덕이 바로 정유강으로, 그 위로 비쭉 솟은 낙락장송 몇 그루가 보인다. 나무에는 용의 비늘인가, 붉은 비늘이 갑옷처럼 빼곡히 둘러져 있다. 잎이 지는 낙목한천의 계절이라 텅 빈 산에 드리운 소나무의 그림자가 유난히 길다. 층층의 가지 사이로 바람이 스쳐지나가면 절로 삼뢰의 가락이 메아리친다. 삼뢰는 삼라만상이 내는 소리로 인뢰人籟·천뢰天籟·지뢰地籟를 통칭하는 표현이다. 바람이 솔가지 사이를 헤쳐나갈 때 나는 소리를 송뢰성松籟聲이라고도 하는데 밤중에 들으면 파도 소리 같대서 해도성海濤聲이라고도 한다.

눈을 감고 귀를 기울이자 솔바람이 온갖 소리를 연주한다. 그 소리를 들으며 정선대에 누워 있노라니 어느새 오싹한 한기가 돌 정도다.

## 「모란체牡丹砌」

모란체는 본채에서 취미선방을 거쳐 내려가는 계단 양편에 모란을 심은 화단을 가리킨다. 제8경 '화계모란花階牡丹'이 이것이다. 집을 비탈 받이의 위쪽에 지었으므로 유상곡수가 흐르는 마당까지 꽃 계단을 두어 3단의 축대를 쌓았다. 여기에 모란을 비롯해 영산홍과 국화 등 각종 화훼를 심었다. 다만 여러 꽃 가운데 모란을 대표로 내세워 이름을 모란체라 했다.

본채와 모런채 꽃 계단

| | |
|---|---|
| 산 사람 색보色譜에 조예가 깊어 | 山人深色譜 |
| 호걸에게 양보하길 즐기질 않지. | 不肯讓時豪 |
| 그루를 나누는 법 하마 익숙해 | 已貫分株法 |
| 작약 캐는 수고로움 아예 없겠네. | 仍無採藥勞 |

색보色譜는 분명치 않으나 각종 빛깔의 꽃에 대한 설명을 담은 화훼보花卉譜를 말한 듯하다. 시 속의 산인은 앞서 「옥판봉」 시에서와 마찬가지로 백운동 주인 이덕휘를 가리킨다. 주인이 화초 재배에 해박한 지식을 지녀 당시에 내로라하는 사람에게 조금도 첫자리를 양보하지 않을 정도라고 말한 것이 1, 2구의 내용이다. 모란은 포기 나누기가 쉽지 않아 번식에 애를 먹는 식물이다. 주인 이씨는 분주법分株法, 즉 포기 나누는 방법을 이미 익숙하게 터득해서 굳이 작약을 캐어와서 화단에 심으려 애쓰는 수고가 필요 없겠다고 칭찬했다.

모란의 포기 나누기는 9월 중순 또는 하순경에 수확한 굵은 뿌리를 잘라내고 새싹을 2~3개씩 붙여 잔뿌리가 달린 채로 쪼개서 심는다. 이래저래 신경 써야 할 것이 많다. 당시 백운동 화단에 포기 나누기를 마친 모란을 열지어 심어둔 것을 보고 주인의 원예 솜씨를 칭찬한 내용이다.

## 「취미선방翠微禪房」

취미선방은 본채 바로 아래 초가를 얹은 세 칸짜리 사랑채를 가리킨다. 제목 바로 아래에 "취미란 산허리를 말한다翠微者山腰也"라고 설명을 붙여두었다. 이 집이 바로 제9경인 '십홀선방十笏禪房'이다. 십홀十笏은 아주 작다는 뜻이다. 홀은 신하가 임금 앞에 조회할 때 품계에 따라 재질을 달리해서 공경의 뜻으로 들고 있

취미선방.

던 길쭉한 작은 판을 가리킨다. 이것을 고작 10개 잇대어놓은 크기의 작은 방이란 뜻이다. 발을 뻗으면 머리와 발끝이 벽에 닿을 정도의 크기다.

| | |
|---|---|
| 담장과 섬돌 빛깔 한 줄 흔적이 | 一痕墻砌色 |
| 푸르른 산 빛을 점찍어 깬다. | 點破碧山光 |
| 여태도 세 그루 나무 있으니 | 尙有三株樹 |
| 예전부터 좁은 집에 살던 것일세. | 曾棲十笏房 |

둘레는 온통 푸른 숲인데 멀리서 보면 줄지어 선 담장과 섬돌의 빛깔이 심심한 푸른빛 속에 인공의 줄을 그어 시선을 끌어당긴다. 사랑채의 이름을 어째서 취미선방이라 했을까? 취미는 산허리라 집이 놓인 위치를 설명하면서도, 취翠는 푸르다는 뜻이고 미微는 희미하며 아스라하다는 의미여서 글자 자체의 뜻도 좋다. 절집도 아닌데 선방禪房이라 한 것이 재미있다. 실제 선禪 수행을 하는 방이 아니라 선방처럼 아무 꾸밈이 없고 고즈넉하다는 뜻으로 한 말이다. 다산은 백운동에 든 그날 바로 이 방에서 하룻밤을 묵었을 것이다.

아침나절 방문을 열었을 때 눈앞에 선 세 그루의 나무가 인상적이었던 모양으로 10홀 크기의 작은 방 앞에 서 있는 나무에 대한 인상을 특별히 새겨놓았다. 지금은 없다.

## 「풍단楓壇」

풍단은 유상곡수 아래쪽 창하벽 위의 단풍나무가 심어진 단壇을 가리킨다. 제10경 '홍라보장紅羅步障'이 바로 그것이다. 네 글자는 시 속에서 따왔다. 홍라紅羅는 붉은 비단으로 붉게 물든 비단 같은 단풍나무를 말하고, 보장步障은 가림막으로 티끌세상을 가려주는 엄폐물의 의미다. 외부에서 집의 존재가 바로 드러나지 않도록 시선을 가려준다.

| | |
|---|---|
| 금곡의 번화한 숲 그 옛날에 심은 것 | 金谷繁華昔年栽 |
| 붉은 비단 가림막이 양편으로 열려 있네. | 紅羅步障兩邊開 |
| 냇가 임한 죽각은 어느 해에 부서졌나 | 臨溪竹閣何年破 |
| 그래도 서산에선 맑은 기운 밀려온다. | 猶有西山爽氣來 |

풍단의 단풍나무가 물든 모습. 뒤편 정자가 정선대다.

이 시는 초의가 전서로 썼다. 앞서 말한『다산시고』와 비교할 때 글자 출입이
상당하다. 첫 구의 '금곡번화석년재金谷繁華昔年栽'가『백운첩』에는 '금곡번화옥수
재金谷繁華玉樹栽'로 되어 있고, 2구 '홍라보장양변개紅羅步障兩邊開'는 '홍라보장요경
대紅羅步障繞瓊臺'로 되어 있다. 4구의 첫 자도 '유唯'가 아닌 '유猶'로 썼다. 두 곳을
교합해서 위와 같이 정리했다.

백운동 풍단 위의 단풍나무는 가을이면 특히나 곱고 선연한 빛깔로 물들어
당시에도 이름이 높았다. 다산이 백운동에 머물 때가 음력 9월 12일이었기에
붉게 물든 단풍잎이 유난히 시선을 끌었던 듯하다. 다산이『아언각비雅言覺非』에

서 이곳 단풍나무에 대해 특별히 따로 언급을 남기는 바람에 더 유명세를 탔다. 『아언각비』권1, 「풍楓」 조목에 보이는 기록을 여기에 옮겨 적는다.

단풍나무가 바로 풍楓을 말하는 것인지는 또한 아직 믿지 못하겠다. 『본초』 와 『화경花鏡』 같은 여러 책을 살펴보니 모두 "2월에 흰 꽃이 피고 나면 바로 열매가 달리는데 둥근 것이 마치 용안龍眼 열매 같다"고 했다. 『남방초목 상南方草木狀』에는 "단풍은 향수香樹다. 씨가 오리 알만큼 크다. 위에 가시가 있어서 먹지는 못한다. 다만 태워서 향을 만든다. 그 기름은 백교향白膠香이라 한다"고 썼다. 우리나라의 단풍은 꽃도 없고 열매도 없으며 기름도 없다. 다만 서리진 뒤에 잎이 붉어지는 것만 여러 책의 글과 합치될 뿐이다. 여러 책에서는 또 그 나무는 가장 높고 커서 동량의 재목으로 쓸 수 있다고 했다. 하지만 우리나라의 단풍은 높이가 1, 2장에 지나지 않는다. 북한산성의 단풍이 가장 아름다우나 나무의 키가 모두 작다. 내가 강진에 귀양와서 백운동 이씨의 산장에 단풍나무 몇 그루가 있는 것을 보았다. 높고 크기가 구름에 닿을 듯해서 동량의 재목으로 쓸 만했다. 주인에게 물어보았는데 또한 꽃이 피고 열매 맺는 것을 본 적이 없다고 하니 이상하다.[19]

백운동에서 본 단풍나무 몇 그루는 왜소하고 키도 작은 여느 나무와 달리 훤칠하게 키가 커서 건물의 기둥감으로도 손색없는 굵기였다고 적었다. 지금도 두 손아귀에 가득 차는 굵기의 단풍나무가 철이 되면 정말 붉은 비단 커튼을 드리운 듯 뿜어내는 빛깔이 곱고도 선연하다.

# 「정선대停仙臺」

창하벽 위 정유강 옆에 세운 정자를 말한다. 정선대는 신선조차 가던 길을 멈추고 쉬어가는 정자라는 의미다. 제11경 '선대봉출仙臺峯出'이다. 정선대에 오르면 옥판봉의 장관이 한눈에 들어오기에 이런 이름을 붙였다. 지금도 정자가 세워져 있으나 불타 없어진 자리에 근래 들어 새로 지은 것이라 운치가 적다. 소치 허련을 비롯해 여러 사람이 시를 남겼다.

| | |
|---|---|
| 집에 푸른 대숲이 뉘엿도 한데 | 院碧篁林晚 |
| 담장에 담쟁이 붉은 가을이로다. | 牆紅薜荔秋 |
| 시험삼아 샛문의 밖을 따라서 | 試從圭竇外 |
| 바위 난간 머리까지 쉬엄 걸었지. | 徐步石欄頭 |
| 비에 씻겨 고운 뫼 모습 나오고 | 雨洗娟峯出 |
| 해묵은 관목들도 그윽하여라. | 年深灌木幽 |
| 경영함을 기록 남겨 보인다 하면 | 經營見若志 |
| 장취원將就園이 한가로운 근심 품을 듯. | 將就抱閒愁 |

대숲에 둘러싸여 가을에도 집이 온통 푸른빛에 둘러져 있다. 담장에는 담쟁이의 붉은 잎이 선연하다. 아래 마당의 유상곡수를 지나 담장 가운데로 난 쪽문을 나서면 정선대로 향해 올라가는 계단이 나온다. 뒷짐 지고 바쁠 것 없이 정유강을 오른다. 정선대의 돌난간 머리에서 멀리 옥판봉을 올려다보니 비에 씻긴 고운 묏부리가 구름 사이로 언뜻언뜻 드러난다. 사방을 둘러보면 관목 숲에 뒤덮여 바깥세상이 보이지 않는다. 이곳에서의 삶을 기록으로 남긴다면 저 명나라 황주성黃周星이 남긴 상상 속의 정원에 대한 기록인 「장취원기將就園記」보다 훨씬

정선대 정자

더 알찬 내용이 되지 않을까 싶다. 그의 장취원은 상상의 산물인 데 반해 이곳 백운 별서는 실재하는 공간인 까닭이다.


## 「운당원篔簹園」

운당원은 백운 별서의 왼편 담장 밖과 집 뒤편의 1만 그루 대나무 숲을 말한다. 운당篔簹은 왕대나무다. 여느 대나무보다 둥치가 훨씬 더 굵다. 백운동의 제12경 '운당천운篔簹穿雲'이 바로 이것이다. 운당원 대나무 동산의 왕대가 쭉쭉 하늘로 솟아 높이가 구름까지 가닿는다는 의미다. 이 대밭에 자생하는 차나무로 백운동의 저 유명한 삼증삼쇄三蒸三曬 떡차가 만들어졌다. 산다경의 동백숲과 함께 백운동의 2대 명물로 손꼽힌다.

| | |
|---|---|
| 그대 백운동의 운당원을 못 보았나 | 君不見白雲洞裏篔簹園 |
| 깎은 옥이 빽빽하게 구름 뿌릴 뚫었다네. | 琅玕矗矗穿雲根 |
| 하늘 위로 80척을 곧바로 솟아올라 | 直上靑霄八十尺 |
| 옥정봉 머릿돌을 굽어보아 살피고 | 俯視玉井峯頭石 |
| 옥골玉骨이 반들반들 사람 얼굴 비추니 | 玉骨磨瑩照人面 |
| 사방의 구경꾼들 처음 보곤 놀란다네. | 四方觀者驚初見 |
| 탐진의 구실아치 불충을 탄식노니 | 耽津小吏嗟不忠 |
| 이 대나무 공물로 충당하지 아니하네. | 此物不令貢額充 |
| 애꿎게 시골집의 비쩍 마른 대를 취해 | 枉取村家自枯竹 |
| 역마가 먼지 날리며 왕궁으로 드는구나. | 驛馬飛塵入王宮 |

늠름하게 하늘로 솟은 왕대나무 숲의 장관이 마음을 개운하게 한다. 80척이나 높이 솟아 저 멀리 옥정봉 꼭대기 바위조차 내려다볼 기세다. 옥정봉은 구정봉九井峯의 다른 표현이다. 대나무 표면이 어찌나 매끄럽고 반들반들한지 거기에 얼굴을 맞대면 제 모습이 비칠 정도다. 이 좋은 대나무는 나라의 공물로 바쳐져 왕궁의 쓰임새에 가닿는 것이 마땅하다. 하지만 강진의 구실아치들이 이 왕대나무의 진가를 못 알아본 채 잗달고 보잘것없는 촌가의 마른 대나무나 역말에 실어 서울로 보내고 있으니 안타깝다는 얘기다. 이때 대나무에는 주인의 인품과 학식에도 불구하고 세상에서 그를 알아보지 못하는 데 대한 안타까움의 의미도 중의적으로 담았다.

이상 살폈듯 백운동 별서는 대단히 짜임새 있는 구성을 이룬 원림이며, 자연과 인공이 적절히 배합된 배치를 보여준다. 다산은 이 백운동의 풍광을 동행했던 초의를 시켜 그림으로 그리게 했다. 맨 뒤에는 이와 맞겨뭐보자는 뜻으로 「다산도」를 그리게 했다. 다산이 머물던 당시 다산초당의 실경이 아주 상세하다. 그러나 그 구조가 지금과는 사뭇 다르다. 둘레로 들쭉날쭉한 돌담장이 있고 울타리 안과 밖에 각각 상하의 방지가 있었다. 또 석가산은 연못 가운데가 아닌 위쪽에 자리잡았다.

다산은 『다암시첩茶盦詩帖』도 남겼는데, 백운동과 마찬가지로 다산초당의 12승사를 읊은 내용으로 되어 있다. 여기서 12승사의 내용을 다 소개할 수 없지만 이 두 공간은 여러모로 닮았다. 계류나 샘물을 끌어와 상하 방지에 물을 대고, 화계를 두어 꽃과 채소를 심으며, 암벽에 각자刻字가 있고, 구역별로 화훼와 나무를 구분하여 심었다. 이 점은 담양 소쇄원이나 명옥헌, 대둔사 일지암에서도 보이는 공통점이다. 이것을 호남 원림의 원형으로 삼아도 좋을 법하다.

담장 너머 운당원 대숲의 풍경.

백운동에 보낸 다산의 편지

앞서 살펴본 대로 다산은 1806년에 이어 1812년에 월출산 등정을 한 차례 더
시도했다. 여러 제자와 동행한 걸음이었다. 『백운첩』에 특별히 윤동과 초의의 이
름이 동행자로 남아 있다. 하지만 이때도 정상 등정의 뜻은 이루지 못했다. 산이
워낙 가파르고 길이 위험했기 때문이다. 돌아오는 길에 다산 일행은 백운동에
들러 하룻밤을 묵었다.

　백운동의 주인 이덕휘가 그를 맞았다. 그는 다산보다 세 살 위였다. 그의 부친
이현박이 해남 윤씨와 결혼해서 다산의 외가와는 멀지 않은 친척이었다. 이런
인연으로 이덕휘와 다산은 금세 친해졌다. 이후 두 사람은 인편으로 편지를 주
고받았고 당시 10세 소년이었던 이시헌이 다산을 따라 다산초당의 강학에 참여
함으로써 사제의 인연을 맺게 된다.

　현재 다산이 백운동에 보낸 편지 여러 통이 남아 있다. 백운동 본가에서 보관
해온 친필이 세 통이고, 이시헌이 당시 보관했던 간찰들을 다시 필사해서 묶은

서간집인 가장 『시간일람時簡日覽』에 세 통이 실려 있다. 여기에 이효우 선생이 소장한 두 통을 포함해 모두 여덟 통의 편지가 남아 있다. 아들 정학연이 보낸 친필 편지 한 통도 따로 전한다. 이제 이들 편지를 원본 사진과 함께 연대순에 따라 탈초 번역해 정리한 뒤 전후 맥락을 설명하겠다.

## 「백운동에 삼가 보냄謹拜謝狀」

그대의 방문을 받은 뒤로부터 마음이 선장仙莊의 풍경 속으로 더욱 간절히 내달리는군요. 바로 또 편지를 보내 문안하고 진귀한 과일과 향기로운 술을 이 적막한 곳까지 보내주시니 두터운 뜻이 진실로 마음에 새기기에 족합니다. 인하여 아버님을 모시고 편히 지내시는 줄을 알게 되니 어찌 기쁨을 이

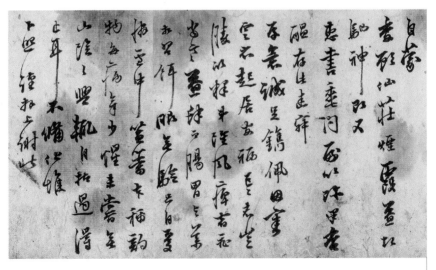

길 수 있겠습니까? 풍으로 인한 제 마비 증세는 비록 해묵은 병증이긴 해도 추위가 닥치면 더욱 기승을 부립니다. 게다가 장과 위가 약에 내성이 생겨 복용해봤자 효험이 없군요. 그저 혼자 걱정할 뿐입니다. 눈 속의 대나무는 본래 운치 있는 풍경으로 일컬어지는지라 병세가 그만그만해지면 매번 산음 山陰의 흥취가 없지 않습니다만 문득 스스로 눌러 그만두고 맙니다. 이만 줄입니다. 삼가 절하며 답장을 드립니다.[20]

이시헌이 베껴 쓴 『시간일람』에 실린 편지로 백운동 본가에 전해온다. 원본은 따로 전하지 않는다.

이 편지는 1812년 백운동에서 하룻밤을 묵어 이덕휘와 교분을 튼 다산이 몇 해 뒤에 보낸 것이다. 이덕휘가 초당으로 다산을 방문했고 이때 다산을 다시 백운동으로 초대했던 모양이다. 다산은 백운선장白雲仙莊의 연하煙霞를 그리는 마음이 간절했다고 썼다. 선장仙莊은 신선이 사는 집이란 뜻이다. 그러다가 다시 이덕휘의 문안 편지를 받았는데 과일과 술을 선물로 함께 보냈다. 중풍으로 인한 마비 증상이 숙증宿症이라 한 것으로 보아 1816년 겨울쯤 쓴 편지로 짐작된다. 약에 내성이 생겨 약을 먹어도 증세가 조금도 개선되지 않음을 우울해했다.

백운동 운당원 대숲의 설경이야말로 볼만한 구경거리여서 병세가 조금만 호전되면 예전 왕휘지가 한밤중에 흥이 솟아 약속도 없이 밤새 배를 타고 벗 대규戴逵의 산음山陰 집을 찾아갔던 것처럼 자신도 불쑥 백운동을 방문하고픈 생각이 들곤 하나 건강이 염려되어 참을 수밖에 없다고 썼다. 보내온 편지와 선물에 대해 인사차 보낸 짧은 답장이다.

## 「백운동에 보내는 답장白雲洞省史回敬」

헤어진 후 장맛비에 소식이 일체 끊겨 몹시 서글프던 차에 글월을 받자옵고 그 사이 기거가 두루 편안하심을 알게 되어 기쁘기 짝이 없습니다. 저는 상중이라 멀리 있으면서 사사로이 애통함을 견디기 어렵습니다. 더하여 풍을 맞아 몸이 상해 날마다 고통 속에 있으니 걱정을 말로 할 수가 없군요. 고우高友와 아드님은 다들 아주 부지런하고 독실히 공부하시니 더 권면할 필요가 없습니다. 다만 먹는 것이 몹시 박해서 학질에 걸릴까 걱정입니다. 읽을 만한 『초사楚辭』 1책과 『두시杜詩』 1책을 보내주실 수 있는지요. 보내오신 닭

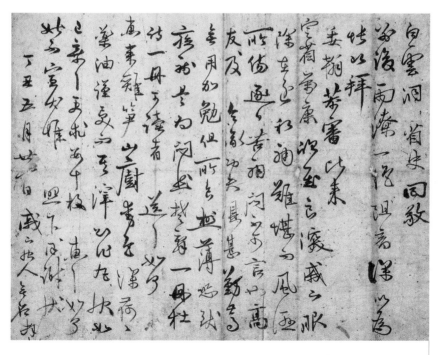

「백운동에 보내는 답장白雲洞省史回敬」.

제3장 『백운첩』의 백운동 12경과 다산의 편지

과 죽순으로 산중의 부엌에 생색이 납니다. 고맙고 고맙습니다. 약유藥油도 잘 받았습니다. 그 찌꺼기는 환丸으로 만들어 먹고 싶은데 만약 벌써 버리셨다면 다시 수십 알을 구해 보내주시면 고맙겠습니다. 이만 줄입니다. 삼가 엎드려 답장 올립니다.

정축년(1817) 5월 28일 일가 복인服人은 이름을 쓰지 않고

절하며 마음을 표합니다.[21]

1817년 5월 28일에 보낸 편지다. 장마철에 소식이 한동안 끊겼다는 이야기로 미루어 이전에도 자주 연락이 오간 사정이 짐작된다. 당시 이덕휘가 부친을 모시고 살았으므로 혼정신성昏定晨省의 일을 말했다. 자신이 상중이라 함은 1년 전 흑산도에서 세상을 뜬 형님 정약전의 일년상이 끝난 것을 두고 한 말이다.

당시 다산은 중풍으로 마비 증세가 여러 해 계속되어 극심한 고통을 받던 중이었다. 다산초당은 땅이 음습한 데다 섭생도 좋지 않았다. 여기에 연일 공부의 강행군이 계속되다보니 몸이 배겨날 수가 없었다. 다산은 이덕휘에게 편지와 선물을 받은 데 대해 감사의 뜻을 전하고 자신의 근황을 이렇게 알렸다.

이때 이시헌은 15세로 다산초당에 머물며 강학에 참석하고 있었다. 아버지 이덕휘에게 당신의 아들이 공부를 독실하게 하므로 따로 더 말할 필요가 없다며 칭찬했다. 다만 당시 초당에서 먹는 음식이 매우 부실해서 혹 영양실조로 인해 학질에 걸릴 것을 염려했다.

이덕휘는 앞서 편지를 보내면서 다산을 위해 닭과 백운동 대숲에서 얻은 죽순, 그리고 약유를 선물로 보냈다. 위의 편지에서도 과일과 술을 보낸 것을 보면 이덕휘는 자식을 가르치는 다산에게 기회 있을 때마다 편지와 음식을 보냈음을 알 수 있다. 편지 말미에서는 다산이 이덕휘에게 두 가지 부탁을 했다. 하나는 『초사』와 『두시』를 읽을 만한 것으로 보내달라는 청이고, 다른 하나는 보내준

약유를 짜고 남은 찌꺼기로 환약을 지어 복용하려는데 이미 버리고 없으면 새로 수십 매의 환을 지어 보내줄 수 있겠느냐는 내용이다.

이 편지를 통해 1812년 백운동 방문 직후 다산을 따라나섰던 이시헌의 초당 공부가 근 5년째 이어지고 있었으며 이덕휘는 다산에게 닭과 죽순 등의 먹거리 및 약기름 등을 선물로 보내며 자주 왕래했음이 확인된다. 이 편지의 원본은 이효우 선생이 소장하고 있다.

## 「다산초당에서 백운동에 보낸 안부 편지白雲洞省史敬納 茶山侯狀」

목화도 없는 해에 겨울 추위마저 더욱 매서우니 백성이 장차 무엇에 의지하리이까? 산재山齋에서 장작불을 피워 화로를 끼고 앉아 추위를 읊고 있습니다. 이 같은 때에 어버이를 모시며 어찌 지내시는지요. 이러저러한 그리움을 가눌 길이 없군요. 저는 집안의 운수가 참혹하여 또 종질宗姪의 부음을 들었습니다. 기가 막히고 마음은 싸늘한 재와 같아 다시 사람이라 할 수도 없습니다. 병도 점점 고질이 되어 긴 시간 이부자리에 누워만 지내니 가련하기 짝이 없습니다. 아드님은 열심히 공부하고 있는지요. 매번 그 인품이 몹시 훌륭한 것을 생각하면 잊을 수가 없습니다. 고우高友께서 떠난 뒤로 한 글자의 소식조차 없으니 젊은이라 이 늙은이의 마음자리만 못한가봅니다. 앞서 보내주신 생달유生達油는 산재 안에 온통 부스럼 병이 번지는 바람에 그때마다 쓰다보니 다 써버렸습니다. 그런데 집 아이가 편지로 몹시 간절히 이것을 구하는군요. 다시 한 사발만 보내주시기를 바라고 또 바랍니다. 서식을 다 갖추지 못합니다.

정축년(1817) 12월 3일 먼 친척 기복인朞服人은 이름을 적지 않고 드립니다.

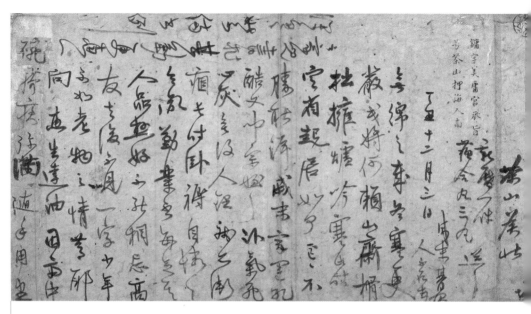

「다산초당에서 백운동에 보낸 안부 편지白雲洞省史敬納 茶山侯狀」.

새 달력 1건과 소합환蘇合丸 3개를 보냅니다.[22]

앞서 1817년 5월 28일 편지에 이어 다산이 초당에서 이덕휘에게 보낸 편지다. 면화 농사가 흉작이어서 엄동설한에 백성이 추위에 벌벌 떠는 정황을 떠올렸다. 다산도 혹심한 추위 속에 초당에서 화로를 끼고 앉아 추위에 떠는 백성의 고초를 시로 읊조리고 있었던 모양이다. 그 직전에는 종질의 부음을 듣고 상심해 있었다. 날이 추워지면서 다산은 병으로 몸을 추스르기가 점점 더 어려웠다.

제자 이시헌은 혹한이라 초당에 머물지 못하고 초당을 방문한 아버지를 따라 집으로 돌아가 겨울을 났던 듯하다. 다산은 이시헌의 인품이 훌륭한 것을 칭찬하며 늘 생각하고 있는데 그 사이 편지 한 통이 없다면서 서운해했다. "젊은이라 늙은이의 마음자리만 못한가봅니다"라고 쓴 표현 속에 이시헌에 대한 다산의 애정이 묻어난다.

앞선 편지에서 다산은 약유를 받아 고마움을 표하며 남은 찌꺼기라도 더 보내주면 그것으로 환을 지어 복용하겠다고 썼다. 이 편지를 통해 그 약기름이 바로 생달나무에서 짠 생달유生達油였고 옴이나 부스럼에 바르면 특효가 있었음을 알 수 있다. 하지만 이때 받은 생달유는 초당에 부스럼 병이 번지는 통에 제생에게 발라주다가 다 써버리고 말았다. 아들 정학연이 이때 편지를 보내 간절히 이 기름을 청하니 조금만 더 보내주면 고맙겠다는 청을 넣었다. 답례로 다산은 서울에서 보내온 새 달력과 소합환 3알을 편지와 함께 보냈다.

한편 이유원李裕元(1814~1888)의 『임하필기林下筆記』에 「호남사종湖南四種」이란 항목이 있다. 여기에 역시 생달유에 관한 언급이 있어 흥미를 끈다. "해남 등지에는 생달나무 열매가 있다. 기름을 짜서 굳혀 초를 만들면 밀초에 밑돌지 않는다. 부녀자의 유종乳腫을 치료하는 것 또한 열수 정약용의 방법이다海南等地, 有栟櫨實, 取油凝而鑄燭, 不下腻燭. 治婦女乳腫, 亦丁洌水法也"라고 했다. 다산이 생달유를 부녀자의 유종을 치료하는 약으로도 썼음을 보여준다.

## 「열초의 답장洌樵謝書」

오늘 문득 보낸 편지를 받았는데 정월 17일에 부친 것이더군. 임오년(1822) 봄의 편지는 그때 보고 바로 답장했고 계미년(1823) 여름의 편지는 어찌 했는지 기억할 수가 없네. 서로 떨어진 것이 800여 리라지만 다른 나라도 아닌데 편지가 통하기 어려움이 이와 같네그려. 땅이 멀리 떨어지면 잊기 쉽고, 세월이 오래고 보면 잊기가 쉽지. 늙어 죽을 때가 되어 마음에 두지 않으면 잊기가 쉽다네.

그대가 부지런히 애써서 두 번이고 세 번이고 편지를 보내주니 충후하고 자상한 기운이 글 위로 넘쳐나 편지를 쥐고 여러 번 보며 차마 손에서 놓지 못하였다네. 다만 안타깝기는 그 훤한 모습을 만나볼 수 없는 것일세. 가을 들어 어버이를 모시는 일은 별일 없고 학업은 날마다 부지런히 하시는가? 세상의 운수는 오르내림이 있고 문풍文風에는 성쇠가 있는 법일세. 깊은 산속에 궁하게 묶인 채 비록 초초히 공부를 해도 길을 잘못 들기 쉽고 박힌 습성은 고치기가 어려운 법이라네. 그대가 능히 이것이 두려워할 만한 일임을 알아 조심할 수 있겠는가?

내년 봄 별시 때는 나라에서 주관하는 시험을 볼 테니 기일보다 10여 일 먼저 이곳에 와서 머물며 함께 강론하다가 때에 맞춰 서울로 들어가는 것이 좋을 것 같네. 나는 기력이 쇠진하고 피폐해서 다시 이 세상 사람의 꼴을 찾을 수 없다네. 만나 보면 반드시 크게 놀랄 것일세. 편지 한 통 쓰기가 너무도 어렵군. 이 편지를 가지고 들어가 어른께 보여서 안면을 대신할 거리로 삼는 것이 어떻겠는가? 나머지는 이만 줄이며 답장하네.**23**

다산이 두릉에서 1824년 1월 17일에 이시헌이 보낸 편지를 뒤늦게 받고 그해 7월(신추新秋)에 보낸 답장이다. 서두에 1822년 봄 편지에 답장한 일과 1823년 여름 편지는 기억나지 않는다는 뜻을 전했다. 아마 이시헌의 편지 속에 앞선 편지에 답장이 없는 것을 궁금하게 여긴 내용이 들어 있었을 것이다. 당시 편지는 서울과 강진을 오가는 인편에 얹어 보낸 것이어서 배달 사고가 적지 않았다. 편지 글로 보아 다산의 1822년 답장이 전달되지 않았고 1823년 이시헌의 편지 또한 배달되지 않았다. 그리고 나서 무려 2년 만에 백운동에서 보내온 편지를 받아든 것이다.

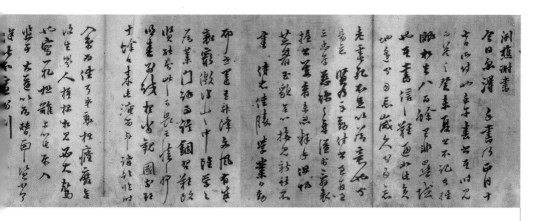

이어지는 단락에서는 공부하는 마음가짐에 대한 주의와 당부를 담았다. 깊은 산속에 처박혀 부지런히 공부해도 길을 잘못 들거나 나쁜 습성이 박히고 나면 고치기 어려우니 삼가서 살피지 않으면 안 된다고 얘기했다. 이어 이듬해 봄 별시 때 열흘쯤 먼저 상경해서 두릉에서 점검을 받고 시험장에 들어갈 것을 권했다. 이시헌에 대한 다산의 애정이 느껴지는 글이다. 당시 강진 제자들은 과거시험 때만 되면 우르르 두릉으로 몰려가곤 했다. 스승이 어떻게든 자신들의 급제에 손을 써주리라는 바람도 있었고 시험에 앞서 요령과 요점을 하나라도 더 귀여겨들어두려는 마음도 있었다.

## 「두릉에서 보낸 안부 편지斗陵候狀」

작별한 뒤 소식이 아득하니 어찌 서글픔을 이기겠는가? 대소과의 초시에 혹

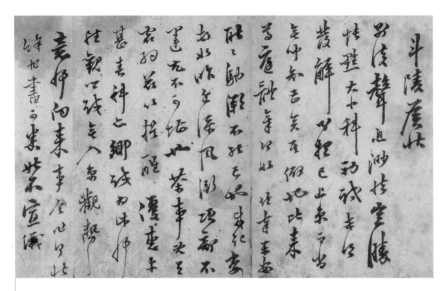

「두릉에서 보낸 안부 편지斗陵侯狀」.

합격했다면 내 생각에 이미 상경했을 터인데 여태 아무 소식이 없으니 궁벽함이 심하기도 하네. 그 사이에 어른의 건강은 어떠하신가. 시봉하는 일은 평안한가? 애타게 마음만 내달림을 금할 수 없다네. 나는 전처럼 기운이 떨어진 데다 근래 들어 풍까지 더해져 목 부위를 못 쓰니 더욱 못 견디겠네. 차의 일은 이미 해묵은 약속이 있었으니 이번에 환기시켜드리네. 조금 많이 보내주면 고맙겠군. 봄 과거 또한 향시를 볼 계획인가? 비록 향시를 보더라도 서울로 들어와 형세를 살필 뜻은 없는 겐가? 이전 일은 지금은 어떤 형편인가? 나머지는 편지라 자세히 적지 않겠네. 이만 줄이네.**24**

이 편지는 원본이 남아 있지 않고 이시헌이 필사한 『시간일람』에 들어 있다. 앞쪽에 '두릉후장斗陵侯狀'이라 썼고 내용도 두릉에서 백운동으로 보낸 안부 편지다.

작별한 뒤에 소식이 아마득하다고 한 것은 강진에서 헤어진 것을 말하기보다는 이시헌이 과거시험으로 상경했다가 내려간 뒤의 일로 보인다. 어른의 건강을 물었다. 이시헌의 부친 이덕휘는 1828년 1월에 세상을 떴다. 대소과의 초시 합격 운운한 것으로 보아 1824년 이후 1828년 이전에 쓴 편지로 판단된다. 차를 보내달라고 부탁한 내용으로 미루어 1827년 3월쯤 보낸 편지가 아닐까 추정된다. 1827년이라면 이시헌은 아직 25세의 젊은이였다. 다산은 이때도 중풍의 여독에서 벗어나지 못해 목 부위가 뻣뻣해 돌리지 못하는 고통을 겪고 있었다.

이 편지에서 다산은 차에 대해 처음으로 언급했다. "차의 일은 이미 해묵은 약속이 있었으니 이번에 환기시켜드리네. 조금 많이 보내주면 고맙겠군." 전부터 지속적으로 차를 만들어 보내왔던 것이 아니라 다산의 요청에 의해 차를 만들어 보내겠다고 약속한 사정이 짐작된다. 조금 많이 보내달라고 한 표현에서 차의 공급이 끊겨 차 양식이 넉넉지 못해 아쉬워하는 다산의 심정이 엿보인다. 혹 과거의 형편도 살펴볼 겸 해서 서울로 올라올 계획은 없는지 묻는 것으로 편지를 맺었다.

## 「두릉에서 백운동에 보내는 조문 편지白雲洞廬次侍納 斗陵唁疏」

뜻하지 않은 흉변으로 선부군께서 갑작스레 세상을 뜨시매 너무 놀라고 슬퍼 무슨 말을 해야 할지 모르겠네. 시간이 지나 문득 장례를 치렀다 하니 다만 매달려 호곡하고 가슴을 치며 발을 구른들 애통함을 어이 견디겠는가? 10년간 서로 의지하며 정의가 두터웠는데 문득 부음을 접하고 보니 이 마음이 슬퍼 갈라지는 듯 형용할 길 없다네. 나는 늙고 병든 데다 근래 들어 더욱 고질이 되었네. 기운이 없어 문밖에도 능히 나가지 못해 족히 말할 게 없

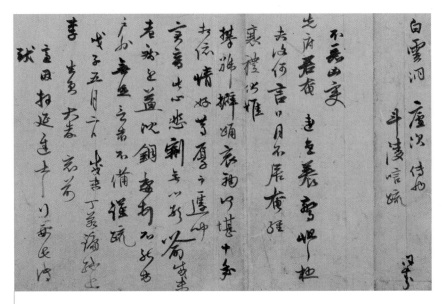

「두릉에서 백운동에 보내는 조문 편지白雲洞廬次侍納 斗陵唁疏」.

다네. 갖추지 못하고 삼가 쓰네.

무자년(1828) 5월 2일 먼 친척 정약용 보냄.

이생원 대효大孝 애전哀前.

마침 배연拜延 윤종영尹鍾英 진사가 가는 인편에 이것을 전하게 한다.[25]

겉봉에 두릉은소斗陵唁疏라고 썼다. 은소는 조문 편지란 뜻이다. 이시헌의 부친 이덕휘는 1828년 1월 21일에 향년 70세로 세상을 떴다. 몇 달 뒤에야 부고를 접한 다산이 서둘러 쓴 조문 편지로 1828년 5월 2일 날짜가 적혀 있다. 다산은 힘든 유배 시절 10년 가까이 든든한 후원이 되어주고 위안이 되었던 이덕휘의 갑작스런 서거 소식에 꽤나 놀랐던 듯하다.

편지 속의 배연 진사는 강진 시절 제자 윤종영(1792~?)을 가리킨다. 배연은 윤종영의 자이고 호는 채다정採茶亭이다. 다산의 강진 시절 제자 가운데 드물게 진사시에 급제했다. 당시 윤종영이 두릉에 들르자 그 인편에 백운동으로 갈 조문 편지를 보낸 것이다. 편지를 쓸 당시 시간이 넉넉지 않았던 듯 짧은 조문의 내용만 담았다. 원본은 이효우 선생이 소장하고 있다.

## 「백운동 효려에 보내는 두릉의 조문 편지白雲洞孝廬傳納 斗陵唁疏」

삼가 두 번 절하고 말하네. 뜻하지 않은 흉변으로 선부군께서 갑자기 세상을 버리시고 부고를 받으니 놀라 슬퍼함을 그칠 수가 없었네. 이미 연세가 높으셨으나 덕문德門의 장수로 보아 팔십까지는 아직 멀다고 여겼는데 어찌 오늘 이처럼 급히 세상을 뜨게 될 줄 알았겠는가? 오호라! 충후하고 돈후 박실한 풍모와 주밀하고 삼가며 간소한 몸가짐이 다만 한 고을이 우러르는 바가 될 뿐 아니라 무너지는 세상의 푯대가 될 만했었네. 하지만 자사刺史가 능히 벼슬길에 추천하지 못하고 자신이 직접 자기를 천거할 수도 없어 마침내 임하林下에 이름이 파묻히기에 이르렀으니 아는 이가 애석해 한탄하며 아쉬워함이 마땅히 어떠하겠는가? 부고의 편지 또한 가장 늦게 오는 바람에 편지 한 통으로 대신 묻는다 해도 또한 늦지 싶군. 장례는 어느 산에다 모셨는가? 지금 그대의 기력은 어떠한가 궁금하네. 구슬피 그리워함을 그칠 수가 없다네. 나는 쇠약한 병이 더욱 심해 먼 데 소식 듣기가 어렵다네. 마침 강진 고을로 가는 인편이 있다기에 여기 몇 글자를 부치네. 어찌 지내는지 알 수가 없군. 다음 달 20일 이후 배연 윤종영과 공목公牧 윤종심尹鍾心 등이 혹 과거시험 보러 오는 걸음이 있거든 그 편에 답장을 보내주면 고맙겠네. 잠시

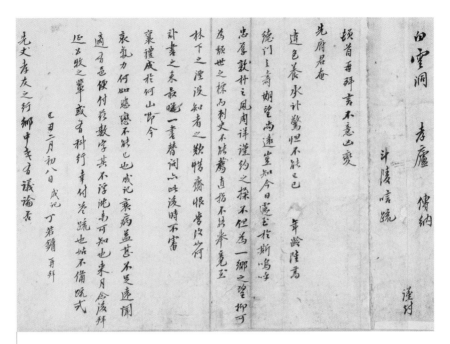

「백운동 효려에 보내는 두릉의 조문 편지白雲洞孝廬傳納 斗陵唁疏」.

서식을 갖추지 않네.

　　　　　기축년(1829) 2월 8일, 척기 정약용 재배.
　　　　선부군의 효성과 우애의 행적에 대해 고장에서
　　　　　혹 의논이 있지는 않았는가?[26]

　앞서 보낸 위문편지에 이어 이듬해인 1829년 2월 8일 다산이 백운동의 이시
헌에게 다시 보낸 조문 편지다. 이때는 이덕휘의 1주기가 끝난 시점이어서 그 뒤
의 경과와 안부를 물었다. 충후돈박忠厚敦朴과 주상근약周詳謹約으로 그 성품과 몸
가짐을 요약했고, 명망이 높았음에도 결국 재야의 선비로 이름이 묻히고 만 현

144

실을 안타까워했다. 행초로 경쾌하게 쓴 여느 편지와 달리 이 조문 편지는 또박 또박 한 자씩 눌러 썼다. 필체는 다산의 친필이 맞다. 이 편지는 백운동 이시헌의 6대손 이승현 선생이 소장하고 있다.

## 「이시헌에게 주는 편지」與白雲洞李時憲

눈 깜짝할 사이에 세 해가 문득 지났네. 생각건대 효성스런 마음이 횡해서 내가 미칠 바가 아니리라 보네. 소식 끊겨 생각만 못내 아득할 뿐 안타까운 마음을 펼 길이 없군. 그간 편히 지내셨는가? 또 과거시험을 보는 해를 맞으니 비록 영화로운 이름에 뜻이 없다고는 하나 마땅히 글쓰기에 마음을 두고 있겠지. 어떤 공부를 하고 있는가? 나는 나이가 들어 병으로 실로 괴롭기 짝이 없네. 기운이 없어 문밖에도 나갈 수가 없다네. 정신의 진액은 온통 소모되어 남은 것이 실낱같군. 이래서야 어찌 살아 있다 하겠는가.

지난번 보내준 차와 편지는 어렵사리 도착했네. 이제야 감사를 드리네. 근년 들어 병으로 체증이 더 심해져서 잔약한 몸뚱이를 지탱하는 것은 오로지 떡차茶餅에 힘입어서일세. 이제 곡우 때가 되었으니 다시금 이어서 보내주기 바라네. 다만 지난번 부친 떡차는 가루가 거칠어 썩 좋지가 않더군. 모름지기 세 번 찌고 세 번 말려 아주 곱게 빻아야 할 걸세. 또 반드시 돌샘물로 고루 반죽해서 진흙처럼 짓이겨 작은 떡으로 찍어낸 뒤라야 찰져서 먹을 수가 있다네. 유념해주면 좋겠네.

시험 보는 고을은 어디인가? 경과慶科 때에는 틀림없이 올라올 테니 직접 줘도 좋겠고, 그렇지 않으면 여름이나 가을에 연지蓮池 사는 천총千摠 김인권金仁權의 집으로 보내주게나. 즉각 내게 전해올 걸세. 이현泥峴 사는 조카는 청양靑陽에 고을 원이 되어 나간지라 서울 안에는 부탁할 만한 곳이 없다네. 풍편에 부탁해서는 안 되네. 잠시 줄이고 다 적지 않네. 삼가 쓰네.

경인년(1830) 3월 15일 먼 친척 아무개 돈수.<sup>27</sup>

다시 1년이 지나 탈상한 시점에 보낸 편지다. 1830년 3월 15일에 썼다. 과거시험이 있는 해를 맞아 시험 준비를 착실하게 하고 있는지 묻고 자신의 근황을 알렸다. 주된 용건은 아무래도 차 부탁이었던 듯하다. 앞선 편지에 차를 보내기로 한 약속을 환기시킨 내용이 있었는데 이때 이시헌이 만들어 보냈던 차는 맛이 썩 좋지 않았던 모양이다. 이시헌이 그전에 차를 만든 경험이 별로 없었다는 뜻이기

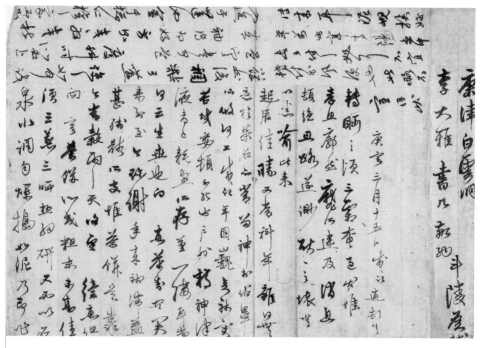

「이시헌에게 주는 편지與白雲洞李時憲」.

146

도 하다. 이에 다산은 이시헌에게 떡차 만드는 법을 아주 상세하게 설명했다.

이 편지가 중요한 이유는 다산의 제다법의 실상이 아주 구체적으로 묘사된 점에 있다. 다산은 찻잎을 삼증삼쇄三蒸三曬, 즉 세 번 찌고 세 번 말려 분말을 곱게 빻은 뒤 돌샘물에 갠 후 짓찧어 진흙 같은 반죽을 만들고 이를 인판印版에 찍어 작은 크기의 떡차로 만드는 과정을 상세히 설명했다. 특별히 분말이 고와야 함을 강조했다. 그간 다산의 구증구포九蒸九曝의 제다법은 널리 알려졌으나 만년에 이를 줄여 삼증삼쇄로 낮춘 것과, 다산이 만든 차가 덖음 잎차가 아닌 가루 떡차임을 알려주는 중요한 기록이다.

뒷부분에서도 과거시험을 보기 위해 상경하는 이시헌보다는 그편에 차를 보내줄 수 있는지 없는지가 더 큰 관심사로 여겨질 만큼 차에 대한 다산의 집착이 느껴지는 편지다.

## 「백운산관에 보내는 정학연의 답장謹拜謝上 白雲山館經几下」

집안의 기숙旗叔 씨는 남쪽으로 돌아갔고 임형은 서쪽에 머물러 자나 깨나 읊조려도 아마득히 붙들기가 어렵던 차에 문득 강진으로부터 그대의 편지가 도착하였소. 병으로 누웠다가 벌떡 일어나 서둘러 펼쳐 읽으니 위로와 감격이 번갈아 일어나 끙끙 앓던 병마저 간 곳이 없어지고 말았구려. 하물며 초겨울에 형께서 건강하게 잘 지내시는 줄을 알게 되었음에랴. 임천林泉의 대나무 속에서 기뻐 자득하는 뜻이 보내온 글의 행간에 드러나 나로 하여금 너울너울 옷자락을 걷고 달려가 함께 노닐고 싶은 마음이 들게 하는구려. 하지만 산 높고 물이 아득해 먼 데 정을 부칠 수가 없고 보니 그저 홀로 머리를 길게 빼고 장탄식을 할 뿐이오. 병든 나는 건巾을 꾸미고 해그림자나

「백운산관에 보내는 정학연의 답장謹拜謝上 白雲山館經几下」.

살필 나이에 갑자기 벼슬길에 얽매이고 말았으니, 비록 자리가 한가롭고 집이 가깝다고는 하나 결단코 나 같은 늙은이가 감당할 수 있는 것은 아니라네. 혜생惠生이 말한 일곱 가지 못 견딜 일이란 것이 바로 이를 두고 한 말일세그려. 다만 특별한 은혜에서 나온 것인지라 낮춰 머물며 웅크려 감수하는 것은 의리와 분수를 돌아봄이며 사양하여 면함은 오만함에 가깝기 때문이라오.

보내온 글에 서폭 가득 넘치는 것은 온통 지난날을 말하고 우의를 얘기하는 말뿐이어서 펼쳐 읽는 동안 마음이 뭉클하여 맑은 눈물이 눈에 어리기까지 하였소. 다만 안타깝기는 그대가 이쪽으로 올라오지 못하고 나는 여유가 없

148

어 이생에서 서로 만나 손을 잡아보기는 마치 까마귀의 머리가 희어지고 황하의 물이 맑아지는 것과 같다 하겠소. 그러니 이를 어찌하오.

네 봉의 좋은 차와 여덟 개의 참빗은 마음의 선물로 받겠소. 깊이 새겨 감사해 마지않소. 이 앞서 천릿길에 편지를 보내면서 아무 선물도 보낸 것이 없었으니 탄식하고 또 탄식하오. 종제從弟가 이미 가서 돌아오지 않았으면 내년 봄에 또 인편이 있을 때 이어 답장하겠소. 이만 줄이오. 살펴주시기 바라며 삼가 답장하오.

병제病弟 정학연丁學淵 드림. 정사년(1857) 11월 22일.28

1857년 11월 21일에 쓴 정학연이 이시헌에게 보낸 편지다. 앞서 읽은 다산의 마지막 편지와는 무려 27년의 거리가 있다. 다산 사후에도 이시헌이 다산의 아들 정학연 등과 지속적인 왕래를 했음을 보여주는 내용이다. 만년에 정학연은 감역監役의 벼슬을 얻었다. 미관말직임에도 다산 이래 끊겼던 벼슬길을 회복시켜준다는 상징적 의미가 있었으므로 차마 사양하지 못했다.

편지는 먼저 백운동의 소식을 받은 기쁨을 가감 없이 드러내고, 이어 벼슬길에 얽매여 아무것도 할 수 없는 자신의 근황을 알렸다. 그러고는 살아서 다시 만날 기약조차 없는 서글픔에 대해 적었다. 이때 이시헌은 예전 다산에게 그랬던 것처럼 차를 선물했다. 향명薈茗 4첩帖과 참빗 8개를 보냈다고 적혀 있다.

이상 다산이 백운동 이덕휘에게 보낸 3통의 편지와 이시헌에게 보낸 편지 5통, 그리고 다산의 아들 정학연이 이시헌에게 보낸 편지 1통을 탈초하고 풀이했다. 다산의 알려지지 않은 편지가 무려 8통이나 나온 것은 백운동과 다산의 긴밀한 관계를 보여주기에 충분하다. 아울러 이 편지의 사연들은 유배지의 후원자 중 한 사람이었던 이덕휘의 존재와 그의 아들 이시헌이 다산초당에서 강학하던 정황을 알 수 있게 해준다. 또한 다산이 즐겨 마신 차의 제다법이 아주 상세히 밝혀져 있고 다산 사후까지 길게 이어진 두 집안의 교분도 알려주어 다산학 연구뿐 아니라 차문화사 측면에서도 대단히 귀중한 내용이 아닐 수 없다. 차에 대해서는 뒤 절에서 따로 자세히 살피므로 잠시 미뤄둔다.

백운동을 노래한 역대 인물과 시문

백운동 제영시는 크게 두 단계로 대별된다. 먼저 17세기 후반 이담로에서 이어지로 이어지는 시기 김창흡 김창집 형제와 신명규와 임영이 지은 8영식 계열 각종군이 첫 단계다. 이후 19세기 전반 김하응이 이곳을 방문한 뒤 지은

서 연작 이후로 제자인 윳상과 이시헌이 스승의 뜻에 화운하면서 12영식 계열의 작품이 업따라 창작되었다.

앞서 다산의 『백운첩』을 읽어보았지만 이밖에도 백운동 별서 정원을 노래한 한시는 다른 어떤 별서 정원과 비교가 안 될 만큼 많다. 소쇄원에 관한 기록이 적지 않아도 누대에 걸친 다채로움의 측면에서 보면 백운동의 기록이 한층 더 풍부하다. 이곳은 옛 원형을 크게 훼손하지 않은 채 주인도 바뀌지 않고 12대에 걸쳐 그 자취를 고스란히 간직해왔다. 백운동을 노래한 역대 인물도 대부분 중앙의 쟁쟁한 문인들로, 당시 유배객의 신분이 많다는 점이 특별히 흥미를 끈다. 또 여러 시문 속의 섬세한 묘사는 그 세부의 구체적인 복원에 중요한 지침이 된다. 전체 분량이 워낙 방대해 꼼꼼히 다 살피기 어렵지만 이 장에서 힘닿는 대로 살펴보겠다. 『백운세수첩』과 각종 문집 자료를 망라해 갈래를 두어 창작 연대순으로 검토한다.

백운동 제영시는 흐름상 크게 두 단계로 대별된다. 먼저 17세기 후반 이담로에서 이언길로 이어지는 시기 김창흡·김창집 형제와 신명규와 임영이 지은 「백운동 8영」 등 일련의 8영시 계열 작품군이 첫 단계다. 이후 19세기 전반 정약용이 이곳을 방문한 뒤 지은 「백운동 12승사」 시 연작 이후로 제자인 황상과 이시헌이 스승의 시에 화운하면서 12경시 계열의 작품들이 잇따라 창작되었다. 이시헌의 경우 다시 2경을 추가해 14경이 되었다. 이렇게 백운동 제영시는 초기의 8영시 계열과 후기의 12경시 계열로 대별된다. 이밖에 두 계열에 속하지 않는 작품에 18세기 전반 송익휘의 「백운동 10영」이 있다. 이하곤과 김재찬, 초의와 허련, 김유 등의 작품도 따로 전해온다. 차례로 살펴보겠다.

초기의 8영시는 입산조 이담로가 쓴 「백운동명설」과 「백운동유서기」, 「백운동
관물음」 등의 글에서 제시한 백운동의 여덟 가지 경물, 즉 연蓮, 매梅, 국菊, 송松,
죽竹, 난蘭, 학鶴, 금琴을 차례로 노래한 시를 말한다. 흔히 앞쪽에 전체를 아우르
는 서시 격의 시가 붙어 있다. 8영시 계열의 작품은 백운동의 전체 풍광보다는
이들 여덟 사물에 깃든 의미를 주인의 삶과 연관지어 노래한 내용이 대부분이
다. 후기의 12경시 계열에 비해 다분히 관념성을 띤다.

## 삼연 김창흡의 「백운동 8영」 외

김창흡과 김창집 형제는 나란히 「백운동 8영」 연작을 남겼다. 창작 연대상
가장 앞선다. 김창흡은 본관이 안동, 자는 자익子益, 호가 삼연三淵이다. 시호는

白雲洞八咏

遯心松與皐暫住竹為君梅屋無塵
雜荷永不世也氣琴淸山送月鶴靜洞
生雲榮〃霜雛採持〃晚谷薰〃
松筐一道白雲微食菊滋蘭忘是非
早濕蓮花含净意雪霜梅藥渦春機
高山流水随意瑤軫落月翻星對縞衣
回顧世間交道隘八君吾與甫同歸

又

偃蹇蒼龍身高致笑秦封避遶陶居士
聞風靜相從永託無為契遶遶先碧岑
右松
長嘯坐巘谷歲暮鳳欲來琅玕復盈掬
右竹
〃〃滿院翠四時長在目愉然生好顏
開居養潔性種蘭白雲谷由來同臭味
持以謝葷肉靈均夕食後此花久幽獨

右菊
蘭若生幽谷窈窕過賞難山風吹紫莖
芳意歲將闌感君抱琴來仍成入室歡
右蘭
月出正風雪羣卉嘩枯荄皎然幽簾下
如有好人來求姿雖冷淡一笑為君開
右梅
淤泥含絆約初見葉田〃花開香自遠
不待好風牽宣無他花艷愛甫獨天然

右蓮
拂拭自焦尾纏綿存徽金抱來向山月
流水鳴高林知音惟我足鍾期休遠尋
右琴
僾〃青田翻霞意不受縛放之松杉夜
人禽影罪莫寐汝九皋唳冥栖保岩堅
右鶴

　　　三淵金昌翕

김창흡의 「백운동8영」.

문강文康. 영의정을 지낸 문곡文谷 김수항金壽恒의 셋째 아들이다. 이단상李端相에 게 수학했다. 1673년에 진사가 되었으나 벼슬에는 나아가지 않았다. 시명詩名이 높았고 성리학에서도 대학자로 명성이 우뚝했다. 1689년 기사환국己巳換局 때 아버지가 진도珍島의 배소配所에서 사사되자 형 창집·창협昌協과 함께 영평永平에 은거하였다. 사후 이조판서에 추증되었다. 양주의 석실서원石室書院과 울진의 신 계사新溪祠, 강릉의 호해정영당湖海亭影堂에도 제향되었다. 문집으로 『삼연집』이 전한다.

김창흡의 부친 김수항은 1674년 효종비인 인선왕후仁宣王后가 세상을 떴을 때 인조의 계비인 자의대비慈懿大妃의 복상 문제를 두고 노론과 남인 사이에 벌어진 2차 예송禮訟에서 남인에게 패했다. 이후 남인의 공격을 받아 실각하여 1675년 원주에 부처되었다가 그해 가을에 다시 영암靈巖 구림鳩林으로 이배되었다. 김창 흡은 이때 김창집 등 형제들과 함께 아버지의 적소인 구림과 서울을 오가며 부 친의 수발을 들었다. 1677년 가을에는 부친을 모시고 월출산 유람에 나서기도 했고, 해남과 강진 지역의 승경을 유람하면서 풍성한 기행문과 시문을 남겼다. 지금도 구림 인근에는 김수항 부자의 자취가 곳곳에 남아 있다.

김창흡의 「백운동 8영」은 『백운세수첩』과 『삼연집』 습유拾遺 권4에 실려 있다. 전후로 살펴볼 때 백운동을 노래한 시 중 가장 이른 1678년에 지은 것이다. 당 시 김창흡은 26세였다. 문집에는 「백운동」 2수와 「백운동 8영」 8수가 제목을 달 리하여 나란히 수록되었고, 『백운세수첩』에는 「백운동 8영」이란 표제 아래 제목 구분 없이 10수를 나란히 실었다.

먼저 읽어볼 것은 「백운동白雲洞. 이태래의 별장이다李泰來別莊」 2수다.

먼 데 마음 소나무와 무리 이루고　　　　　　　　　　　　　遐心松與群
잠시 살며 대나무로 벗을 삼는다.　　　　　　　　　　　　　暫住竹爲君

金三淵昌翕

「김창흡 초상」, 일본 덴리대 소장.

매화 집엔 티끌세상 잡됨이 없고 　　　　梅屋無塵雜

연잎 옷은 속세의 기운 아닐세. 　　　　荷衣不世氛

거문고 소리 맑아 산은 달을 보내고 　　琴淸山送月

학 고요해 골짝에선 구름이 핀다. 　　　鶴靜洞生雲

서리 울서 환하게 핀 국화를 캐고 　　　粲粲霜籬採

그윽쿠나 늦은 골짝 난초 향길세. 　　　猗猗晚谷薰


술과 대 한 줄기 길 백운골에 희미한데 　　松篁一道白雲微

국화와 무성한 난초 시비를 잊게 하네. 　　飧菊滋蘭忘是非

낮고 습한 곳의 연꽃 깨끗한 뜻 머금었고 　卑濕蓮花含淨意

눈서리 속 매화 꽃술 봄기운이 피어난다. 　雪霜梅蘂漏春機

고산유수 고운 곡조 거문고를 뒤따르고 　高山流水隨瑤軫

지는 달에 빛난 별빛 흰옷 학과 마주하네. 　落月翻星對縞衣

돌아보매 세간에선 사귐의 길 너무 좁아 　回顧世間交道隘

여덟 벗과 나와 그대 함께 돌아가리라. 　八君吾與爾同歸


두 수 모두 구절마다 백운동의 여덟 영물詠物을 차례로 호명했다. 소나무와 대나무, 매화와 연꽃, 거문고와 학, 국화와 난초가 그것이다. 이른바 백운동 8영을 구성하는 여덟 가지 사물이다. 백운동을 입산조인 이담로가 아닌 그의 아들 이태래의 별장이라고 말했는데, 연배가 비슷해 당시 이태래가 김창흡을 맞이하여 대접했기 때문으로 생각된다.

이를 이어 「백운동 8영」 연작이 시작된다. 특이하게 편마다 5언 6구로 이루어졌고 제목을 각각 따로 붙였다. 첫 번째는 「송松」이다.

| 비스듬 기대 누운 푸른 용의 몸 | 偃蹇蒼龍身 |
| 높은 운치 진시황의 봉함 우습다. | 高致笑秦封 |
| 거사 도연명과 해후하여선 | 邂逅陶居士 |
| 풍문 듣고 고요히 서로 좇았네. | 聞風靜相從 |
| 길이 무위無爲의 만남을 맺어 | 永托無爲契 |
| 해묵은 푸른 뫼서 소요하리라. | 逍遙老碧峯 |

소나무 등걸이 푸른 용의 비늘 같다. 옛날 진시황은 그늘을 만들어준 소나무를
치하해서 관직을 봉한 일이 있다지만 이곳의 솔은 그 높은 운치가 참으로 대단해
서 벼슬을 봉해 기릴 수 있는 정도가 아니다. 다시 도연명의 소나무 사랑을 잠깐
말하고 무위無爲의 계를 맺어 푸른 산에서 길이 소요하리라는 다짐을 실었다.

| 울창하게 온 정원에 가득 푸르러 | 欝欝滿院翠 |
| 네 계절 언제나 눈앞에 있네. | 四時長在目 |
| 수런대며 듣기 좋은 가락이 일면 | 翛然生好韻 |
| 골짜기에 앉아서 휘파람 분다. | 長嘯坐嶰谷 |
| 세모라 봉황이 올 듯도 한데 | 歲暮鳳欲來 |
| 왕대나무 다시금 굵기도 하다. | 琅玕復盈掬 |

둘째 수인 「죽竹」이다. 백운동의 명물인 대숲의 경관을 노래했다. 대숲에 둘러
싸인 백운동은 사방으로 향하는 시선이 늘 시원하다. 바람이 지나가면 대숲은
언제나 음악이 된다. 그 가락에 맞춰 길게 휘파람을 불자 저 높은 하늘에서 봉
황이 죽실竹實을 탐해 내려설 것만 같다. 왕대나무는 두 손으로 움켜쥐어야 할
만큼 굵다.

동백나무와 담장 너머 대나무 숲.

| | |
|---|---|
| 한갓진 곳 깨끗한 성품 기르려 | 閑居養潔性 |
| 백운동 골짜기에 국화 심었네. | 種菊白雲谷 |
| 이제껏 취향이 한결같아서 | 由來同臭味 |
| 매운 채소 고기는 사절한다지. | 持以謝葷肉 |
| 굴원이 저녁으로 따 먹은 뒤로 | 靈均夕飱後 |
| 이 꽃이 오래도록 고독했다네. | 此花久幽獨 |

백운동의 국화는 훗날 초의가 특별히 노래했을 만큼 오랜 세월 명성이 높았

다. 결성潔性, 즉 결백한 성품을 기르려고 주인은 국화를 심었다. 그는 냄새나는 채소나 고기는 입에 대지 않는다. 그 옛날 굴원은 가을 국화꽃을 따 먹으며 자신의 고결함을 노래했다. 하지만 굴원 이후 세상은 국화의 존재를 잊어 이 꽃은 세상에서 오래도록 쓸쓸했다.

| | |
|---|---|
| 난초가 깊은 골서 돋아난다면 | 蘭若生幽谷 |
| 어여뻐도 감상하기 쉽지 않다네. | 窈窕遇賞難 |
| 산바람 자줏빛 꽃대 불어가 | 山風吹紫莖 |
| 꽃다운 뜻 한 해도 저물어간다. | 芳意歲將闌 |
| 그대가 거문고를 안고 와서는 | 感君抱琴來 |
| 방에 들어 즐김을 감탄하노라. | 仍成入室歡 |

넷째 수 「난蘭」이다. 난초가 고결해도 깊은 골짝 인적이 닿지 않는 곳에 돋아나면 세상과 만날 길이 애초에 없다. 자줏빛 꽃대가 올라와 산바람이 이를 불어도 그저 허공에 향기를 흩을 뿐이다. 그대는 거문고를 안고 방에 들어가 「의란조猗蘭操」 한 가락을 연주한다. 나는 거기서 깊은 인상을 받았다. 「의란조」는 공자가 지은 거문고 곡의 명칭이다. 향기로운 난초를 보고 스스로 때를 만나지 못한 것을 마음 아프게 여겨 지었다는 노래다. 집주인이 「의란조」 가락을 연주하는 것에서 세상과 만나지 못한 탄식을 함께 읽었다.

| | |
|---|---|
| 월출산엔 눈보라가 한창이어서 | 月山正風雪 |
| 뭇 풀 생기 잃고 뿌리 마른다. | 群卉晦枯荄 |
| 환하게 그윽한 주렴 아래로 | 皎然幽簾下 |
| 마치도 좋은 사람 찾아온 듯해. | 如有好人來 |

얼음 같은 자태 비록 냉담하여도    氷姿雖冷淡

한번 웃고 그댈 위해 피어났구려.    一笑爲君開

제5수 「매梅」다. 월출산 자락마다 눈보라가 몰려다닌다. 한겨울에 풀들은 대개 잔뜩 움츠러든 채 뿌리째 버석버석 마른다. 그런데 주렴 너머가 갑자기 환해온다. 기다리던 사람이라도 왔나 싶어 내다보니 매화꽃 한 송이가 눈보라 속에 꽃을 피웠다.

진흙탕서 어여쁜 자태 머금어    淤泥含綽約

둥글둥글 새잎이 처음 나왔네.    初見葉田田

꽃 피니 향기는 절로 아득해    花開香自遠

좋은 바람 이끄는 것 안 기다린다.    不待好風牽

다른 꽃의 요염함 어이 없으리    豈無他花艷

너 홀로 천연스러움 내가 아낀다.    愛爾獨天然

제6수 「연蓮」이다. 송나라 때 주돈이周敦頤의 「애련설愛蓮說」에서 뜻을 끌어왔다. 진흙탕에서 나왔지만 더러움에 물드는 법이 없다. 향원익청香遠益淸, 향기는 멀수록 더욱 맑아 바람의 도움 없이 먼 데까지 전해진다. 다른 꽃이 비록 요염해도 나는 연꽃의 천연스런 자태를 사랑한다. 둥글둥글 둥근 잎이 수면 위로 올라오기 시작하면 그때부터 나는 연꽃이 필 때까지 그 곁을 떠나지 못한다.

불에 탄 꼬리부터 문질러 닦자    拂拭自焦尾

얼키설키 휘금徽金 장식 남아 있구나.    纏綿存徽金

안고 와 산 달을 마주 보면서    抱來向山月

| | |
|---|---|
| 유수곡 연주하니 숲이 울린다. | 流水鳴高林 |
| 지음知音이야 나 혼자면 충분하거니 | 知音唯我足 |
| 종자기를 먼 데 가서 찾지 말게나. | 鍾期休遠尋 |

제7수는 「금琴」이다. 1구의 '초미焦尾'는 고사가 있다. 오나라 사람이 오동나무로 불을 지펴 밥을 짓는데 나무가 불에 타며 터지는 소리를 듣던 채옹蔡邕이 타다 남은 나무를 달라고 해서 이것을 깎아 거문고를 만들었다. 이른바 초미금焦尾琴, 즉 꼬리가 불탄 거문고다. 해묵은 거문고를 꺼내 닦자 희미하게 지워졌던 휘금 장식이 드러난다. 주인이 거문고를 안고 와 백아의 「유수곡流水曲」을 연주한다. 예전에 이 곡조를 듣다가 백아의 마음을 읽어냈던 종자기를 이제 와서 굳이 찾을 것이 없다. 내가 바로 그대의 지음인 까닭이다.

| | |
|---|---|
| 너울너울 춤추는 청전靑田의 흰 학 | 僛僛靑田翮 |
| 아득한 뜻 속박받지 아니한다네. | 霞意不受縛 |
| 한밤중 솔숲에다 풀어놓으니 | 放之松杉夜 |
| 사람과 새 그림자 적막도 하다. | 人禽影寂寞 |
| 구고九皐의 네 울음을 가만 숨겨서 | 密汝九皐唳 |
| 아득히 바위 골짝 깃들어 살렴. | 冥棲保巖壑 |

깊은 밤 솔숲에 학을 풀어놓는다. 달빛에 제가 취해 너울너울 춤을 춘다. 속박의 시간은 몹시 괴롭다. 깊은 밤 굴레 벗은 학이 외다리를 꼰 채 적막 속에 서 있다. 학은 구고九皐, 즉 높은 언덕에 올라 해맑은 울음을 운다. 시인이 말한다. 네 울음소리를 함부로 들려주지 말고 감추어두렴. 숨어 사는 이 삶을 오래 지켜가는 것이 더 좋지 않겠니? 학에게 하는 소리지만 주인에게 건네는 충고로도 들

린다. 김창흡의 부친 김수항은 지금 세상의 중심에서 쫓겨나 간난艱難의 세월을 건너가는 중이다. 세상을 향해 큰 울음을 울지 않았더라면 애초에 이 같은 고초는 없었을 것이 아닌가.

김창흡의 「백운동」 2수와 「백운동 8영」 8수는 영물 속에 시인의 주관 심상을 삼투시킨 형상미가 빼어나다. 시 속의 경물은 단순한 사물이 아닌, 백운동 주인의 심성과 환치되면서 복합적인 의미를 발신한다.


## 포음 김창집의 「백운동 8영」

김창집金昌緝은 김창흡의 아우다. 자는 경명敬明, 호는 포음圃陰이다. 6창昌으로 일컬어진 여섯 형제 중 다섯째다. 조봉원趙逢源의 문하에서 수학했다. 21세 때인 1682년에 『징회록澄懷錄』을 편집했다. 1684년 생원시에 합격했으나 벼슬에 나가지 않았다. 1689년 기사환국으로 아버지 김수항이 사사되자 은거하여 학문에만 전념하였다. 문장에 뛰어났고 성리학에도 조예가 깊었다. 문집 『포음집圃陰集』 6권이 전한다.

김창집의 「백운동 8영」은 1678년 여름 형 김창흡과 함께 부친을 모시고 영암 구림에 머물 당시 인근의 백운동 별서에 바람 쐬러 왔다가 지은 작품이다. 당시 맏형이었던 김창집金昌集도 동행했던 듯 김창집의 문집 『몽와집』 권4, 『남천록』 중 「술회述懷」라는 장시에 당시 백운동 유람의 일이 다음과 같이 짧은 한 대목으로 남아 있다.

강진에서 이담로를 찾아갔는데                          金陵訪李老
군센 절개 참으로 속인과 달라.                          耿介眞拔俗

담장 안 백운동 내원의 모습.

| | |
|---|---|
| 거처는 환하여 티끌이 없고 | 居處炯無塵 |
| 상차림도 어쩌나 깨끗하던지. | 籩豆亦何潔 |
| 깊은 대숲 사람을 머물게 하니 | 深竹自留人 |
| 높은 의리 정성껏 대접받았네. | 高義偏款洽 |

이 대목 바로 앞에서 이때가 무오년(1678) 6월의 일이라고 했다. 이로李老의 주석에는 '담로聃老'라는 풀이가 달려 있다. 이제 김창집의 『포음집』 권1에 실려 있는 「백운동 8영」을 차례로 읽어보겠다. 서두에 「총영總詠」을 두어 총괄한 뒤 잇달아 8영을 노래했다. 운자는 앞서 김창흡의 시와 동일하다. 형제가 나란히 경쟁하듯 지은 연작시다.

| | |
|---|---|
| 듣자니 월출산 바로 아래에 | 聞子月山下 |
| 청정한 구역이 열려 있다지. | 別開淸淨鄕 |
| 도홍경陶弘景 노인 같은 아름드리 솔 | 松圍弘景老 |
| 대나무는 왕자유王子猷의 서늘함 지녀. | 竹帶子猷涼 |
| 매화 처마 환한 데서 학이 춤추고 | 鶴舞梅簷白 |
| 난초 계곡 향기 속에 거문고 운다. | 琴鳴蘭谷香 |
| 어느새 연잎으로 옷을 짓고서 | 已將荷製服 |
| 다시금 국화주를 잔에 따르리. | 更以菊添觴 |

1, 2구에서 백운동 아래에 청정향淸淨鄕이 있다는 말로 서두를 열어 그곳의 8영을 차례로 호명한 「총영總詠」이다. 남조南朝 시절 제齊의 도홍경陶弘景은 관복을 벗어 신무문神武門에 걸어놓고 사직소를 남긴 뒤 고향으로 돌아갔던 은일의 인사다. 동진東晉의 명사 왕휘지는 남의 빈집을 잠시 빌려 살 때조차 대나무를 서둘

166

러 심게 했는데, 사람들이 그 연유를 묻자 "하루라도 어찌 이 친구가 없을 수 있겠는가?何可一日無此君"라고 대답했을 만큼 대나무를 사랑했던 사람이다.

| | |
|---|---|
| 무성히 사랑스런 나무 있으니 | 楚楚可憐樹 |
| 바위에 뿌리박은 푸른 용일세. | 石根幹蒼龍 |
| 세상 사람 재목감 아니라 해도 | 世人所不材 |
| 나는 그의 부지런함 사랑한다오. | 而我愛無慵 |
| 맑은 바람 들리니 마음 기뻐서 | 泠風聞怡悅 |
| 지는 볕에 가만히 어루만진다. | 落景撫從容 |

소나무를 노래했다. 바위틈에 뿌리를 서렸고 줄기는 푸른 용이 하늘을 향해 꿈틀 몸을 뒤틀어 솟구치는 듯하다. 구불구불 휘어져 재목감이 못 된다고들 말해도 나는 소나무의 강인한 정신을 사랑한다. 솔가지 사이로 파고드는 바람 소리는 정신을 깨어나게 한다. 석양 무렵이면 나는 정선대 언덕에 올라 고송孤松을 어루만지며 자리를 뜨지 못한다. 먼 데로 향하는 마음을 그렇게 다잡곤 한다.

| | |
|---|---|
| 옥 같은 대나무 만여 줄기로 | 琅玕萬餘條 |
| 빼어난 빛 백운동 골에 빼곡해. | 秀色森雲谷 |
| 이 물건 어디가 대체 좋던가 | 此物有何好 |
| 즐겨 먹어 고기 맛도 잊어버리지. | 嗜之遂忘肉 |
| 어여쁘다 세한의 늠름한 자태 | 懿哉歲寒姿 |
| 푸른 솔 저 혼자만 능히 못하리. | 青松未能獨 |

푸른 대나무를 낭간琅玕, 즉 깎은 옥돌에 견주었다. 백운동 골짝마다 빼곡히

들어앉은 대나무로 눈이 언제나 시원하다. 죽순의 여린 맛은 고기에 견줘 조금도 못하지 않다. 소나무만 세한歲寒의 기개가 있다고 말할 순 없다. 눈 속에 곧고 푸른 대나무의 기상이 또 있지 않은가?

| | |
|---|---|
| 세밑이라 숲 풍경이 썰렁하더니 | 歲晏林慘憺 |
| 고운 꽃술 홀로 능히 피어났구나. | 芳蕊獨能開 |
| 빙설 같은 고운 넋을 한데 모으니 | 氷雪鍾精魄 |
| 환한 모습 티끌세상 안 어울리리. | 皎然豈塵埃 |
| 밤 깊어 희미한 달빛 두르자 | 夜深帶微月 |
| 고야산의 선녀가 찾아온 듯해. | 疑自姑射來 |

세 번째는 매화를 노래했다. 추위에 파랗게 질려 참담하던 숲에 아연 핏기가 돈다. 빙설의 정백精魄을 모았는가. 홍매의 붉은 꽃술이 마침내 가지 끝에서 터졌다. 티끌세상과는 도무지 어울릴 것 같지 않은 고고한 자태여서 깊은 밤 흰 달빛 아래 묘고야산의 선녀가 나투신 것처럼 황홀하다.

| | |
|---|---|
| 가을 이슬 구슬인 양 엉겨붙으니 | 秋露凝如珠 |
| 온갖 꽃들 남은 향기 아예 없구나. | 百卉無餘馥 |
| 어이해 빈산에 아양을 떨어 | 何以媚空山 |
| 국화 홀로 눈 속에 가득 피었나. | 黃花獨滿目 |
| 맑은 향기 찬 시내에 온통 가득해 | 馨香淫寒泉 |
| 물 마시자 뱃속마저 향기롭구나. | 飮之芳我腹 |

국화 꽃잎에 찬 이슬이 맺혔다. 온갖 풀이 다 시든 뒤여서 그 향기가 더욱 맵

다. 잎 다 진 텅 빈 산에 노란 국화만 잔뜩 피었다. 냇물에도 국화 향기가 진동한다. 그 물을 한 모금 마시자 내 뱃속까지 온통 국화 향기다.

| | |
|---|---|
| 냇가에 방초가 많고 많아도 | 江潭衆芳草 |
| 국향國香만을 내가 제일 좋아한다네. | 國香吾所歡 |
| 동산에 아홉 이랑 가득 자라서 | 幽園滋九畹 |
| 자주 대궁 봄 이슬에 담뿍 젖었네. | 紫莖春露溥 |
| 꽃다운 뜻 공연히 저 혼자 알아 | 芳意空自知 |
| 녹기금綠綺琴 다시는 타지 않누나. | 綠琴不復彈 |

국향은 난초의 별칭이다. 어떤 꽃도 난향을 이길 수는 없다. 유인幽人은 숨어 사는 동산에 가득 난초를 기른다. 저마다 자줏빛 꽃대를 올려 봄 이슬에 젖는다. 녹기금은 거문고를 멋지게 일컫는 표현이다. 한나라 양왕梁王이 사마상여司馬相如가 지은 「옥여의부玉如意賦」를 보고 기뻐하며 준 선물이 녹기금이다. 난초의 꽃다운 뜻은 누가 알아주지 않아도 상관없다. 깊은 골짝에서 혼자 피었다가 혼자 져도 슬퍼하지 않는다. 지음을 굳이 찾아 거문고를 연주할 필요를 못 느낀다는 말을 이렇게 했다.

| | |
|---|---|
| 맑은 못 연꽃을 토해놓으니 | 清池吐荷花 |
| 빛깔과 향 모두 어여쁘구나. | 色香俱可憐 |
| 꽃답고 깨끗함을 타고났건만 | 芳潔夙所稟 |
| 도리어 진흙탕서 옮기어왔네. | 寧爲淤泥遷 |
| 적막한 거사의 그 마음 알아 | 寂寂居士心 |
| 마주해 날마다 환히 핀다네. | 對之日皭然 |

맑은 못이 한번 울컥하더니 연꽃 고운 봉오리가 수면 위로 솟았다. 빛깔만 고운 게 아니라 향기도 해맑다. 그 깨끗함이 진흙탕을 뚫고 솟아난 것이어서 더 놀랍다. 티끌세상에서도 더럽혀지지 않는 정신이 있다. 집주인의 적막한 심사를 안다 함인지 날마다 주인 앞에서 연꽃이 제 몸을 연다.

| | |
|---|---|
| 백운 시내 달리는 물 쏟져내리고 | 雲溪下奔漈 |
| 월출산은 우뚝이 위로 솟았다. | 月岳上崒嶷 |
| 눈 감고 거문고 줄 어루만지자 | 冥心撫五絃 |
| 산 냇물에 맑은 소리 모이어든다. | 山水會淸音 |
| 거문고 잘 타는 그대 백아여! | 如何伯牙子 |
| 바다 건너 멀리 이곳 찾음 어떤가? | 遙遙越海尋 |

1, 2구는 백아의 고산유수高山流水의 곡조를 떠올리는 환기물이다. 시내는 언제나 유수곡流水曲을 타고, 월출산은 높이 솟아 고산곡高山曲을 연주한다. 눈을 감고 다섯 현을 쓸어내리면 산과 시내에서 맑은 소리가 일제히 몰려나온다. 백아여! 어째서 있지도 않은 지음을 기다려 거문고 줄을 끊어버렸는가? 바다 건너 이 백운동 골짝에는 그대의 마음을 알아줄 어진 이가 이렇게 그대를 기다리고 있다네.

| | |
|---|---|
| 산사람 태금胎禽을 잘도 길러서 | 山人養胎禽 |
| 백운동 골짝에서 함께 늙누나. | 相伴老雲壑 |
| 흰옷은 숲 뫼에서 환히 빛나고 | 縞衣耿林岫 |
| 맑은 울음 먼 하늘에 사무친다네. | 淸唳徹寥廓 |
| 아득하다 신선세계 향한 그 뜻이 | 迢迢紫霄意 |

산은 비고 별과 달은 떨어지누나.                                       山空星月落

태금은 학의 별칭이다. 선태仙胎, 즉 신선의 자질을 지닌 선금仙禽이 학이 아닌
가. 흰옷을 입고 해맑은 울음을 운다. 빈산 달빛 내리고 별빛 흩어질 적에 저 푸
른 하늘 위 제가 왔던 그곳을 향한 그리움을 노래한다. 목을 빼어 그린다.

이 시를 지을 당시 김창집의 나이는 고작 17세였다. 천재의 감탄이 절로 나온
다. 김창집金昌集, 김창흡, 김창집金昌緝 등 당대 최고 명문가의 천재들이 정승을
지낸 아버지의 유배길에 따라 왔다가 우연히 모두 백운동 구경을 했다. 이를 통
해 백운동의 명성이 서울까지 널리 퍼져 호남 여행길에는 으레 들러 마땅할 명
소로 자리잡는 한 계기가 되었다.


## 신명규의 「백운동초당 8영」

『백운세수첩』 첫 면에 신명규의 「백운동초당 8영」이 실려 있다. 해당 면 우측
상단의 설명에 따르면 신명규는 호가 적안適安이요 자는 원서元瑞이며, 본관은 평
산이다. 집의執義 벼슬을 지냈다. 그는 첨정僉正 신암申黯의 증손으로, 조부는 대
사성 신민일申敏一이고 부친이 부사 신상申恦이다. 1646년(인조 24) 식년 진사시에
급제해서 함흥판관咸興判官을 지냈다. 1662년 증광문과에 병과로 급제했다. 강직
한 성품으로 직간을 잘했다. 1666년 전라도 암행어사로 파견되었다. 1669년에
집의가 되고 사간과 부수찬 등 대간의 직책을 두루 거쳤다. 1673년 효종대왕릉
을 옮기자는 천릉遷陵 논의가 일었을 당시 감조관인 이정기 등과 함께 묘소 옮기
는 일에 불복했다가 제주도 대정현으로 유배갔다. 숙종 초에 진도를 거쳐 강진
에 이배되었다가 1683년(숙종 9)에 풀려났다. 그는 강진 유배 시기에 백운동 별서

「백운동초당 8영」.

정원을 여러 차례 방문해 관련 기록을 많이 남겼다.

신명규의 백운동 시는 원제가 「백운동초당 8영. 주인 이연년을 위해 짓는다白雲洞草堂八詠. 爲主人李延年題」이다. 제목에 보이는 연년延年은 입산조인 이담로의 자다. 신명규가 이담로의 백운동 관련 글을 보고 그를 위해 친필로 시를 지어준 것을 보관했다가『백운세수첩』의 첫머리에 얹었다. 연배로는 그가 가장 높다.

한편 신명규의 저서에『묵재기문록默齋記聞錄』이 있는데 이 책 권3에도 백운동 관련 기록이 있다. 이 부분을 먼저 읽어보자.

> 월출산은 영암 땅에 있으니 남녘의 큰 산이다. 묏부리가 울창하게 푸른 것이
> 도봉산 삼각산과 방불하다. 산속에 도갑사와 무위사의 두 거찰이 있다. 도
> 갑사는 북쪽에 있는데 영암 땅이고 무위사는 남쪽에 있으니 강진 땅이다.

172

서로 떨어진 거리가 겨우 10리밖에 되지 않아 모두 빼어난 풍광을 유람하곤 한다. 무위사 법당 벽 위에는 오도자吳道子 친필의 불화가 있다. 나는 신유년 (1681) 4월에 진도로부터 강진에 이배되었다. 5월 15일 여러 손님과 함께 마침내 가서 구경했다. 가는 길에 월남촌月南村 이담로의 백운동초당에 들렀다. 이곳은 월출산 바로 아래로 시내가 흘러넘쳐 물길을 끌어 술잔을 흐르게 했다. 섬돌 사이로 매화와 대나무 및 여러 가지 꽃을 줄지어 심어 자못 그윽한 운치가 있었다.[29]

1681년 진도에서 강진으로 배소를 옮긴 그가 그해 5월 15일에 백운동초당을 처음으로 들른 사실이 확인된다. 글 속에 이미 유상곡수를 언급한 내용이 보인다. 또한 섬돌 사이 화계에 매화와 대나무 및 각종 꽃을 심어둔 그윽한 운치를 갖춘 곳이었다. 한 차례 인상적인 방문 이후 신명규는 백운동 별서 정원을 자주 드나들며 주인 이담로와 교분을 쌓고 시문을 지었던 것으로 보인다.

『백운세수첩』 첫머리에 실린 신명규의 「백운동초당 8영」 연작은 작품 끝에 "임술년(1682) 가을 8월 16일에 적와기객適窩畸客이 짓다壬戌秋八月旣望, 適窩畸客稿"라고 쓰여 있다. 이 연작은 그러니까 처음 백운동을 방문한 이듬해인 1682년 가을에 다시 찾아가서 지은 것이다. 적와기객이란 별호는 당시 그의 신분이 유배온 죄인이란 뜻이다. 시 여덟 수를 차례로 읽어본다.

| | |
|---|---|
| 섬돌 위엔 범상한 화초가 없고 | 堦上無凡卉 |
| 뜰 앞에는 오래된 솔이 서 있다. | 庭前有古松 |
| 주인이 취하는 바 무엇이던가 | 主人何所取 |
| 세한歲寒 모습 함께 지켜가려 함일세. | 共保歲寒容 |

정선대의 소나무.

첫 수는 백운동 별서 뜰 앞의 고송古松을 노래했다. 정선대 주변의 소나무를
지칭한 듯하다. 소나무는 공자가 『논어』에서 "날씨가 추워진 뒤에 소나무 잣나무
가 늦게 시듦을 안다歲寒然後, 知松柏之後凋"고 한 말의 의미를 되새기게 해준다. 이
담로는 뜰 앞에 고송을 심어 세한의 그 정신을 함께 지켜나가겠다는 의지를 천
명했다.

산음 땅의 운치가 절로 있는데        自有山陰趣

화정和靖의 매화를 보태었구나.        仍添和靖梅

| 달 밝은 밤이면 성근 가지가 | 踈枝明月夜 |
|---|---|
| 꽃잎을 몇천 번 희롱했던가. | 弄蕊幾千回 |

매화를 노래한 둘째 수다. 산음현 대나무의 운치에다 매처학자로 유명한 송대 은자 임포의 매화 아취를 더한 곳이 백운동이라고 치켜세웠다. 이어 밤에 성근 매화 가지 사이로 달빛이 쏟아지며 너울너울 꽃잎을 어루만지는 멋진 광경을 포착했다.

| 진당晉唐 시절 어진 선비 많았었는데 | 晉唐賢士多 |
|---|---|
| 꽃다운 이름 모두들 대를 빌렸지. | 芳名共借竹 |
| 이 때문에 서산의 꼭대기에는 | 爲是西山巓 |
| 맑은 바람 만고에 홀로 분다네. | 淸風萬古獨 |

대나무를 노래했다. 진대晉代의 죽림칠현을 비롯해 대나무를 차군此君이라 부르며 인격체로 대우해 아꼈던 동진東晉의 왕휘지 등 대나무를 사랑했던 명사의 옛 자취를 거론하고 나서 대숲에서 불어오는 만고청풍萬古淸風을 기렸다.

| 세상 맛 향내 누린내 다르다 해도 | 世味薰蕕別 |
|---|---|
| 그 누가 난초 사랑 알기나 할까. | 人誰解愛蘭 |
| 사랑키는 백운동 골짜기 안에 | 獨憐雲洞裏 |
| 맑은 향기 바람 난간 끼쳐옴일세. | 淸馥灑風欄 |

넷째는 난초다. 향초와 누린내 나는 풀의 구분이 분명해도 특별히 난초를 아끼는 까닭은 그 맑은 향기가 이따금씩 바람결을 타고 난간 가로 끼쳐오기 때문

이다. 세상의 향내니 누린내니 하는 구분이 의미를 잃고 마는 순간이다.

| | |
|---|---|
| 이들이들 천연스레 고운 자태라 | 濯濯天然質 |
| 옥 우물의 연꽃을 다퉈 일컫네. | 爭稱玉井蓮 |
| 천 년 전 주무숙周茂叔이 떠난 뒤에도 | 千季茂叔後 |
| 남은 향기 이제껏 전해온다오. | 餘馥至今傳 |

제5수는 연꽃이다. 송나라 때 주무숙(주돈이)의 「애련설愛蓮說」에서 끌어와 옥 우물 위로 솟은 연꽃의 천연스런 아름다움을 누구나 일컫지 않을 수 없다고 손 꼽았다. 시 속의 옥정련玉井蓮은 전정前庭, 즉 아래 마당의 방지方池에 솟아난 연꽃 을 말하는 듯하다.

| | |
|---|---|
| 그 누가 동리東籬 향해 돌아와서는 | 誰向東籬還 |
| 도연명의 국화를 다시 심었나. | 復種淵明菊 |
| 찬연히 거의 천 년 지나간 뒤에 | 燦燦幾千秋 |
| 유연히 남은 자취 바라본다네. | 悠然見遺躅 |

제6수는 도연명이 동쪽 울타리 가에서 국화 캐던 일을 떠올렸다. 도연명이 동 쪽 울타리 아래 열을 지어 심어놓고 유연히 남산을 바라보던 그 느낌 그대로여 서 천 년 뒤에 문득 그때의 자취와 마주하는 듯하다고 했다.

| | |
|---|---|
| 사람은 북창의 안에 있는데 | 人在北窓裏 |
| 무릎 위에 단금短琴을 걸쳐놓았네. | 膝上橫短琴 |
| 솔바람이 저 혼자 곡조를 골라 | 松風自度曲 |

천고에 희귀한 소리 들린다.                千古有希音

　제7수에서 노래한 대상은 거문고다. 주인은 북창 안에 앉아 있고, 그의 무릎
위에는 짤따란 금琴이 놓였다. 그는 손을 들어 연주하지 않지만 지나가는 솔바
람이 스스렁 현을 울려 천고에 듣기 힘든 아름다운 가락을 타고 지나간다.

　　　고담한 모습 지닌 주인옹께선                古貌主人翁
　　　해맑게 마른 모습 늙은 학 같네.             清癯似老鶴
　　　사람과 학 둘이 서로 만나게 되매            人鶴兩相逢
　　　너울너울 춤추며 길이 즐기리.               蹁躚長自樂

　마지막 제8수는 학이다. 백운동 마당에 학을 놓아길렀던 모양이다. 주인옹의
고담한 외모와 늙은 학의 청수淸瘦한 자태가 너울너울 가락에 맞춰 추는 춤사위
따라 자락自樂의 경계를 가꾸어간다고 썼다.
　신명규는 제주에서 진도로 유배지를 옮겼다가 1681년 4월 강진 땅으로 배소
가 바뀌었다. 그해 5월 15일에 백운동을 처음 찾았다. 이후 이듬해인 1682년 8
월 16일에 다시 이곳을 찾아 「백운동초당 8영」 연작을 남겼다.


## 창계 임영의 「백운동 8영」 외

『백운세수첩』에는 "임창계는 이름이 영이니 자는 덕함이다. 나주 사람이다.
벼슬은 대사헌을 지냈고, 인조 기축년(1649)에 태어났다林滄溪名泳, 字德涵, 羅州人.
官大憲. 仁祖己丑生"라며 임영林泳(1649~1696)을 소개하고 있다. 임영은 이단상李端

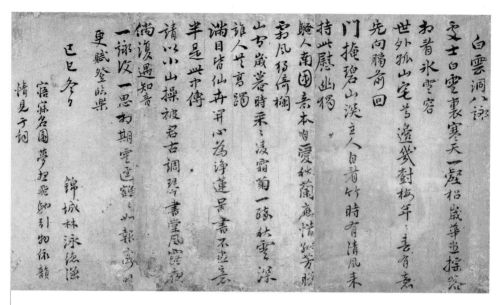

「백운동 8영」 외.

相·박세채朴世采의 문인으로 1665년(현종 6) 사마시에 장원하고 1671년 정시문과에 을과로 급제하여 벼슬길에 발을 들여놓았다. 이조정랑·부제학·대사헌·전라도관찰사 등을 역임했다. 1694년(숙종 20)에는 대사간·개성부유수 등을 지냈고 참판에 올랐다. 경학과 문장에 두루 밝았고 송시열宋時烈과 송준길宋浚吉에게 나아가 수학한 일도 있다. 나주 창계서원滄溪書院과 함평의 수산사水山祠에 봉향되었고, 저서로 『창계집』27권이 전한다.

임영이 남긴 「백운동 8영」은 『백운세수첩』에 신명규의 작품에 뒤이어 나란히 실려 있다. 작품 끝에 "기사년(1689) 겨울, 금성 사람 임영 덕함이 짓다己巳冬日, 錦城林泳德涵"라고 적었다. 또 "오매에도 그리던 이름난 정원을 몽상으로 날아가 달려가서 사물을 끌어와 운자에 따라 지으니 정이 글 속에 드러났다寤寐名園, 夢想飛馳,

178

引物依韻, 情見于詞"는 후기를 임영의 친필로 부기했다. 신명규가 지은 「백운동초당 8영」을 보고 7년 뒤 그 시의 운자에 따라 지은 것이다. 몽상으로 날아가 달려갔다 한 것으로 보아 임영이 이때 직접 백운동초당을 방문해서 지은 것은 아니다. 임영의 『창계집』 권2에는 이 시의 제목이 「백운동영차운白雲洞詠次韻 이담로 어른의 산거에 부쳐 보내다寄題李丈聃老山居」로 되어 있고 전체 8수 중 5수만 수록했다. 제1수와 2, 8수는 누락되고 없다. 이 작품 외에 『창계집』 권2에 「유백운동遊白雲洞 숙부 김백겸을 그리며有懷金叔伯兼」란 작품이 더 남아 있다. 8영에 앞서 지었다.

먼저 「유백운동 숙부 김백겸을 그리며」를 읽어보자.

| | |
|---|---|
| 이곳은 진작 자주 찾아왔던 곳 | 此地曾頻到 |
| 마을 사람 여태도 그댈 말하네. | 居人尙說君 |
| 흰 구름 구슬피 바라보려니 | 白雲空悵望 |
| 누런 잎 어지러이 흩날리누나. | 黃葉正繽紛 |
| 시내 구비 여기저기 둘러보아도 | 溪曲行應遍 |
| 이끼 사이 글자가 잘 뵈질 않네. | 苔間字未分 |
| 그때 지은 8영시가 좋다고 하나 | 當時八詠好 |
| 어디 가서 훌륭한 글 물어볼거나. | 何處問休文 |

김백겸이 즐겨 찾던 곳에 그를 그려 자신이 찾아왔다. 마을 사람들 입에서는 지금껏 그대의 이야기가 전해온다. 그리워 하늘을 보면 낙엽만 나부낀다. 글 속에서 보았던 '백운동' 암각 글씨를 찾으려 해도 눈에 잘 띄지 않는다. 그때 그대가 이곳에서 읊었던 「백운동 8영」 시는 이제 어디 가서 물어봐야 할까. 그렇게 지난 생각에 목이 메이고 만 내용이다. 김백겸이 지은 백운동 8영시도 따로 있었음을 알 수 있다.

다시 『백운세수첩』에 실린 「백운동 8영」 시를 차례로 읽어보자. 원제는 「백운동영차운白雲洞詠次韻 이담로 어른의 산거에 부쳐 보내다寄題李丈聃老山居」이다.

> 처사는 흰 구름 안에 계시니　　　　　　　　　處士白雲裏
>
> 찬 날씨에 골짝 가득 소나무일세.　　　　　　寒天一壑松
>
> 한 해 꽃들 모두 다 떨어진 뒤에　　　　　　歲華盡搖落
>
> 빙설 덮인 그 모습을 서로 보리라.　　　　　相看氷雪容

　　소나무 노래다. 백운처사 이담로의 거처에는 골짝 가득 낙락한 장송들이 찬 날씨에 하늘을 버티고 서서 만고상청의 자태를 뽐낸다. 겨울이 와서 온갖 꽃이 다 지고 나면 그제야 소나무는 빙설에 덮인 채 세한의 늠름한 자태를 드러내 보일 것이다.

> 세상을 벗어난 고산孤山의 댁엔　　　　　　世外孤山宅
>
> 술잔 곁에 몇 그루 매화가 있지.　　　　　　尊邊幾樹梅
>
> 해마다 봄이면 뜻이 있어서　　　　　　　　年年春有意
>
> 섣달 전에 제 먼저 피어나누나.　　　　　　先向臘前回

　　고산댁은 송대의 은자 임포의 집을 가리킨다. 이담로의 백운 별서를 임포의 고산댁에 견준 셈이다. 몇 그루 매화를 좌우에 둘러두고 술잔을 나눈다. 해마다 이른 봄 섣달이 채 오기도 전에 꽃망울을 부풀리는 그 매운 뜻을 아는가?

> 푸른 산 깊은 곳에 문 닫아걸고　　　　　　門掩碧山深
>
> 주인이 혼자서 대나무 보네.　　　　　　　　主人自看竹

| 이따금 맑은 바람 불어서 오면 | 時有淸風來 |
|---|---|
| 이를 잡고 외로운 삶 위로한다네. | 持此慰幽獨 |

굳게 잠긴 대문, 그 너머로 푸른 산이 깊다. 주인은 하는 일 없이 대나무를 본다. 이따금 맑은 바람이 댓잎을 흔들어 스스스 대숲에 소리 울리면 내 이 깊은 고독을 어루만져 위로해주는 것만 같다.

| 시인이 남국을 그리는 뜻은 | 騷人南國意 |
|---|---|
| 가을의 난초를 사랑해설세. | 本自愛秋蘭 |
| 외론 꽃 늦게 핌을 응당 아껴서 | 應惜孤芳晚 |
| 홀로 서리 바람에 난간 기댄다. | 霜風獨倚欄 |

내가 가을이면 남녘땅을 마음에 두는 까닭은 그 어느 산자락에 바람 맞아 피었을 난초의 향기를 그리워해서다. 온갖 꽃이 다 지고 난 뒤에 어느 깊은 가슴속에 그토록 매운 향기를 간직했다가 꽃으로 피우는가. 서리 바람에 문득문득 끼쳐오는 그 향기를 맡으려고 나는 홀로 난간에 기대선다.

| 산속에 한 해도 저무는 이때 | 山間歲暮時 |
|---|---|
| 서리 견딘 국화를 캐고 또 캔다. | 采采凌霜菊 |
| 가을 구름 깊은 데서 한번 취하니 | 一醉秋雲深 |
| 그 누가 높은 자취 함께하리오. | 誰人共高躅 |

산속에서 한 해가 또 뉘엿해진다. 서리 맞고 핀 국화를 따고 또 따서 그것으로 술을 담가 가을 구름 깊은 속에서 거나한 술잔을 기울인다. 뜨거운 술잔 따라

가슴에 차오르는 더운 기운이 있다. 누구와 더불어 이 느낌을 나누어 가질까?

| | |
|---|---|
| 보이는 것 죄다 귀한 풀인데 | 滿目皆仙卉 |
| 마음 열어주는 건 연꽃이라네. | 開心爲淨蓮 |
| 그림으론 다할 수 없는 그 뜻이 | 圖書不盡意 |
| 절반은 이 속에서 전해진다오. | 半是此中傳 |

　연꽃을 두고 옛사람은 정우淨友, 즉 정결한 벗이라고 불렀다. 연꽃과 마주하면 내 마음이 열린다. 활짝 열린다. 책을 읽어서는 채워지지 않는 의미가 있다. 머리로 따져서는 가닿지 못하는 지점이 있다. 그럴 때마다 연꽃 앞에 서면 어느새 가득 차고 어느덧 가닿는다. 개운해진다.

| | |
|---|---|
| 소산조小山操 구성진 오랜 가락을 | 請以小山操 |
| 그대 묵은 거문고에 얹길 청하네. | 被君古調琴 |
| 서당에 바람 이슬 청량한 밤에 | 書堂風露夜 |
| 게다가 지음까지 만났음에랴. | 倘復遇知音 |

　그대에게 「소산조」의 옛 가락 한 곡을 청한다. 오늘은 바람이 불고 이슬이 지는 밤이다. 마음에 맞는 벗이 곁에 앉아 있다. 그대의 마음을 들려다오. 내가 그 마음을 읽고 싶다. 거문고를 노래한 제7수다.

| | |
|---|---|
| 한 번 읊고 다시 한번 생각하노니 | 一詠復一思 |
| 눈길 위의 학을 서로 기약함이라. | 相期雪逕鶴 |
| 손님 옴을 학이 만약 알려준다면 | 鶴如報客時 |

「고산방학도孤山放鶴圖」, 정선, 비단에 엷은색, 22.8×27.8cm, 1750년경, 간송미술관 소장.

올라 보는 즐거움을 노래하겠네.                        更賦登臨樂


흰 눈이 소복소복 내린 길에 그 눈처럼 흰 깃털로 학이 서 있다. 내가 가면 그 옛날 임포의 학이 그랬던 것처럼 훨훨 날아올라 제 주인에게 손님 온 소식을 알려주겠지. 그러면 나는 다시 더 높은 곳에 올라가 먼 곳을 바라보는 기쁨을 시에 담아 노래할 것이다.

앞쪽의 「유백운동」을 보면 임영이 이곳에 직접 놀러 간 적이 있었던 것은 분명하다. 이제 이 「백운동 8영」은 그날의 방문 이후 눈에 암암 어려 잊지 못할 그곳의 풍광을 신명규의 여덟 수 가락에 맞춰서 화운하여 지은 것이다.


## 연민 이가원의 「백운동 8영」

이가원李家源(1917~2000)은 한문학자로 경북 안동 출신이며, 호는 연민淵民이다. 1939년 명륜전문明倫專門을 졸업하고, 1948년 성균관대와 1953년 동 대학원을 마쳤다. 이후 성균관대 문리대 교수와 연세대 교수를 지냈다. 『중국문학사조사中國文學思潮史』와 『한국 한문학사』 및 『옥류산장시화玉溜山莊詩話』를 비롯해 수많은 저서를 남겼다.

이가원의 「삼가 〈백운동초당 8영〉에 차운하다謹次白雲洞草堂八詠 소서小敍」는 1991년 원주 이씨 문중에서 『백운세수첩』을 새로 묶어 영인할 당시 이효우 선생의 의뢰로 지은 것이다. 8영시 계열 작품뿐 아니라 백운동을 노래한 한시 중 가장 최근에 창작된 것이다.

차례로 읽어보겠다. 먼저 서두에 얹힌 「소서」다.

조선조 효종과 현종 시대에 호남의 강진에 처사 이담로라는 분이 있었다. 일찍이 월출산 아래 백운동에 별업을 짓고 자호를 백운동은이라 하였다. 종유하던 적안適安 신명규와 창계 임영이 그를 위해 「백운동초당 8영」을 지어 그 맑은 절조를 칭송하였다. 이제 후손인 이효우李孝友 군이 내게 차운시를 청해 옛 두루마리 속에 싣겠다고 한다.[30]

이렇게 간단히 「백운동 8영」의 창작 배경을 설명하고 자신이 차운작을 짓게 된 계기를 얘기했다. 아래 제1수는 소나무를 노래한 것이다.

| | |
|---|---|
| 뜻 높은 이 시대와 못 만나듯이 | 高人時不遇 |
| 골에 누운 반송은 등이 굽었네. | 臥壑屈蟠松 |
| 주인옹이 외로이 어루만지니 | 主翁孤撫意 |
| 세한歲寒 자태 안타까워하는 것일세. | 遲鬱歲寒容 |

세상과 만나지 못해 숨어 사는 은자와 등이 굽어 기둥으로 쓰이지 못해 목수의 손을 타지 않은 반송은 등가적 심상을 만들어낸다. 주인은 날마다 소나무 등걸을 어루만지며 쓰다듬는다. 세한의 늠름한 자태를 지켜보면서 자신의 흔들리는 마음을 다잡겠다는 의미에서다.

| | |
|---|---|
| 그윽한 향 찬 꽃술에 떠다니더니 | 暗香浮冷蘂 |
| 한 가지 매화 위로 달이 오른다. | 月上一枝梅 |
| 푸른 깃 어이해 조잘대는가 | 翠羽何嘈喇 |
| 읊던 넋 가더니만 되돌아오네. | 吟魂去復回 |

암향이 부동浮動하는 속에 달빛 매화 한 가지가 꽃을 피웠다. 푸른 깃을 한 멧새가 찾아와 쉴 새 없이 조잘대며 반가운 내색을 한다. 저도 기쁘다는 뜻이겠지. 열심히 매화꽃과 대화하던 새가 제풀에 지쳤는지 어디론가 날아가더니 어느새 다시 돌아와 꽃가지 곁을 지키고 섰다. 미물들의 교감이 따뜻하다.

| | |
|---|---|
| 매화 읊는 흥취가 넉넉하더니 | 唫梅興有餘 |
| 눈 속에 찾아와서 대를 보누나. | 雪裏來看竹 |
| 모두들 푸른 수염 말들 하지만 | 擧言謂蒼鬒 |
| 그대 어이 푸르게 홀로 섰는가? | 君豈青也獨 |

이번엔 매화다. 백운동 별서의 눈 속 구경거리로는 대나무도 있다. 사람들은 세한의 소나무만 얘기하는데 눈 속에 마주하는 대나무의 독야청청도 만만치가 않다.

| | |
|---|---|
| 『이소』에서 난초 향기 진작 맡았고 | 楚騷曾聞馥 |
| 공자 또한 「의란조」를 지으셨다네. | 孔亦賦猗蘭 |
| 알아주는 이 없음을 슬퍼 말아라 | 莫慨無人識 |
| 봄바람에 난간에 홀로 기댄다. | 春風獨倚欄 |

네 번째 시에서는 난초를 노래했다. 굴원이 『초사』에서 노래하고 공자도 군자의 몸가짐에 견주어 의미를 부여했던 난초다. 알아주는 이 없어도 슬퍼할 것은 없다. 홀로 기댄 난간에서 봄바람 끝에 실려오는 난초 향기는 산림에 묻혀 사는 내게도 큰 위안이 된다.

| | |
|---|---|
| 바람 서리 흔들려 떨어질 적에 | 搖落風霜時 |
| 동리東籬에서 멋대로 국화를 캔다. | 東籬漫采菊 |
| 유연히 그리는 이 그 누구던가 | 悠然何所思 |
| 천고에 높은 자취 품어본다네. | 千古懷高躅 |

국화를 노래했다. 경쾌하게 관련 고사를 인용해서 시상을 풀어나갔다. 동리 채국東籬采菊은 진晉나라 도연명이 "동쪽 울타리 밑에서 국화를 캐다가 유연히 남산을 바라보노라采菊東籬下, 悠然見南山"라고 노래한 이후 국화를 얘기할 때면 으레 떠올리는 고사다. 국화꽃을 손에 들고 무슨 생각을 하는가? 천고에 그 높은 자취를 그리워한다.

「채국견남산도」, 노수현, 1975, 순천대박물관 소장.

| | |
|---|---|
| 맑은 향기 아득함을 아낄 만하니 | 可愛淸香遠 |
| 이야말로 군자의 연꽃이로다. | 是爲君子蓮 |
| 주염계周濂溪가 예전에 지은 「애련설」 | 濂翁曾有說 |
| 유가 묘리 이 속에 전해진다네. | 儒妙此中傳 |

　이번에는 연꽃에서 염계의 「애련설愛蓮說」을 떠올렸다. 염계의 이 글이 있기 전까지 연꽃은 그저 불교를 상징했다. 염계가 속은 비고 겉은 곧으며中通外直, 향기는 멀수록 더욱 맑은香遠益淸 연꽃의 미덕을 말하고 나자 이 꽃은 군자의 맑은 정신을 표상하는 것으로 변모했다.

서늘히 옛 가락을 머금고 있어 　　　　　　　　冷冷含古調

백운금白雲琴이라고 새겨놓았지. 　　　　　　　銘以白雲琴

내 중화의 기운을 길러주어서 　　　　　　　　養我中和氣

마음 다스려 어지런 소리 물리친다네. 　　　　　治心闢亂音

제7수의 대상은 거문고다. 서늘한 옛 가락이 백운금을 타고 울려 퍼진다. 거문고 소리는 중화中和의 기운을 길러주어 어지런 소리를 물리치게 하고 흐트러진 마음을 가지런하게 해준다.

소나무와 매화와 옛 거문고면 　　　　　　　　松梅與古琴

선학仙鶴이 없다 해도 견딜 수 있네. 　　　　　可耐無仙鶴

그들의 친구 되는 백운옹께서 　　　　　　　　其友白雲翁

함께하니 이 또한 즐겁잖겠나. 　　　　　　　相須不亦樂

마무리는 정한 순서에 따라 학을 꼽았다. 소나무와 매화, 거문고면 충분하겠지만 백운옹이 고결한 흰 학을 벗으로 삼아 한 자리를 따로 마련해두었으니 이 또한 즐거운 일이 아닐 수 없다.

이가원의 「백운동 8영」은 대체로 예전의 시운을 빌려 각 사물의 전형적인 심상을 끌어와 소회를 펼치는 방식으로 지어져 백운동의 공간성이 구체적으로 드러나지는 않는다. 이 점이 조금 아쉽다.

이상 다섯 사람의 8영시 계열 작품을 차례로 읽어보았다. 처음 김창흡·김창집 형제의 작품은 5언 6구의 형식에 맞춰 나란히 지었고, 신명규와 임영, 그리고 최근의 이가원은 5언 4구로 8영시를 각각 지었다. 8영이라도 소재만 같을 뿐 두 가지 계열이 있음을 알 수 있다.

후기 12경시 계열 연작

후기 12경시 계열의 연작은 1812년 다산 정약용이 지은 「백운동 12경」 연작 이후 열두 곳의 풍경점에 따라 지은 작품군을 말한다. 다산의 연작은 앞 절에서 이미 상세히 읽었으므로 여기서 다시 읽지는 않는다. 앞선 8경시 계열이 구체적 공간이 아닌 사물을 노래한 데 반해 다산이 명명한 백운동 12경은 백운동 별서 정원의 실제 공간을 특정한 것이어서 이후 백운동의 풍경점을 일컫는 하나의 기준이 되었다. 제자 황상이 이를 이어 13경시를 짓고, 이시헌이 좀더 부연해 백운동 14경으로 확대함으로써 다산이 꼽은 12경은 백운동을 상징하는 대표성을 띠게 되었다.

# 치원 황상의 「백운동 자이당 이시헌의 유거에 제하다」 외 16수

황상黃裳(1788~1870)은 평생을 다산의 그림자로 살았던 사람이다. 다산의 유배생활이 두 해째 접어들던 1802년 10월 강진 동문 밖 주막집 봉놋방에서 서당을 열었을 때 집 앞에서 공놀이를 하다가 다산에게 붙들려가 사제의 인연을 맺게 되었다. 공부를 시작한 지 사흘째 되던 날 다산은 황상을 따로 불러 저 유명한 「삼근계三勤戒」의 가르침을 남긴다. 이 일로 그의 인생이 송두리째 바뀌었다. 그는 평생을 곁눈질하지 않고 스승의 가르침대로만 살았다. 아전의 아들이었고 그나마 은자의 삶을 살았던 그가 추사 형제의 지우知遇를 입어 중앙 시단에 우뚝한 명성을 드러내는 과정은 그 자체로 드라마틱하다. 이에 대해서는 일찍이 필자의 『삶을 바꾼 만남』이란 책을 통해 자세히 정리한 바 있으므로 여기서는 되풀이하지 않겠다.

그의 『치원유고厄園遺稿』에는 단 한 수의 백운동 시만 있었는데, 최근 새롭게 발굴된 그의 『치원소고厄園小稿』 권5에서 다산의 『백운첩』에 실린 시 13수의 차운작과 백운동 이시헌에게 보낸 별도의 2수 등 모두 15수의 백운동 시가 무더기로 나왔다. 황상이 70세 나던 1857년에 지은 작품이다. 그의 시는 구법이 어렵기로 소문났다. 이 연작 또한 의미 파악이 쉽지 않다. 차례로 읽어본다.

먼저 읽을 시는 『치원유고』 권3에 실린 「백운동 자이당 이시헌의 유거에 제하다題白雲洞李自怡叔度幽居」이다. 문집의 순서로 보아 1855년에 쓴 작품으로 여겨진다.

구름 깊어 들 늙은이 사는 줄을 알고서 　　　　　　雲深知處野人翁
물길 따라 꽃을 둘러 예까지 이르렀네. 　　　　　　逐水樊花到此中
간밤 비에 일만 줄기 대나무선 향기 나고 　　　　　萬竹香生前夜雨

|  |  |
|---|---|
| 해묵은 산바람에 온 시내에 소리 가득. | 一溪聲入古山風 |
| 있는 듯 없는 길이 정선대로 향해 있고 | 有無路向停仙得 |
| 오르내려 가다보면 월출산 꼭대기리. | 上下行當月出窮 |
| 열두 수 남기신 시 여태도 남아 있어 | 十二遺吟今尚在 |
| 희미한 그 자취에 외론 마음 느낌 인다. | 依俙蹤跡感孤衷 |

작품 끝에 "다산 선생님께서 일찍이 이곳에 놀러 오셔서서 12수를 읊으신 것이 있다茶山夫子甞游此, 有十二吟"라고 써서 다산의 12경시를 염두에 두고 자신이 이곳을 직접 찾았음을 분명히 했다. 구름이 자욱한 골짜기라 은자의 거처가 있을 줄로 짐작했다. 물길 따라 올라오다보니 꽃 울타리에 둘러져 있는 백운동 별서에까지 이르렀다. 대숲에선 간밤의 빗기운에 댓잎 향기가 청신하고 산바람은 시내에 입김을 크게 불어넣는다. 정선대로 오르는 길은 있다 없다 하며 이어진다. 길을 따라 이대로 주욱 올라가면 월출산 꼭대기에까지 닿을 수 있을 것이다. 이곳에는 스승께서 남기신 12수 시의 자취가 여태도 남아 있다. 스승께서 서성이시던 그 여운을 찾아 내가 오늘 그리움 속에 이곳을 맴돈다. 아마 1853년 9월 황상의 4차 상경 당시 다산의 아들 정학연을 통해 백운동의 아름다운 풍광에 대해 이야기를 전해 듣고 직접 찾아갔던 것으로 보인다.

다시 두 해가 더 지나 황상은 백운동과 관련된 시 15수를 작심하고 지었다. 「백운옥의 이자이에게 부치다寄白雲屋李自怡」 2수를 먼저 읽는다. 백운동 연작의 서두를 여는 작품이다.

|  |  |
|---|---|
| 정선대와 노학암은 거리가 아득해서 | 停仙老學兩茫然 |
| 비와 눈에 아옹대다 여러 해가 지났네. | 雨雪交爭已舊年 |
| 오징어 먹 어느새 붉은 나비 소식 되어도 | 鯛墨翻成紅蜨信 |

| | |
|---|---|
| 늙고 쇠해 시 읽던 인연 헛되이 저버렸지. | 龍鍾虛負朗詩緣 |
| 한갓되이 남능南能 무리 허락코자 하다가 | 徒空欲許南能輩 |
| 고요히 북수北秀 어짊 구하는 것 같구나. | 惟寂如求北秀賢 |
| 내게 봄바람 나눠줌 머잖은 줄 알겠으니 | 惠我春風知不遠 |
| 그윽한 흥취 좇아 귀한 자리 참석하리. | 須從幽興汙芳筵 |

　백운동에 정선대가 있다면 자신의 백적산장白磧山莊에는 노학암老學庵이 있다. 하나는 강진군 성전면의 북쪽 끝 월출산 아래에 있고 다른 하나는 강진군의 남쪽 끝 대구면 백적동에 있다. 작정하고 오기로 하자면 한나절 거리이지만 찾아오는 데 이토록 오랜 시간을 보내고 말았다. 오징어 먹물로 쓴 글씨는 선명해도 얼마 안 가 다 지워진다. 지키지 못하는 약속을 말할 때 쓰는 표현이다. 이제껏 공수표로 날린 약속을 이번 봄 호랑나비와 함께 지켜볼까 하고 찾아왔다.

　5, 6구의 남능南能과 북수北秀는 전형적인 황상식의 표현법이다. 불교 용어를 끌어왔다. 남쪽 혜능慧能의 선법禪法과 북쪽 신수神秀의 교법敎法을 갈라 말했다. 시에서는 그동안 남쪽 노학암만 가꿔오다가 이제 북쪽 백운동을 구경하게 되었다는 정도의 의미로 썼다. 7, 8구로 보아 당시 이시헌의 집에서 곧 큰 잔치가 있을 터라 황상을 초대하는 편지를 보냈던 듯하다. 황상은 초대에 기꺼이 응하겠다며 감사의 답장으로 시를 지어 보냈다.

　제2수를 마저 읽어보자.

| | |
|---|---|
| 운당곡엔 언제나 비가 내려서 | 恒雨篔簹谷 |
| 늘 봄이라 늙지도 않을 것 같네. | 長春不老如 |
| 유산이 진작 내게 일러줬지만 | 酉山曾說我 |
| 계곡 바위 정말 나를 놀래켰었지. | 磎石果驚予 |

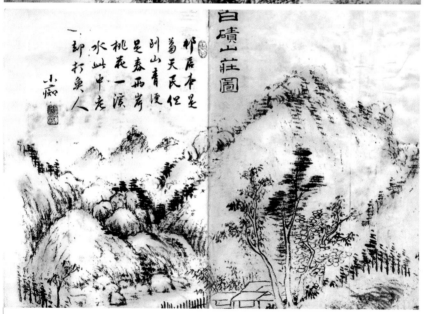

소치 허련이 그린 「일속산방도」(위), 「백적산장도」, 개인.

| 아득한 경치가 참말 그윽해 | 幽境眞幽境 |
| 세상에 보기 드문 은거지였네. | 隱居罕隱居 |
| 물 끝난 곳 구름 또한 일어나거니 | 水窮雲亦起 |
| 이곳에서 성품을 길러볼거나. | 頤養性之於 |

운당곡 왕대나무 골짝에는 언제나 비가 내린다. 댓잎을 구르는 이슬이 빗방울로 떨어지는 까닭이다. 장춘長春은 동백의 별칭이기도 하다. 백운동 동백이 그 이슬을 받아 늘 싱싱한 봄날 같다는 뜻으로 읽을 수도 있다. 유산酉山은 다산의 맏아들 정학연이다. 황상은 유산에게 백운동의 승경을 귀에 못이 박히도록 듣다가 막상 와보곤 명불허전의 아름다운 풍광에 그만 놀라고 말았다. 은거하여 성품을 기르기에는 자신의 노학암 못지않게 대단하다는 뜻이다.

다음 시는 「열수 선생님의 〈기백운동이씨유거〉를 삼가 차운하다敬次洌水夫子寄白雲洞李氏幽居」란 작품이다. 여기부터가 다산의 백운동 시 13수를 차례로 차운한 것이다. 백운동에 가서 쓴 것이 아니라 백운동 방문을 앞두고 선물을 겸해 예전 스승의 시에 짝을 맞춰 지었다.

| 망천輞川과 이도履道가 유독 훌륭하더니만 | 輞川履道獨元貞 |
| 이씨의 백운동도 마음에 흡족하다. | 李子雲區亦暢情 |
| 가을 지나 봄이 옴은 오직 천명이거니 | 秋老春生惟聽命 |
| 노을 짙고 안개 깊어 문득 말을 삼키네. | 霞濃霧暗卻吞聲 |
| 대나무 향 아무래도 원구員邱의 종자겠고 | 竹香無乃員邱種 |
| 석영石影도 남전 옥만 못하지 않으리라. | 石影不辭藍玉瑛 |
| 역대의 서책에서 빠진 것을 채워두고 | 曾世圖書隨缺補 |
| 그 가운데 산빛을 저절로 맹세하리. | 中條山色自然盟 |

망천은 당나라 때 왕유王維의 별업이 있던 곳이다. 이도는 낙양의 골목 이름으로 백거이白居易가 살았던 장소다. 두 곳 모두 대숲과 연못을 갖춰 임천林泉의 운치가 넘쳐났던 명소다. 원정元貞은 원형이정元亨利貞을 줄여 표현한 것으로 모든 것이 다 갖추어져 훌륭하다는 의미로 썼다. 망천 별업과 이도의 원림만 대단한 줄 알았는데 백운동에 와보니 그에 못지않더라는 말이다. 계절의 오고 감이야 천명을 따른다지만 골짜기의 노을과 안개가 빚어내는 몽환적인 풍광 앞에서는 할 말을 잊고 만다. 5구의 죽향竹香으로 백운동을 말하고, 6구의 석영石影은 황상의 거처인 노학암의 다른 이름이 석영옥石影屋인 줄을 안다면 두 곳을 견줘 말한 비유임을 알아채기가 어렵지 않다. 두 집의 주인은 저마다 서재에 도서를 갖춰두고 그 사이로 산 빛을 흘려 자연과 더불어 살아가자고 다짐했다.

이제 읽을 것은 제1경 「옥판봉玉版峯」이다. 역시 다산의 원운原韻에 따랐다.

| | |
|---|---|
| 꼿꼿이 우뚝 선 저기 옥판봉 | 亭亭玉版峯 |
| 정상 등정 해본 사람 아주 드물지. | 每人罕摩頂 |
| 선생께서 평소의 뜻 이루시려고 | 夫子逞素志 |
| 올랐다간 시린 추위 근심하셨네. | 登臨愁骨冷 |
| 내려와선 오르신 일 후회한 것이 | 及下悔初上 |
| 범이 함정 두려워하듯 하셨지. | 如虎畏檻穽 |
| 괴로이 해마海馬 같은 건강 없이는 | 苦無海馬健 |
| 구정봉 정상은 넘볼 수 없네. | 未能窺九井 |
| 깎아 세워 한 치의 흙조차 없어 | 削立無寸土 |
| 범증范增의 굳셈 도움 받아야 하리. | 范增犳骨鯁 |
| 선각仙閣에 날아오름 설령 못 해도 | 縱乏飛仙閣 |
| 곳마다 모두 다 진경眞境이로세. | 處處是眞境 |

옥판봉.

| 어디에도 없을 법한 기이함 많아 | 奇多不合有 |
| 사람의 옷깃을 떨치게 하네. | 如人振衣領 |
| 또 마치 아들이 아비 섬기듯 | 又如子事父 |
| 관을 쓰고 갓끈에 옥홀玉笏 꽂았네. | 正冠綏搢珽 |
| 산속 해는 가는 것이 높지를 않아 | 山日行不高 |
| 골짝 새 나는 그림자 끊어졌구나. | 谷鳥絶飛影 |
| 이 걸음 어이 흥을 내려 함이리 | 此行豈乘興 |
| 그저 병든 다리를 시험함일세. | 爲試病瘇脛 |

| | |
|---|---|
| 사물에 얽매임은 그렇다 쳐도 | 物累非所論 |
| 마음에 맺힌 것은 풀 수 있으리. | 鬱結可以逞 |
| 나는 지금 가야산서 밭을 가노니 | 予時耕伽耶 |
| 옛 생각에 적막함만 일어나누나. | 追恨生寂靜 |

서두에서 스승 다산이 등정에 실패했던 일을 떠올렸다. 다산의 원시가 그 사연을 설명한 것이어서 호응했다. 해마海馬는 앞 어깨에 갈기가 달려 불이 치솟는 형용을 한 상상의 말이다. 불기운을 품었다. 군사가 의장할 때 이 해마를 그린 깃발을 앞세워 행진한다. 자신의 이번 백운동 걸음 또한 옥판봉 정상 등정에 목적이 있진 않고 병든 다리를 시험할 겸 가는 걸음이라고 했다. 산을 올라도 해마 같은 굳셈이 없고 보니 굳이 정상까지 등정할 욕심은 없다. 이 길 이 숲이 예전 스승께서 지나셨던 곳이로구나 하는 생각만으로도 마음이 짠할 것이다. 가야산 자락에서 밭 갈며 떠올리는 옛 생각이 쓸쓸하기만 하다.

| | |
|---|---|
| 동백숲 머리 실을 드리운 길은 | 山茶絲髮徑 |
| 온종일 다만 그저 맑은 그늘뿐. | 終日但淸陰 |
| 둥글둥글 동백 열매 가지에 달려 | 顆顆偭揷上 |
| 붉은 옥의 마음을 머금었으리. | 應含紅玉心 |

두 번째로 읽을 시는 「산다경山茶徑」이다. 동백나무가 길게 실을 드리운 길을 따라 걷는다. 하도 울창해 하늘 해가 보이지 않아 종일 가도 맑은 그늘 속이다. 둥글둥글 동백 열매가 가지마다 탐스럽게 달렸으니 그 속에 저마다 붉은 옥을 품고 있을 것만 같다.

| | |
|---|---|
| 이끼 낀 섬돌 위에 백 그루 매화 | 百梅苔塇上 |
| 붉은 꽃 아닌 것이 하나도 없네. | 一無不小紅 |
| 산 사람 아주 깊은 우정을 맺어 | 山人深結友 |
| 빗소리 속 작별할까 염려하누나. | 恐別雨聲中 |

세 번째 시는 「백매오百梅塢」다. 백운동의 매화는 백매가 아닌 홍매였던 모양이다. 집 둘레에 가득한 홍매가 눈 속에 꽃을 피운 장관은 상상만 해도 근사하다. 홍매는 주인과 더없는 친구인데 봄비가 내려 그 꽃을 떨구면 어쩌나 하고 염려한다는 뜻이다.

| | |
|---|---|
| 태초의 빛깔을 응당 알아서 | 應識太初色 |
| 이제껏 예로운 빛 변함이 없네. | 至今古不渝 |
| 가을 오면 곁에서 돕는 것 있어 | 秋來傍助者 |
| 단풍잎 비추어 아주 빨갛다. | 楓葉照成朱 |

네 번째 「창하벽蒼霞壁」은 풍단楓壇이 있는 절벽이다. 1구는 원래 '만고창하벽萬蒼霞壁'이던 것을 나중에 다듬어 고쳤다. 검푸른 바위를 태초의 색이라고 설명했다. 다산의 그때나 지금이나 변함없을 것이다. 가을이 오면 빛깔 고운 단풍잎이 이 어두컴컴한 바위 주변을 온통 붉게 물들여 불붙은 듯 난리가 난다.

| | |
|---|---|
| 대나무와 더불어 형제가 되니 | 與竹宜兄弟 |
| 향기 내며 아주 오래 아낌 받았네. | 生香守愛長 |
| 1년 내내 시원스런 그림자 지워 | 滿年瀟灑影 |
| 옛 시내의 서늘함을 보태주나니. | 添作古溪涼 |

「정유강貞蕤岡」은 정선대 옆 소나무 언덕이다. 백운동의 소나무와 대나무는 만고상청萬古常靑의 푸름을 거둘 줄 모르는 형제다. 아름드리 낙락장송에서 풍겨나는 솔 향내는 오래도록 집주인의 사랑을 한 몸에 받아왔다. 그 푸른 그림자가 옛 시내에 시원한 그늘을 1년 내내 드리워준다.

> 매화 언덕 가난한 선비와 같고　　　　　　　梅塢如貧士
>
> 모란은 부호와 비슷하구나.　　　　　　　　牡丹似富豪
>
> 다만 그저 난만히 핀 꽃이나 보지　　　　　　但看花爛漫

제4장 백운동을 노래한 역대 인물과 시문

자황紫黃의 수고로움 어이 택했나.　　　　　　　　　何擇紫黃勞

「모란체牡丹砌」 시다. 백매오의 풍광이 가난한 선비의 조촐함이라면 화계에 줄
지어 심은 모란은 배 나온 부호가 거들먹대는 느낌이다. 게다가 자황빛의 화려
한 모란은 포기 나누는 법이 까다로워 번식에도 특별히 손이 많이 간다. 그래도
주인은 그 수고를 안 아끼고 화단 가득 모란을 심어놓았다. 살림은 빈사貧士의
그것일망정 뜻만큼은 호화로운 부호처럼 지내보자 한 것일까?

옛날이라 한댔자 얼마 됐으리　　　　　　　　　　成昔雖何世
그래도 빛을 발함 예스럽다네.　　　　　　　　　　猶云古放光
황량하게 무너진 섬돌만 남아　　　　　　　　　　荒涼餘毀砌
봄날이면 벌통을 모아두었네.　　　　　　　　　　春日集蜂房

사랑채를 노래한 「취미선방翠微禪房」이다. 당시 취미선방은 이미 허물어지고 없
었던 모양이다. 벌써 옛날이야기가 아니냐며 황량하게 무너진 빈터의 섬돌 위에
봄날 꿀벌 채취를 위한 벌통이 옹기종기 모여 있다고 썼다.

초강의 비단 나무 심지도 않는데　　　　　　　　　楚江錦樹不須栽
여기저기 돋아나 석대를 에워쌌네.　　　　　　　　隨處生生繞石臺
솔길 앞머리로 호랑나비 날더니만　　　　　　　　松徑前頭紅蜨散
죽정竹亭의 한켠으로 취한 사람 오누나.　　　　　　竹亭邊外醉人來

다시 「풍단楓壇」 시다. 중국 강남땅의 곱디고운 단풍나무는 특별히 옮겨 심은
적도 없는데 저절로 자라나 창하벽 둘레를 빙 둘러 에워쌌다. 정유강으로 오르

풍단의 단풍나무.

는 길섶으로 갑자기 호랑나비가 놀라 날더니 아래 죽정 쪽에서 거나하게 취한 한 사람이 비틀비틀 풍단을 향해 걸어오고 있다. 가을날 불콰한 얼굴 위로 붉은 단풍빛이 어리기라도 하면 그만 불이 붙을 것만 같다.

| | |
|---|---|
| 상쾌한 기운 아침 해에 찾아와보면 | 爽氣來朝日 |
| 해맑은 소리 홀로 늦가을이리. | 瀟聲獨晚秋 |
| 인연 따라 내 손에 떨어지거나 | 爲緣落我手 |
| 아니면 시냇가에 임해 있겠네. | 無乃臨溪頭 |

| 가는 곳 바위 구름 묵직도 하고 | 行地巖雲重 |
| 때 아니게 골짝 새들 그윽도 하다. | 非時谷鳥幽 |
| 인간세상 어드메에 있다 하여도 | 人間何處在 |
| 뜬 나그네 근심할 것 하나도 없네. | 浮客未曾愁 |

　　제목은 「정선대停仙臺」다. 정선대는 창하벽 위쪽에 얹혀 있는 정자다. 그 옆이 정유강이고 아래쪽은 풍단이다. 신선이 멈춰 쉬어가는 곳에 늦가을 쓸쓸한 소리를 들으며 찾아간다. 아침 햇살에 상쾌한 기운이 가득하다. 단풍잎은 인연 따라 내 손에 떨어지거나 냇물에 떠서 어디론가 흘러갈 것이다. 월출산 꼭대기의

정선대.

구름은 제가 무슨 바위인 양 무겁게 드리웠고 골짜기 새도 울적한지 소리를 내지 않는다. 인생길 어딘들 근심 없으랴. 훌훌 털어 내던져버려야지 어이 지닌 채 찌든 삶을 살겠는가.

| | |
|---|---|
| 그대 못 봤나 백운거사 동산 가득 대를 길러 | 君不見白雲居士養竹滿山園 |
| 여러 종류 대나무 뿌리 땅에 온통 가득하다. | 却如帝竹 竹走霜根 |
| 어느 틈에 길이 알려 번거로이 자로 잴까 | 何暇驗長煩尋尺 |
| 얼마 후면 번드쳐 눌러 구름 바위 나란하리. | 未幾翻壓盧雲石 |
| 노을 처마 냇가 대문에 면목을 보태주니 | 霞櫓溪戶增顔面 |
| 높은 선비 달려와서 날마다 서로 보리. | 高士徑造幾相見 |
| 그 절개 본받아 임금 위해 충성하고 | 勸君效節爲人忠 |
| 그릇 담아 부엌 요리 충당 않기 권하노라. | 莫與器之庖廚充 |
| 들자니 울릉도엔 대나무가 단 묶은 듯 빼곡해 | 聞道鬱陵森似束 |
| 새로 자궁慈宮 크게 지으며 금함을 풀었다지. | 弛禁新自大慈宮 |

「운당곡篔簹谷」이다. 왕대나무 숲을 노래했다. 대숲에는 여러 종류의 대가 자란다. 제죽帝竹은 순 임금이 죽자 두 왕비가 따라 죽어 묻힌 자리에서 돋았다는 얼룩무늬가 있는 반죽斑竹이다. 이런저런 대나무의 뿌리들이 땅 위로 얼키설키 얽힌 채 내달린다. 하루가 다르게 하도 쭉쭉 자라서 길이를 재고 말고 할 것도 없다. 대숲이 있어서 백운 별서의 면목이 한결 근사하다. 대나무를 이렇게 기르는 뜻은 어디에 있나? 대나무의 절개를 배워 임금께 충성코자 함이다. 죽순을 끊어다가 요리할 재료를 얻기 위해서가 아니다. 울릉도의 대숲에는 대나무가 하도 빼곡해 마치 한 단 두 단 묶어둔 것 같다고 한다. 이곳도 그에 못지않다. 금번 자궁慈宮을 확장하면서 울릉도 대나무를 가져가기 위해 금벌禁伐을 풀었다고 들었

다. 이곳의 왕대도 나랏일을 위해 쓰는 것이 마땅하지 않겠는가? 단순히 대나무만 말하지 않고 백운동 주인의 경륜도 나라를 위해 쓰일 수 있기를 바라는 마음을 함께 담았다.

| | |
|---|---|
| 밤중엔 옛 거울이 잔잔하더니 | 當宵安古鏡 |
| 비와 만나 산 시내와 합쳐지누나. | 值雨合山泉 |
| 그 누가 신선술을 얻길 원해서 | 誰願仙家術 |
| 해맑게 눈앞에 놓아두었나. | 淸淸在眼前 |

「홍옥담紅玉潭」이다. 다산은 홍옥폭紅玉瀑이라 했다. 폭포 아래 작은 못을 말한다. 평소엔 해묵은 청동거울같이 잔잔하던 수면이다. 그러다가 비라도 한번 쏟아지면 산골 물과 합수되어 일렁이며 차서 넘친다. 홍옥紅玉은 장생불사 단약의 형상이다. 신선이 되고 싶은가? 이 못의 홍옥을 마시면 되리라.

| | |
|---|---|
| 굽이진 물 흘러가다 곧게 되어서 | 曲水流成直 |
| 잔잔히 울림 벽을 돌아 나온다. | 平安出響墻 |
| 굽이굽이 능히 술을 실어 나르니 | 回回能載酒 |
| 머문 손님 뜬 술잔에 담뿍 취한다. | 留客醉浮觴 |

「유상곡수流觴曲水」다. 다산과 달리 마지막에 배치했다. 굽이굽이 꺾여 돌던 물이 하지下池에서 꺾이면서부터는 아주 곧게 직선 주로를 내달려 담장을 낀 채 대문 밖으로 되돌아 나간다. 위쪽에서 연신연신 술잔을 띄워 보내므로 아래쪽에 머물며 시를 읊던 손님들은 술잔을 처리하랴 시를 지으랴 하다보면 어느새 까부룩 술에 취하고 만다.

유상곡수.

　이상 황상의 「백운동 12경」 연작을 차례로 읽어보았다. 황상은 스승 다산의
옛 자취를 더듬다가 백운동의 풍광에 마음이 오래도록 붙들렸던 모양이다. 그
래서 15수의 시를 연달아 지어 넘치는 정회를 지그시 눌렀다. 다산의 시와 함께
읽으면 백운동의 풍경이 어느새 가슴속에 깊이 새겨진다.

# 자이당 이시헌의 「백운동 14경」 외

백운동 별서의 주인이었던 다산의 제자 이시헌도 백운동 14경을 노래했다. 다산의 12경에 2경을 보탠 것인데, 그가 꼽은 14경은 백운동白雲洞·자이당自怡堂·천불봉千佛峯·정선대停仙臺·백매원百梅園·만송강萬松岡·운당곡篔簹谷·산다경山茶徑·모란포牡丹圃·영홍체暎紅砌·창하벽蒼霞壁·홍옥담紅玉潭·풍단楓壇·곡수曲水다. 다산의 12경과 비슷하나 이름이 조금씩 차이난다. 취미선방은 자이당으로 이름을 바꿨고, 모란체가 모란포와 영홍체로 나뉘었다. 화계花階의 구획이 하나 더 느는 셈이다. 이 연작시는 이시헌의 문집인 『자이당집』 상권에 실려 있다. 원제는 「운곡 잡영을 모의하여 14경으로 짓다擬雲谷雜詠賦得白雲十四景」이다. 운곡 잡영이란 다름 아닌 다산의 『백운첩』에 실린 시를 가리킨다. 여기에 2경을 보태고 별도의 운을 썼으므로 차운이라 하지 않고 '의擬'자만 붙였다. 이 시는 1852년에 지었다. 앞서 읽은 황상의 시보다 5년 먼저 썼다. 이시헌의 생애는 앞 절에서 소개한 바 있다.

이시헌은 백운동 14경을 차례로 노래한 후 끝에 전체 시를 총괄한 「총영總詠」한 수를 덧붙여 마무리지었다. 「총영」을 먼저 읽는다.

| | |
|---|---|
| 솔과 계수 깊은 골목 벽려로 문을 삼아 | 松桂巷深薜荔門 |
| 한 구역을 단장하여 작은 원림 얻었네. | 一區粧得小邱園 |
| 천봉은 가만 서서 고요한 맘 지켜보고 | 千峯靜立觀心靜 |
| 만폭은 떠들썩 세간 소음 씻어준다. | 萬瀑喧廻洗俗喧 |
| 골짝 이름 화양 은자 지닌 물건 이름삼고 | 峒號華陽持贈物 |
| 집은 바로 왕마힐의 그림 속 마을일세. | 家在摩詰畫圖村 |
| 금서琴書의 유업遺業으로 생애가 족하거니 | 琴書遺業生涯足 |
| 도원桃源에서 자손 기름 하나도 안 부럽다. | 不羨桃源長子孫 |

깊은 숲속에 집이 한 채 있다. 천봉은 고요히 주위를 에워싸고 만폭은 떠들썩 세속의 소음을 차단한다. 5구에서 말한 화양華陽의 지증물持贈物은 고사가 있다. 양梁나라 도홍경陶弘景이 화양 땅에 숨어 살며 왕이 여러 번 불러도 나오려 하지 않았다. 고조高祖가 그를 만나러 갔다가 대체 산중에 무엇이 있기에 나올 생각을 않느냐고 묻자 그는 대답 대신 시 한 수를 건넸다. "산속에 무엇이 있냐 하시니, 고개 위엔 흰 구름 많기도 하지요. 다만 혼자서 기뻐 즐길 뿐, 임금께 드리진 못한답니다山中何所有, 嶺上多白雲. 但可自怡悅, 不堪持贈君." 산속에는 백운이 있어 이를 홀로 기뻐할 뿐 가져다드릴 수는 없다고 했다. 이 골짜기의 이름이 백운동이란 말을 이렇게 돌려서 했다. 이시헌의 호인 자이당自怡堂도 바로 3구의 '자이열自怡悅'에서 따왔다. 6구 왕마힐의 그림 속 마을이란 왕유의 망천 별업과 비슷하단 의미다. 이곳이 바로 무릉도원과 같으니 그 속에서 금서琴書를 벗 삼아 늙어가는 생애가 그 자체로 넉넉하다.

이제 이시헌의 「운곡 잡영을 모의하여 14경으로 짓다」 14수를 차례로 읽어보겠다. 제1수의 제목은 「백운동白雲洞」이다.

| | |
|---|---|
| 푸른 산 어느멘들 구름 날지 않으랴만 | 靑山何處不雲飛 |
| 다만 그저 한옹閑翁만이 함께 돌아간다네. | 只是閑翁與共歸 |
| 구름은 무심하고 늙은이는 즐거워서 | 雲自無心翁自樂 |
| 백 년 인생 시비일랑 모두 다 잊는다오. | 百年忘是復忘非 |

청산과 백운은 늘 동무다. 그러니 푸른 산속의 원림을 굳이 백운동으로 명명할 것이 없다. 그래도 이곳의 이름을 백운동이라 붙인 것은 구름의 무심無心을 주인옹의 마음속에 깃들여 백운과 더불어 자락自樂코자 함이다. 백운의 무심을 지녀 망시망비忘是忘非, 즉 옳고 그름을 따지는 것 자체를 아예 잊어버리고 살겠노

라는 다짐을 담았다.

자이自怡는 내 마음의 한가로움 말함이니        自怡只是我心閑
산마루 가는 구름 아무 상관 하지 않네.        嶺上歸雲揔不關
천 년 전 화양 선생 시 속에서 하신 말씀        千載華陽詩上語
먼 데 정이 청산 외려 저버릴까 걱정일세.        遐情猶恐負靑山

둘째 수인 「자이당自怡堂」이다. 다산이 취미선방이라 명명했던 그 공간을 자신의 호를 따서 이렇게 바꾸었다. 자이는 혼자 즐거워한다는 말이다. 무엇이 즐거운가? 내 마음에 계교하는 뜻이 없어 유유히 한가로운 것을 기뻐한다. 예전 화양 은자 도홍경은 고개 마루 위의 흰 구름을 굳이 꼽아서 말했지만 나는 이 푸른 산을 떠날 생각마저 없으니 먼 고개 마루조차 꿈꾸지 않겠다는 뜻으로 읽을 수도 있겠다.

단정하게 신선의 홀笏 꽂고 서로 따르니        端然神笏俉相從
수단洙壇에서 예禮 강하는 모습을 실컷 본 듯.        洽覿洙壇講禮容
애석하다 삼한 땅서 불교를 경영하여        可惜三韓經釋教
천봉千峯 두고 제멋대로 천불千佛이라 부르누나.        漫將千佛號千峯

셋째 수인 「천불봉千佛峯」이다. 다산이 옥판봉이라 부른 것을 이시헌은 천불봉으로 고쳤다. 옥판봉 꼭대기에 열을 지어 늘어선 바위들은 신홀神笏을 들고 단정히 선 유자들이 수단洙壇에 함께 모여 강례講禮하던 그 모습을 떠올리도록 하기에 족하다. 그런데 불교를 받아들인 뒤로 여기에 천불봉이란 이름을 붙여 일천의 부처가 하늘을 향해 예배하는 모습이라고 설명하고들 있으니 애석하기 짝이 없다고 했다. 유자로서 이시헌의 정체성을 보여주는 대목이다.

| | |
|---|---|
| 정선대 우뚝 솟아 경계 맑고 그윽하니 | 仙臺兀兀境淸幽 |
| 만약 신선 있다 하면 이곳에 머물리라. | 世若留仙此淹留 |
| 봉래 바다 생황 부는 난새 불러도 오질 않고 | 蓬海鸞笙招不得 |
| 흰 구름 밝은 달만 홀로 유유하구나. | 白雲明月空悠悠 |

네 번째 「정선대停仙臺」 시다. 신선이 머물다 간다는 누대에 신선은 오지 않고 흰 구름과 밝은 달만 들렀다 간다. 동해 바다 위 삼신산의 하나인 봉래蓬萊에서 생황을 부는 난새는 이곳을 오래전에 잊었는지 불러도 오지 않는다. 신선의 발걸음도 따라서 그쳤다. 맑고 그윽한 이 경계를 누구와 함께 누릴 것인가.

| | |
|---|---|
| 황량하고 수척함은 놓일 곳에 놓이는 법 | 荒寒孤瘦揔隨宜 |
| 들 물가 텅 빈 산에 한 가지를 허락했네. | 野水空山許一枝 |
| 어이해 백운 동산 일백 그루 심은 매화 | 何似雲園園百樹 |
| 번다함과 속됨 없이 맑고 기이함만 하랴. | 非繁非俗更淸奇 |

「백매원百梅園」을 노래했다. 앞 절에서 백운동 12경을 설명하면서 1854년 봄에 이시헌이 지은 「예전에는 백 그루의 매화가 있었으나 지금은 몇 그루만 남아 꽃을 피운지라 느낌이 일어 읊다古有百本梅, 今存數朶開花, 感而吟」란 작품을 읽어보았다. 이로써 이시헌 당대에 백매헌의 매화는 이미 몇 그루 남지 않은 상태였음을 알 수 있다. 그래서 2구에서 '허일지許一枝'라고 했다. 1구의 '황한고수荒寒孤瘦', 즉 황량하고 차갑고 외롭고 수척한 것은 한겨울 추위 속의 매화를 지칭한다. 그 매화는 '야수공산野水空山'의 황량한 풍경과 어우러져야 제격이다. 그중 매화 한 가지

가 꽃을 피우니 그 향기가 더욱 맵지 않은가. 여기에 무슨 번잡한 속정俗情이 끼어들 여기가 있겠는가? 오직 맑고 기이한 기운만 황량한 겨울 산에 핏기를 더해 준다.

| 구불구불 일백 척의 해묵은 용비늘이 | 蜿然百尺老龍鱗 |
| 푸르게 구름 잠겨 사방 이웃 지켜주네. | 蒼翠雲屯護四隣 |
| 고요할 젠 저절로 삼뢰운三籟韻이 일어나니 | 靜裡自生三籟韻 |
| 귀뿌리서 언제나 팔음춘八音春 가락 들려온다. | 耳根常作八音春 |

여섯 번째 「만송강萬松岡」 시다. 다산은 정유강貞蕤岡이라 불렀다. 만송강은 만년송이 심겨진 묏부리란 의미다. 이곳의 소나무는 곧게 하늘을 향해 뻗지 않고 용린龍鱗을 단 채로 구불구불 뒤틀려 하늘로 솟았다. 구름 위로 솟아 푸른 그늘을 사방에 드리운다. 눈을 감고 들으면 그 안에서 온갖 음악이 다 들린다. 층층의 솔가지 사이로 바람이 지날 때 나는 갖은 소리를 삼뢰운과 팔음춘의 대구에 담아 표현했다.

| 구름 안개 지휘 받아 일천 그루 대를 묶고 | 雲幢烟節束千竿 |
| 바람 노래 스스스 달그림자 싸늘하다. | 風韻颼颼月影寒 |
| 세모라도 산 사이에 봉황 기약 남겨두니 | 歲暮山間留鳳約 |
| 자줏빛 옥 푸른 대에 이제 막 익어가리. | 紫瓊初熟碧琅玕 |

제7수는 대숲을 노래한 「운당곡篔簹谷」이다. 다산은 운당원이라 했다. 구름과 안개를 당절幢節 삼아 일사불란하게 천 개의 대나무가 한 묶음이 된다. 구름 안개에 덮인 대숲을 이렇듯 멋지게 표현했다. 그 사이로 바람의 노래가 지나가고

달그림자마저 싸늘하다. 봉황은 오동나무가 아니면 깃들지 않고 죽실이 아니면 먹지를 않는다. 4구의 '자경紫瓊', 즉 자줏빛 옥은 죽실竹實을 말한다. 이제 죽실이 막 익기 시작했으니 비록 세모라 늦었어도 봉황이 깃들 그날을 기다려보리라는 다짐이다.

| | |
|---|---|
| 동백나무 길을 끼고 물가 따라 올라오니 | 挾路油茶溯潤濱 |
| 초록 그늘 남아 있어 네 계절이 봄이로다. | 綠陰留作四時春 |
| 제일 좋기는 동산 숲 황량하게 지는 날에 | 最愛園林荒落日 |
| 눈 속의 불꽃처럼 새 꽃 붉게 핀 것일세. | 雪中如火爛紅新 |

제8수 「산다경山茶徑」이다. 별서로 접어드는 초입의 동백나무 숲길이다. 동백나무 숲은 사시춘四時春을 자랑한다. 봄에도 푸르고 여름에도 푸르며 가을에도 푸르고 겨울에도 푸르다. 동백 숲길이 가장 아름다울 때는 언제인가? 가을 잎이 다 지고 황량한 숲만 남은 겨울철 쌓인 눈 속에 등불을 매달아둔 듯 가지마다 새롭게 피어난 선홍빛 붉은 꽃송이를 볼 때다.

| | |
|---|---|
| 취한 볼에 이슬 향기 빛깔마저 고상해서 | 醉臉露香色品高 |
| 산인은 호걸에게 양보하길 즐겨 않네. | 山人不肯讓時豪 |
| 갈 바람에 분주법分株法을 익숙하게 익혔으니 | 西風剩得分株法 |
| 세모에도 채약採藥하는 수고로움 없겠구려. | 歲暮仍無採藥勞 |

아홉 번째 「모란포牡丹圃」다. 다산은 모란체라 했는데 그는 포圃라는 표현을 쓰는 대신 아래에 볼 영홍체暎紅砌를 따로 두었다. 불콰하게 취한 뺨에 이슬의 향기가 뱄다. 빛깔이면 빛깔, 품격이면 품격 어느 하나 빠지지 않는다. 주인은 제집

동백꽃.

모란의 품격을 자부해서 어디에 내놔도 부족함이 없다며 으스댄다. 모란은 분주법, 즉 포기 나누기가 아주 까다로운 식물이다. 이제 그 기술도 완벽하게 터득해서 세모에 새삼스레 채약하느라 부산 떨 일도 없노라고 자부했다.

| | |
|---|---|
| 봄날 수고 죄 옮겨다 이 속에 부쳤으니 | 輸盡春功寄此中 |
| 천 숲 온통 푸르건만 한 산만 붉어 있네. | 千林共碧一山紅 |
| 산인의 평상에는 차솥과 대 술통이 | 茶鐺竹榼山人榻 |
| 노년의 백발옹이 살림 너무 사치롭다. | 太侈殘年白髮翁 |

제10수 「영홍체暎紅砌」는 이시헌이 새롭게 추가한 1경이다. 영산홍을 심어둔 화단이란 뜻이다. 영산홍이 신록의 계절에 뒤늦게 온 산을 벌겋게 물들이며 피어났다. 봄에 애써서 가꾼 것은 이런 호사를 누리기 위함이었다. 온 산을 물들인 영산홍 꽃밭을 흐뭇하게 바라보며 차를 끓여 마시고 대나무 술을 따라 마시니 호사가 이에서 더할 수 없다.

| | |
|---|---|
| 맑은 계곡 한 구비 푸른 병풍 펼치더니 | 清谿一曲翠屏開 |
| 불쑥 솟은 바위 모서리 물을 등져 감돈다. | 斗起巖稜背水廻 |
| 그 가운데 정선대엔 신선 이미 떠나서 | 中有停仙仙已去 |
| 달 밝으면 혼자서 백운대에 오른다. | 月明獨上白雲臺 |

제11수 「창하벽蒼霞壁」이다. 산다경을 지나 냇물을 막 건너 병풍을 펼친 듯 막아서는 푸른 절벽이 창하벽이다. 창하벽을 끼고 시내는 낙차를 만들어 홍옥폭이 된다. 절벽 위가 정유강인데 그 옆에 정선대가 섰다. 신선은 한번 떠난 뒤 돌아올 줄 몰라도 달 밝은 밤이면 나 혼자 그곳에 올라 서성인다.

영산홍이 피어 있는 모습.

| | |
|---|---|
| 붉은 나무 푸른 산에 물이 급히 흐르더니 | 紅樹靑山水急流 |
| 작은 누각 어귀에서 숨은 우레 울며 간다. | 隱雷鳴過小樓頭 |
| 유리 같은 수면 위로 나는 구슬 흩지고는 | 飛珠散入琉璃面 |
| 가만히 못을 이뤄 백 길 깊이 그윽하다. | 穩作平潭百丈幽 |

제12수 「홍옥담紅玉潭」이다. 다산은 홍옥폭이라 불렀다. 다산은 폭포에 시선을
두었고 이시헌은 그 아래 못에 눈길을 주었다. 단풍잎은 붉고 산은 푸르다. 급류
가 우레 소리를 내며 냇가 죽각竹閣 머리를 울리면서 지나더니 나는 구슬이 되어
유리 같은 수면 위로 쏟아진다. 그러더니 이내 잠잠해져서 깊은 못을 이뤄 이내
평온하다.

홍옥담.

<table>
<tr><td>한 굽이 맑은 시내 일백 척의 단이 있어</td><td>一曲淸谿百尺壇</td></tr>
<tr><td>한가하면 돌난간에 걸음을 옮겨본다.</td><td>閑來移步石欄干</td></tr>
<tr><td>단풍 숲 깊은 곳에 그늘이 무성한데</td><td>楓林深處繁陰重</td></tr>
<tr><td>물기운이 끼어들어 5월에도 춥구나.</td><td>水氣中間五月寒</td></tr>
</table>

제13수 「풍단楓壇」이다. 냇가 창하벽 안쪽으로 안마당과 면한 높직한 지점을 말한다. 자생의 단풍나무가 군락을 이뤄 단풍철이면 온통 붉은빛 커튼을 드리운다. 돌난간을 둘러둔 그곳을 심심하면 산보한다. 그늘이 워낙 깊고 짙어서 가뜩이나 서늘한 데다 냇가의 찬 기운마저 더해지면 오뉴월 더운 여름에도 한기가 오싹하다.

<table>
<tr><td>맑은 시내 끌어와 울림벽을 뚫고서</td><td>引出淸谿穿響墻</td></tr>
<tr><td>섬돌 따라 콸콸 흘러 길게 끌며 흐른다.</td><td>循除瀟瀟拖紳長</td></tr>
<tr><td>난정의 옛 수계修禊는 그 풍류 아득하여</td><td>蘭亭舊禊風流遠</td></tr>
<tr><td>노래하며 술 한잔을 함께할 사람 없네.</td><td>一詠無人共一觴</td></tr>
</table>

마지막 제14수 「곡수曲水」다. 다산이 말한 유상곡수에서 술잔을 흘린다는 '유상流觴' 두 글자를 뺐다. 시냇물을 당겨와서 담장을 뚫고 마당으로 들어온 물길이 상하 방지를 거쳐 마당을 한 바퀴 휘저은 뒤에야 물길을 꺾어 담장을 따라 직선 주로를 달려 다시 냇가로 돌아 나온다. 왕희지의 난정 수계를 떠올리면서 그날의 풍류를 함께 나눌 한 사람이 없다며 아쉬워했다.

이상 살펴본 대로 이시헌의 14경시는 앞서 본 다산이나 황상의 12경시에 비해 이곳에서 생활하는 주인의 직접 체험에서 우러난 풍류가 섬세하다. 객이 아닌 주인의 노래를 들려준 셈이다.

붉게 물든 단풍.

이시헌의 『자이집』에는 당연히 이밖에 백운동의 생활을 노래한 시가 적지 않게 실려 있다. 다 읽을 수는 없고, 「다산 선생의 옥판봉 시운을 차운해서 정유상丁維桑에게 받들어 부치다次茶山玉版峯詩韵, 奉寄維桑 병소서並小序」란 작품 한 수만 더 읽어보자.

예전 임신년(1812)에 탁옹籜翁(다산의 별호)께서 다산에서부터 걸어서 오셔서 월출산을 등반했다. 돌길이 위험해 천황봉 꼭대기까지 갈 수 없게 되자 방향을 돌려 백운동으로 들어와 「옥판봉」 시 12운을 지으셨다. 나는 당시 어린아이로 짚신을 들고 우산을 메고서 다산에서 선생님을 모셨다. 성암星菴 등의 여러 분과 함께 총각머리를 한 채 서로 따르며 시를 읊조리는 자리에서 유희하였다. 완연히 어제 일만 같은데 잠깐 눈 돌리는 사이에 살적이 흰 눈과 같게 되었다. 옛 생각을 하며 감탄하니 문득 한세상 저편의 일이다. 정유상은 탁옹의 조카다. 문아文雅의 풍운風韻이 넉넉해 고가故家의 풍도가 있었다. 지난해(1857) 가을 여행길에 남쪽으로 내려왔다가 백운동 옛집으로 나를 찾아와 손을 잡고서 지난 일을 애기할 때 흰머리가 새삼스럽더니 올봄에 성암 등 여러 벗과 다시 들렀다. 내가 인하여 월출산 꼭대기까지 올라보고 싶어 억지로 병든 몸을 무릅쓰고 흥에 겨워 옷깃을 떨쳐 앞장을 섰다. 범바위를 올라타고 교룡암에 올라가 거의 꼭대기에 다다를 듯이 하였다. 하지만 겨우 중간 허리도 못 가서 다리는 후들거리고 눈이 어쩔해서 나는 병이 겁나고 그는 위험한 것을 경계해 서로 중간에 돌아오고 말았다. 예전 탁옹의 「옥판봉」 시 중에 "돌아와선 깊은 유감 품고 지내며, 구슬피 구정봉만 올려다봤네"라고 한 것이 다시금 오늘을 위해 준비해둔 말이 되었다. 한 걸음마다 시를 한 수씩 읊으며 망연해서 산을 내려왔다. 인하여 그 운자에 따라 애오라지 옛날을 생각하여 유감스러움을 잇는 뜻을 부쳤다. 성헌星軒과 석표

石瓢 등의 벗들은 다리 힘이 여전해서 내딛는 것이 나는 듯했다. 가파른 바위를 딛고 꼭대기까지 올라가서 두 사람이 능히 따라오지 못한 것을 비웃었다. 잠깐 이 같은 유감을 되풀이한 것에 마음을 두지 않고 억지로 같은 시의 운으로 짓고 금곡주金谷酒의 숫자에 따라 벌을 받았다.[31]

| | |
|---|---|
| 우뚝이 솟아오른 저기 천황봉 | 亭亭天皇峯 |
| 월출산의 가장 높은 꼭대기라네. | 月出最高頂 |
| 옥황상제 거처가 바로 가깝고 | 帝居三階近 |
| 불탑은 5월에도 차가웁다지. | 佛骨五月冷 |
| 그 옛날 초상苕上의 다산옹께서 | 往者苕上翁 |
| 사슴 안장 덮고서 험한 길 지나 | 鹿轎下坑阱 |
| 저물녘 백운동에 들어오셔선 | 暮入白雲洞 |
| 구정봉에 못 오름을 한탄하셨지. | 恨不窺九井 |
| 그때 나는 머리털을 땋았었는데 | 時余髫髮 |
| 이제 눈이 내려서 생선 가시 같다네. | 而今雪似鯁 |
| 탐승하러 내 집에 이르렀기에 | 探勝小院至 |
| 다시 영경靈境 오르려 하여보았지. | 復欲窮靈境 |
| 경포의 바위에서 양치질하니 | 漱臨鏡布石 |
| 시원스레 내 목을 당기는 듯해. | 飄然攝我領 |
| 뭇 봉우리 빼어남을 서로 다투고 | 群峯競秀異 |
| 단정하게 일만 개 홀笏 뽑아들은 듯. | 端笏抽萬珽 |
| 꼭대기엔 아직도 눈이 덮였고 | 上頂猶雪封 |
| 중허리엔 구름이 자욱하였지. | 中腰鎖雲影 |
| 벌벌 떨려 앞으로 나가지 못해 | 凜然不能前 |

| | |
|---|---|
| 병든 다리 머뭇대며 쉬고 말았네. | 盤桓休病脛 |
| 집 안에 내려오는 경계 있으니 | 垂堂尙有戒 |
| 험한 길 내딛음을 어이 다투랴. | 履險詎爭逞 |
| 옛사람도 천태를 떠올렸으니 | 古人天台想 |
| 마음은 내달려도 몸은 고요타. | 神馳體常靜 |

정유상은 다산의 조카로 1857년 남쪽으로 여행을 내려와 당시 다산의 제자 그룹과 만나 남긴 글이 적지 않다. 그렇지만 막상 그의 이름은 분명한 기록으로 남은 것이 없다. 이때 이들은 예전 다산 선생의 등정 실패를 떠올려 그때의 유감 풀이를 하겠다며 월출산 구정봉 정상 등정에 다시 나섰다. 하지만 이시헌과 정유상은 다산의 그때처럼 중도에 포기하고 말았다. 이것이 또 다른 이야기를 만들어서 이 한 편의 시를 남기게끔 했다.

이상 황상과 이시헌의 12경시 계열 연작을 살펴보았다. 두 사람 모두 스승인 다산의 12경시에 화답해서 지었고, 실제 풍경의 묘사가 빼어나다.

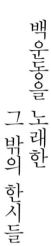

이제껏 백운동을 노래한 연작시를 초기의 8경시와 후기의 12경시 계열로 나누어 살폈다. 여기서는 그 밖에 백운동의 풍광과 경물을 노래한 여러 작가의 작품을 읽어보기로 한다. 백운동 별서 정원을 노래한 한시는 워낙 다양한 작가의 기록 속에 남아 있어 다른 어떤 별서 정원보다 내용이 풍부하다.

## 이하곤의 「남유록」 외

이하곤李夏坤(1677~1724)은 본관이 경주慶州이고, 자는 재대載大, 호는 담헌澹軒이다. 좌의정을 지낸 경억慶億의 손자요 당대의 문형文衡을 거쳤던 인엽寅燁의 맏아들이다. 1708년(숙종 34) 진사에 올랐으나 벼슬하지 않고 고향 진천에 내려가 1만 권의 장서를 쌓아두고는 학문과 예술활동에 전념했다. 여행을 특별히 좋아해서 유람기를 많이 남겼다. 문집으로 『두타초頭陀草』 18권이 남아 있다.

이하곤은 1722년 신임사화로 강진 땅에 유배가 있던 옥오재玉吾齋 송상기宋相琦(1657~1723)를 위로하기 위해 그해 11월 강진을 찾았다. 이때의 여정을 『두타초』 제18책에 수록한 「남유록南遊錄」에 세세히 기록했고, 당시 지은 시편들은 제10책의 「남행집」에 따로 묶어두었다. 그는 당시 여행길에서 백운동을 들러 그 별서 정원의 초기 모습을 비교적 소상하게 증언했다.

먼저 읽을 것은 「남유록」의 대목이다.

> 11월 27일, 정지석 김득삼 이민욱 등이 와서 작별했다. 밥을 먹고 신보信甫와 함께 길을 나서니 가고 머무는 즈음에 마음이 아득해지는 느낌이 일었다. 진남루에 이르러 잠깐 쉬었다. 말 위에서 월출산을 보니 기이하고 빼어난 데다 몹시 가팔라서 자못 누원樓院 가는 길에 도봉산을 바라보는 느낌과 비슷했다. 15리를 가서 월남촌에 도착했다. 월출산 남쪽에 있으므로 이름을 월남이라 했다. 옛날에 월남사가 있어 자못 빼어났다. 지금은 없어지고 일반 백성이 여기에 산다. 또 서쪽으로 5리를 가면 백운동이다. 승문원 정자 벼슬을 지낸 이언열의 별업이다. 골짜기가 깊고도 그윽하며 나무는 동백이 많다. 바야흐로 꽃이 붉게 피었다. 정원 가운데는 산골 물을 끌어다 물굽이를 만들었다. 지난날 술잔을 띄워 흘리며 놀던 곳이다. 언열이 죽자 이 또한 폐하여진 지가 오래다. 남쪽에 작은 묏부리가 솟았고 줄지어 장송을 심어두었다. 그 아래에 단을 만들었는데 앉아서 구정봉 여러 봉우리를 볼 수가 있어 더욱 기이하였다.[32]

당시 이언길의 형인 이언열이 승문원 정자 벼슬을 지내다 죽었으므로 이곳을 이언열의 별업으로 소개한 점이 특이하다. 서울에서 누원 길로 나설 때 도봉산

「백운동도」에 그려진 장송.

을 바라보는 소회가 영암 경계로 접어들 때 월출산을 바라보는 느낌과 비슷하다고 적었다. 그는 월남사지를 거쳐서 다시 5리를 더 가 백운동 별서로 들어섰다. 깊고 그윽한 골짜기의 풍광과 한겨울에 붉게 핀 동백꽃의 장관을 인상 깊게 적었다. 마당의 유상곡수는 겨울이라 물이 말라 황폐한 느낌을 주었던 듯하다. 남쪽에 불쑥 솟은 작은 묏부리가 창하벽 위 정유강이다. 장송을 줄지어 심어놓았다고 했으니 당시에는 소나무가 꽤 많았던 것을 알 수 있다. 그 아래 있는 단은 풍단임이 분명하다. 앞서도 구정봉의 여러 묏부리가 눈에 들어온다고 했는데, 지금은 숲이 더 웃자라 정선대에서도 구정봉 정상은 시야에 잡히지 않는다.

이 기록은 당시 강진 일원의 승경을 꼼꼼하게 기록한 내용이어서 백운동 말고도 주요한 지점에 대한 소개가 아주 상세하다. 그는 위 기록을 남기면서 시도 썼다. 제목은 「백운동은 고故 정자正字 이언열의 별업이다. 뜰 가운데 시내를 끌어와 유상곡수를 만들었는데 지금은 없어졌다. 동백이 한창 활짝 피었다白雲洞故

正字李彦烈別業也. 庭中引泉, 爲流觴曲水, 今廢. 冬柏方盛開로 길다. 위 산문의 내용을 다시 시로 적은 것이다.

| | |
|---|---|
| 백운동 별업에서 말을 멈추고 | 駐馬白雲洞 |
| 문에 드니 소나무가 뜰에 가득타. | 入門松滿庭 |
| 잔설의 나무 위엔 꽃이 피었고 | 花開餘雪樹 |
| 사람은 홀로 숲속 정자로 간다. | 人去獨林亭 |
| 유상곡수 어느 해에 덮여버렸나 | 曲水何年廢 |
| 대숲이 다만 홀로 저리 푸르네. | 脩篁只自靑 |
| 해묵은 단壇 지팡이 짚고서 오니 | 古壇來拄杖 |
| 그윽한 뜻 더더욱 시원해지네. | 幽意更泠泠 |

소나무 군락이 맨 처음 그의 눈길을 붙든 것이 분명하다. 그러고 나서 눈 속에 꽃을 활짝 피운 동백의 붉은 꽃에 시선이 갔다. 유상곡수의 자취를 둘러보고 운당원의 푸른 대숲을 구경했다. 그러고는 정선대로 올라가 풍단에서 멀리 구정봉을 바라보는 감회를 담백하게 썼다.

## 인계 송익휘의 「백운동 10수」

송익휘宋翼輝(1701~?)의 「백운동 10수」는 따로 제목이 없다. 『백운세수첩』에는 "갑자년(1744) 3월 하순 인계누인仁溪累人이 짓다甲子暮春下浣 仁溪累人稿"라고만 적혀 있다. 누인은 죄인이니 그 또한 이때 강진에 유배객으로 와 있었던 처지다. 『백운세수첩』에는 "송인계는 이름이 익휘요 자는 덕보다. 여산 사람이다. 벼슬은 지평을 지냈다. 도곡陶谷 송성명宋成明의 아들이다宋仁溪. 名翼輝. 字德甫. 礪山人. 官持平. 陶谷成明子"라고 인적 사항을 적어두었다.

그는 1714년에 진사시에 합격했고 1731년 강서현령으로 재직하던 중 선정으로 임금에게까지 그 이름이 들렸다. 1740년에 증광 문과에 급제해 승지를 지냈고 이듬해 충청도관찰사 재직 당시 정치적 사건에 연루되어 삭직되었다. 『조선왕조실록』 영조 19년(1743) 6월 13일 기사를 보면 여러 해 논란 속에 끌어오던 이광의李匡誼 사건과 관련해 당시 위리안치의 중벌을 받고 있던 송익휘를 강진현으로 출륙出陸케 하라는 처분이 내려지는데, 이때 강진으로 귀양와서 이듬해인 1744년 3월 백운동에 들렀을 때 지은 시다.

모두 10수의 연작으로 되어 있다. 여타의 8영시나 12경시와는 달리 백운동의 아름다운 풍광 속에서 속세에서의 찌든 시간들이 말끔히 씻겨나가는 힐링의 체험을 담담한 자기 술회에 얹어 노래한 수작이다.

| | |
|---|---|
| 봉우리가 늙은 중과 마른 선비 같아서 | 峯如老釋又癯儒 |
| 요모조모 뜯어봐도 살아 있는 그림 같네. | 面面看疑活畫圖 |
| 오동 달과 단풍 바위 매화 대의 운치려니 | 梧月楓巖梅竹韻 |
| 주인옹이 꾸미느라 고생깨나 했겠구려. | 主翁裝點費工夫 |

첫 수다. 늙은 중이나 깡마른 선비 같은 바위는 월출산 옥판봉 정상에 늘어선 암봉을 두고 하는 말이다. 오동나무, 단풍나무, 매화와 대나무가 저마다 달빛과 바위에 어울려 운치가 고상하다. 얼핏 봐도 허투루 놓인 것이 하나도 없다. 주인의 높은 안목이 대번에 느껴진다고 치켜세웠다.

| | |
|---|---|
| 3월도 상순이라 날씨가 청명하니 | 三月上旬天氣淸 |

흰 구름 나를 당겨 서로 맞이하는 듯.　　　　　　白雲挹我如相迎

길 따라 나무 푸르고 꽃 환한 길에서　　　　　　沿行樹碧花明路

고요히 냇가에서 새 울음소리 듣노라.　　　　　靜聽泉飛鳥叫聲

　3월 상순 날씨 좋은 어느 날 멀리 보이는 백운동 골짝이 자꾸 나를 부르는 것만 같아 원족을 나선 걸음이었다. 시내를 따라 길을 잡아 올라가는데 푸른 동백 숲에 붉은 꽃이 등불처럼 내걸려 환하다. 시내는 돌돌대며 흘러가고 새들은 가지 사이에서 조잘대다 포로롱 포로롱 난다. 걸음을 멈추고 귀를 기울이려니 그간의 찌든 속이 말끔히 씻겨 내려간다.

추한 나의 모습은 초췌하고 말랐는데　　　　　　媿我形容悴且枯

마음속의 온갖 일들 온통 거칠기만 해.　　　　　心中百事摠荒蕪

천석泉石에 미친 병이 그래도 남아 있어　　　　　猶餘泉石膏肓在

반나절 선계에서 기운 조금 북돋웠네.　　　　　半日仙區氣稍腴

　다시 죄인으로서 쫓겨온 자신의 처지에 눈길을 돌렸다. 생각하고 싶지 않은 얼마간의 세월이었다. 가슴속에 쌓이는 원망을 추스르기 어려웠다. 부글부글 끓다가 폭발할 것만 같았다. 그런데 천석의 고황膏肓, 즉 고질이 여태도 남아서 이 아름다운 선경에 와 반나절 머무는 사이 상처받아 황폐해진 마음에 새살이 돋는 기분이다.

산 뚫고 난 한 줄기 길 호리병 속 같은데　　　　穿山一逕僅如壺

여기는 세상 밖의 하늘이 낸 구역일세.　　　　　特地天開世外區

구름 깊고 솔이 늙는 이곳 아껴 보노라니　　　　愛看雲深松老處

이 속에 새끼 품은 학이 있나 싶어진다.　　　　　　此中疑有鶴棲雛

　　호리건곤壺裏乾坤이랬다. 산속으로 난 한 줄기 길이 술병의 병목 같다. 세상 밖
별세계로 들어가는 입구인 듯하다. 구름은 자옥이 깊고 솔은 세월을 잊은 채 늙
어간다. 저 높은 구름 가지 위 어디엔가 선학仙鶴의 둥지가 있어 나를 태워 선계
로 데려다줄 것만 같다.

　　　　봄옷을 새로 지어 증점曾點이 옷을 입고　　　　　春服新成點也衣
　　　　기수에서 목욕하던 옛 자취 아련하다.　　　　　　浴沂前躅更依依
　　　　뜬 인생의 잠시 쾌함 얻기가 어려워서　　　　　　浮生暫快猶難得
　　　　외론 죄인 거나한 흥 넘쳐남을 혼자 웃네.　　　　自笑孤囚逸興飛

　　제5수다. 늦봄 봄옷을 새로 차려입고 예전 증점이 기수에서 목욕하고 바람
쐬며 돌아오던 그 기분을 누리고 싶었다. 뜬 인생에서는 이처럼 잠깐의 통쾌함조
차 얻기가 어렵다. 모처럼 넘쳐나는 흥취를 주체 못 해 나는 내가 죄인의 신분인
줄도 까맣게 잊고 말았다.

　　　　영산홍 핀 소식을 편지로 전해 듣고　　　　　　　暎山消息赤蹄傳
　　　　수선화 꽃 피기 전에 와서 구경한다네.　　　　　來賞金臺未坼前
　　　　농염함은 왜철쭉이 으뜸이라 하겠지만　　　　　穠艶最稱倭躑躅
　　　　이 꽃에 견준다면 십분 고움 사양하리.　　　　　比渠猶遜十分姸

　　영산홍이 활짝 피기 시작하니 때를 놓치지 말고 와서 보라는 적제赤蹄, 즉 편
지를 받았다. 금대金臺는 금대은잔金臺銀盞의 줄임말로 황금빛 꽃술에 흰 받침을

두른 수선화를 가리킨다. 수선화의 황금빛 꽃술이 터지기 전에 어서 와서 구경해야지. 왜철쭉의 농염함을 사람들은 사랑하지만 영산홍의 음전한 자태 앞에선 저도 얼굴을 내밀지 못하리라. 백운동의 영산홍은 예전부터 이렇듯 유명했다.

| | |
|---|---|
| 온종일 부산스레 시내 산에 앉아서 | 脩然盡日坐溪山 |
| 물 흐르는 소리 속에 돌아감을 잊는다. | 流水聲中却忘還 |
| 선옹에게 청하노니 이 화려함 나누고자 | 欲丐仙翁分華意 |
| 세 칸 집에 셋집살이 어이해야 얻을 건고. | 僦居那得屋三間 |

시내 산에 종일 앉아 있기만 하는데 이상스레 마음이 바쁘다. 봄 시내 떠내려가는 소리에 집에 갈 생각도 잊었다. 나 여기서 더도 덜도 말고 이렇게 살고 싶다. 아무 하는 일 없이 냇가에 앉아서 오만가지 잡생각을 흘려보내고 싶다. 주인이여! 그대 집 세 칸 방을 내게 세를 내줄 생각은 없는가? 나를 세입자로 받아줄 마음이 없는가?

| | |
|---|---|
| 그대 시편 옥구슬처럼 찬란함을 기뻐하니 | 喜君詩什燦琳球 |
| 옛 가락 드문 소리 그 경계 그윽하다. | 古調希音境與幽 |
| 그댈 쫓아 따라감은 내가 분간하겠으니 | 籍湜走僵吾自分 |
| 구름 안개 이는 붓을 멈추지 마시게나. | 雲煙生筆不停留 |

제8수의 제3구 적식주강籍湜走僵은 소동파의 「조주한문공묘비潮州韓文公廟碑」에서 "이백 두보 뒤쫓느라 훨훨 날아 기웃대고, 장적 황보식 땀 흘리며 내딛다가 자빠지네追逐李杜參翶翔, 汗流籍湜走且僵"에서 나온 말이다. 깜냥도 모르고 뒤따르려다 고꾸라진다는 의미다. 그대의 주옥같은 시를 보니 내가 감당할 수준이 아니

지만 내 일은 내가 알아서 할 터이니 멋진 시를 멈추지 말아달라는 부탁이다.

여기 나오는 군君은 이담로의 증손 이의경이다. 이의경은 사도세자의 사부까지 지냈던 인물이다. 그의 문집 『동강유고桐岡遺稿』 권1에 「백운동 10수」의 운에 차운한 「백운동에서 미처 마치지 못한 시를 이어 지어 인계에게 부쳐 보낸다續成白雲洞未了之什, 寄呈仁溪」 10수가 실려 있다. 백운동의 생활을 노래한 내용이 아니어서 이 책에서는 소개하지 않는다.

| | |
|---|---|
| 선대仙臺 자리 옮겨가며 하루해를 마쳤어도 | 仙臺移席日之終 |
| 호탕한 봄놀이는 흥취가 끝이 없다. | 澹蕩春遊興不窮 |
| 버들 좇고 꽃 찾음은 외려 바깥일이거니 | 隨柳訪花猶外事 |
| 모름지기 자기 집에 돌아와 음미하리. | 且須歸玩自家宮 |

다시 이어지는 제9수다. 호탕하게 유정한 봄날의 하루를 개운하게 잘 놀았다. 그래도 흥취가 미진하니 만족이 있겠는가? 이제는 수류방화隨柳訪花의 바깥 사물에 눈 팔지 않고 본래 자리로 돌아와 가만히 주변을 살피는 것이 낫겠다 싶다.

| | |
|---|---|
| 1년 내내 문을 걸고 그림자를 조문하다 | 經歲杜門吊影餘 |
| 산에 들자 도리어 바람을 올라탄 듯. | 入山還是御風如 |
| 돌아오매 안개 노을 생각날 뿐 아니라 | 歸來不獨烟霞想 |
| 그대 함께 나눈 청담 독서보다 낫구려. | 與子淸談勝讀書 |

마지막 제10수다. 이곳에 귀양와서 해가 바뀌도록 두문불출 등불 아래 내 그림자만 가지고 놀았다. 그러다가 오늘 백운동에 들어와 하루를 지내고 나니 흡사 바람을 타고 9만 리 장공을 건듯 날아오르는 느낌마저 든다. 풍경도 아름다

웠지만 그대와 나눈 맑은 대화가 더 달고 맛이 있었다. 방 안에서 혼자 하는 독서보다 한결 나았다. 중국 고시의 "그대와 나눈 하룻밤의 대화가, 10년의 독서보다 한결 낫구려與君一夕話, 勝讀十年書"를 떠올리게 하는 시상이다.

이렇게 송익휘의 「백운동 10수」를 읽어보았다. 그의 시는 여느 백운동 시와는 달리 경물을 묘사하는 대신 이곳에서 한나절 봄나들이하면서 느낀 자신의 해방감과 자유를 진솔하게 노래했다. 백운동 공간에서 상처 입은 영혼이 치유되는 체험을 노래한 작품성이 뛰어난 시편들이다.


## 김재찬의 「백운동」

김재찬金載瓚(1746~1827)은 본관이 연안延安이니 자가 국보國寶, 호는 해석海石이다. 아버지는 영의정을 지낸 김익金熤이다. 1773년(영조 49) 사마시에 합격해 진사가 되고 이듬해 정시 문과에 병과로 급제했다. 1789년 대사헌과 규장각 직제학을 역임했고 1790년 부친 사망 후 벼슬에서 물러났다가 1794년에 규장각 직제학에 복귀했다. 여러 판서를 거쳐 평안도관찰사와 이조판서를 지냈다. 만년에 삼정승을 두루 거쳤다. 문집에 『해석유고海石遺稿』 12권이 있다.

김재찬의 『해석유고』 권2에 「백운동」이란 5언 율시 한 수가 실려 있는데 작은 글씨로 강진康津이라 써서 다른 곳이 아닌 강진의 백운동임을 분명히 밝혀놓았다. 전후 내용으로 보아 벼슬 초년 시절 나랏일을 집행하기 위해 강진에 내려왔다가 지나는 길에 백운동에 잠깐 들렀던 듯하다. 1780년을 전후한 시점으로 보이나 창작 연대는 특정하기가 어렵다. 시를 읽어본다.

10월이라 상록의 동백나무에　　　　　　　　　　　　十月冬靑樹

| | |
|---|---|
| 사방 산서 꽃이 막 피어나누나. | 四山花始開 |
| 바위 속에 자그만 집이 서 있고 | 石中有小屋 |
| 냇가엔 높직한 누대 얻었네. | 泉上得高臺 |
| 천 줄기 대 저물녘에 소리를 내고 | 晚籟千竿竹 |
| 몇 그루 매화는 향기가 맑다. | 淸香數本梅 |
| 집주인 노오란 유자를 따서 | 主人摘黃柚 |
| 서원에서 걸어서 돌아오누나. | 步自西園來 |

당시 백운동은 이미 호남의 명원으로 이름이 꽤 알려져서 지나던 벼슬아치나 유배객들이 으레 한번씩 걸음하는 명소가 되었던 듯하다. 그 또한 10월에 꽃을 피운 동백나무와 바위 냇가에 세운 작은 집, 그리고 높은 누대에 눈길이 갔다. 대숲의 장관도 겨울이라 특별히 시원한 느낌을 주었고 매화의 맑은 향기까지 어우러져 손님의 흥취를 더 높여주었다. 뒤늦게 귀한 길손을 맞으러 달려온 주인은 손에 향기로운 유자를 따서 들고 있다.

## 초의 의순의 「백운동견백학령유작」 외

초의草衣(1786~1866)는 일찍이 다산의 지시로 『백운첩』에 「백운동도」와 「다산도」를 그렸던 승려다. 속가의 본관은 인동仁同 장씨張氏였다. 자가 중부中孚, 호는 초의, 당호는 일지암一枝庵, 법명은 의순意恂으로 썼다. 전남 무안 출신으로 대흥사 제13대 종사요, 『동다송東茶頌』을 지어 우리나라 다도의 이론을 정립했다. 그는 다산의 손때 묻은 제자 중 한 사람이다. 1866년 나이 81세에 법랍 66세로 입적했다. 차를 매개로 추사와 평생 동안 맺은 친교는 경향 간에 초의 차 신드롬을 낳았을 만큼 널리 회자되었다.

초의는 1812년 「백운동도」를 그릴 당시 백운동을 다녀온 것이 분명해 보인다. 그렇지 않고서야 그림의 디테일이 이렇게 나올 수가 없다. 한편 신헌申櫶이 지은 「초의대종사탑비명艸衣大宗師塔碑銘」에 이런 대목이 있다. "약관에 월출산을 지나다가 그 봉우리가 기이하고 빼어남을 아껴 저도 모르는 사이에 멋대로 걸어 홀로 꼭대기로 올라갔다. 둥근 달이 바다 위로 솟는 것을 바라보는데 황홀하게 고로杲老가 훈풍을 만나 문득 마음속에 가로막혀 있던 물건이 제거되는 듯하였다. 이때부터는 만나는 바에 거스르는 것이 없어졌다. 타고난 기운이 있어서 그랬던 걸까?弱冠過月出山, 愛其奇秀, 不覺縱步, 獨躋其巔. 望見滿月出海, 怳若杲老之遇薰風, 去却礙膺之物. 自是以往, 所遇無所忤者, 殆其有宿氣而然歟"라고 한 것을 보면 21세 때 이미 월출산 정상에 올라 달밤에 신비한 체험을 하면서 깨달음의 한 소식을 얻었던 사정을 알 수 있다. 고로는 송나라 때 승려로 주자가 특별히 높였던 고승이다. 월출산은 이렇듯 전부터 초의에게 매우 친숙한 공간이었다.

한편 확인해야 할 내용이 한 가지 있다. 1812년 다산의 월출산 등정 당시 초의가 제자 윤동과 동행했다면 백운동을 들렀을 때 10세였던 이시헌과도 진작에 만났어야 옳다. 이시헌의 『자이집』에 「증초의대사소서병오고贈艸衣大師小序並五古」란 글이 있다. 내용이 흥미롭고 초의와 백운동 주인 이시헌의 교류를 알려주는 자료적 가치가 높아 길지만 여기서 전문을 소개한다. 글은 1838년 유두일에 지은 것이다.

초의는 해남의 이름난 승려다. 내가 그 이름만 듣고 눈으로 직접 보지 못한 것을 안타까워한 지가 오래되었다. 이해 여름 금선암金仙庵에서 책을 읽었다. 하루는 한 스님이 표연히 이르렀는데 용모는 고요하고 말은 간결했다. 혼자 생각에 도를 지닌 사람이려니 여겨 물어보니 바로 초의였다. 금강산을 유람하고 돌아왔다는데 산은 우리나라에서 가장 명승으로 이름났다. 이 같은 사람이 이런 산에 갔다면 맞닥뜨려 지은 것이 반드시 굉장한 작품과 빼어난 구절로 사람을 놀라게 할 만한 것일 터였다. 지은 시문을 보자 했더니 빼면서 잘 보여주려 들지 않았다. 부지런히 청할수록 더욱 빼는 것이었다. 그래서 굳이 말하지 않았다. 그날 저녁에 상자를 열어 기행시 몇 수를 얻어 보았다. 읽어보니 음운이 맑고도 힘이 있고 담긴 뜻은 높고도 아득하였다. 시원스럽기는 마치 뜨거운 것을 잡고 있다가 맑은 바람에 씻긴 듯하였다. 한 솥에 삶은 소고기는 한 점만 먹으면 다 맛볼 필요가 없고 표범은 무늬 하나만 보더라도 그 나머지를 미루어 알 수 있는 법이다. 또 짤막한 편지 수십 통을 보았다. 도위都尉 홍해거洪海居와 참판 신자하申紫霞, 학사 김추사金秋史 제공과 일찍이 주고받은 것들이었다. 이 세 분으로 말하면 글솜씨는 황분皇墳을 부끄럽게 여기고 글씨는 종요鍾繇와 왕희지를 앞질러 조정의 아망雅望이 높은 예림의 종장들이었다. 초의는 먼 변방의 일개 승려로서 어떻게 이 여러 분의 고임을 이처럼 귀하게 받았던가? 이 때문에 더욱 그가 지닌 바가 보통이 아님을 알 수 있었다. 잠자리를 함께 쓴 것이 오래되자 깊은 마음을 주고받아 정이 더욱 친밀해져 해묵은 소원이 이루어진 것을 기뻐하며 새로 만나 얻음이 있기를 바랐다. 매번 숲 아래를 거닐거나 물가에서 더위를 식힐 때면 가르침을 구하곤 했는데 스님 또한 나를 마다하지 않으셨다. 무상대열반無上大涅槃과 원명적조圓明寂照 등에서부터 아래로 백천억겁에 윤회한다는 설에 이르기까지 물결이 뒤집히고 꽃비가 내리듯 이야기를 들려주었다. 돌아보건대 내 식견이 어리석고 둔해 깨달을 기약이 없는 것이 안타까웠다. 훗날 내가 장차 지팡이 하나를 집고 서로 속되지 않게 스님을 대둔산으로 찾아가서 세 줄 서까래 아래 칠척단七尺單 앞에서 몇 달을 보내며 긴절한 공부를 실컷 한다면 혹 바랄 수도 있을 것이다. 스님이 나를 위해 기꺼이 주장자로 탁자를 한 차례 내려치는 것을 아끼지 않는다면 이때 마땅히 장차 얼굴을 가리는 것으로 증명을 삼을 뿐이다. 시를 잇대어 지으니 이러하다.**33**

| | |
|---|---|
| 나는 부소산에 집이 있는데 | 我家扶蘇山 |
| 산 아래 몇 칸 집이 그곳이라네. | 山下數間屋 |
| 매번 봄여름의 때를 맞으면 | 每當春夏時 |
| 번번이 절에 가서 책을 읽었지. | 輒向寺中讀 |
| 절집은 천마산 속에 있어서 | 寺在天麿裡 |
| 쪽방이 촘촘히 많기도 하다. | 多於蜜房簇 |
| 스님네는 항하恒河 모래인 듯 많지만 | 僧如恒河沙 |
| 한 사람도 마음눈이 열린 이 없네. | 無一開心目 |
| 짹짹대거나 말 못 하는 벙어리 무리 | 鳥鼠啞羊群 |
| 냄새나는 가죽 부대에 밥만 채운다. | 臭俗充飯粥 |
| 알겠네 산 아래 마을 안에서 | 定知山下村 |
| 정신없이 송아지를 많이 낳는 줄. | 劫劫多生犢 |
| 올해는 이상하게 금선암에서 | 今年金仙庵 |
| 기이한 인연이 딱딱 맞았네. | 機緣湊磕築 |
| 어디선가 나타난 해남의 승려 | 翩翩海南釋 |
| 청하지도 않았는데 천릿길 왔지. | 千里來不速 |
| 일만이천 금강산의 봉우리 빛깔 | 萬二千峯色 |
| 눈썹 사이 푸르게 만져질 듯이. | 眉際翠可掬 |
| 등불 아래 주머니를 풀어 내놓자 | 燈前解鉢囊 |
| 방 안 가득 향기가 엉기는 듯해. | 滿室凝芬馥 |
| 방문 닫고 불경을 암송하시니 | 閉戶誦眞詮 |

| | |
|---|---|
| 대낮에도 뭇 마귀가 엎드리누나. | 白日衆魔伏 |
| 솔뿌리서 적막하게 쉬고 있을 젠 | 松根憩寂寞 |
| 백호광이 산골짝을 환히 비춘다. | 毫光照山谷 |
| 문장이야 나머지의 일일 뿐이니 | 文章乃餘事 |
| 현관은 □축□蹴*에 달려 있다네. | 玄關在□蹴 |
| 묵은 인연 없음이 부끄러워서 | 自慚無夙緣 |
| 처음에는 낯가림에 힘이 들었네. | 初機苦未熟 |
| 원컨대 반야검을 빌려주시어 | 願借船若釰 |
| 저의 여섯 근진根塵을 끊어주소서. | 斷我根塵六 |

(*원문 1자 결)

　

이 글로 보아 이시헌은 1838년 당시 상경해서 신자하의 집 가까이에 있던 북선원北禪院 금선암金仙庵에 머물며 과거시험 공부에 몰두하고 있었다. 이때 금강산 유람에서 막 돌아온 초의가 금선암에 깃들면서 두 사람은 처음 만났다. 이시헌이 다산초당에 여러 해 머무는 동안에도 초의와 일면식이 없었고 1812년 9월 다산이 백운동을 방문할 그때에도 만나지 못했다는 것인데, 조금 의아하지만 그의 말이 이러하니 믿을밖에 다른 도리가 없다. 어쨌거나 이 글은 초의와 이시헌이 서울의 금선암에서 한동안 함께 기거하며 교분을 쌓고 불교의 가르침을 받았던 사연을 담은 중요한 글이다.

이때 둘 사이에 약속이 있었던 모양으로 이듬해인 1839년 가을에 초의가 이시헌을 만나러 불쑥 백운동으로 찾아왔다. 당시 백운동 별서 정원에는 여러 종류의 나무뿐 아니라 기화이초奇花異草들이 심어져 정성스레 가꾸어지고 있었다. 이때 초의는 2편의 시를 남겼다. 그중 먼저 읽어볼 시는 『초의시집』 권3에 수록된 「백운동견백학령유작白雲洞見白鶴翎有作 己亥秋」이란 작품이다.

| 꼿꼿하게 우뚝 서서 가을 숲을 비추니 | 亭亭特立暎秋林 |
| 선학의 풍류에다 단사檀麝의 자태라네. | 仙鶴風流檀麝襟 |
| 백옥으로 단장한 초승달 같은 얼굴 | 白玉莊成新月面 |
| 황금으로 점을 찍은 푸른 난의 마음일세. | 黃金間點翠蘭心 |
| 천상에서 이제 막 내려온 게 분명하니 | 應從天上今纔降 |
| 인간 세상 어디선들 찾기가 쉬우리오. | 豈向人間容易尋 |
| 평범한 비이슬에 너 젖을까 안타까워 | 憐儞差霑凡雨露 |
| 백운동 깊은 곳에 은근히 옮겨왔네. | 慇懃移入白雲深 |

백학령은 당시 국화 중 최고급 품종의 이름이었다. 꽃술이 선학의 날개처럼 길게 드리웠고 흰 바탕에 황금색 점이 간간이 찍혀 있었다. 짙은 향기와 고결한 자태는 마치 천상의 존재가 인간세계에 막 하강한 느낌마저 들게 한다며 칭찬했다. 이처럼 귀한 존재가 인간에게 내려와 비이슬에 젖는 것을 안타깝게 여겨서 이곳 백운동 깊은 곳으로 옮겨온 모양이라고 썼다.

화훼에 특별한 취미가 있었던 초의인지라 이시헌에게 백학령 한 그루를 나눠 줄 것을 요청했다. 초의는 이를 얻고 나서 「한 그루를 나눠 얻어 또 한 수를 짓다借分一株又疊一首」라는 시를 또 남겼다.

| 찬 날씨에 단풍잎이 어지러이 숲 떠나니 | 天寒紅葉亂辭林 |
| 된서리의 서늘함이 옷깃 스밈 원망 않네. | 不怨煩霜冷着襟 |
| 달 뜨자 안개 져서 수면 위에 머물고 | 月上落霞停水面 |
| 바람 불자 외론 학은 뜰 가운데 춤을 춘다. | 風翻孤鶴舞庭心 |
| 다정해라 술잔 두고 얘기를 나누려니 | 多情欲與樽前語 |
| 남은 약속 도리어 꿈속에서 찾아볼까. | 留約還將夢裏尋 |

| 백운동의 맑은 이슬 나누어 얻어가서 | 分得白雲淸雨露 |
| 초당의 깊은 곳에 뿌리 함께 심으리라. | 和根移取艸堂深 |

국화는 백운동 8경 중 하나다. 또 『자이집』 권상에 「분국십수화회사盆菊十首和晦沙」란 작품이 있다. 화분에 심은 국화를 10수의 연작으로 노래한 것인데 당시 백운동에서 재배하던 국화의 품종이 매우 다양했음을 보여준다. 이중 제9수에 또 백학령을 노래한 것이 있다.

초의는 젊은 시절 스승 다산의 명에 따라 「백운동도」를 그렸다. 그로부터 26년 뒤에 백운동이 아닌 서울의 금선암에서 이시헌과 처음 조우했다. 이듬해 가을 초의가 다시 백운동으로 이시헌을 찾아와 앞서의 교분을 이었다. 이때 초의는 백운동의 분국盆菊을 보고 그중 백학령 품종을 한 그루 분양해가면서 두 수의 시를 남겼다. 여러모로 인상적인 장면이 아닐 수 없다. 이렇게 백운동은 명류들의 발길이 끊이지 않으면서 나날이 호남의 명원으로 그 성가를 높여갔다.

## 소치 허련의 「심입백운동」 외

허련許鍊(1808~1893)은 조선 말기의 화가로 본관이 양천陽川, 자는 마힐摩詰, 호는 소치小痴다. 해남의 윤선도 고택에서 윤두서尹斗緖의 작품으로 그림을 익히다가 초의의 소개로 1839년 상경하여 추사 김정희 문하에서 본격적인 서화 수업을 받았다. 북송의 미불米芾, 원나라 말의 황공망黃公望과 예찬倪瓚, 청나라 석도石濤의 화풍을 익혀 남종화의 흐름을 이었다.

1846년에는 궁중의 부름을 받아 헌종에게 그림을 바쳤다. 당대 명류들과의 지속적인 교유를 통해 안목을 넓혀나갔다. 추사는 압록강 동쪽에 소치만 한 화가

가 없다고 칭찬한 바 있다. 신관호申觀浩, 정학연丁學淵, 민승호閔升鎬, 김흥근金興根, 정원용鄭元容, 흥선대원군 이하응李昰應, 민영익閔泳翊 등의 지우를 입었다. 만년인 1856년에 진도로 돌아와 화실 운림산방雲林山房을 마련하고 그림에 몰두했다.

허유 또한 백운동을 몇 차례 찾았던 듯 그의 『운림잡저雲林雜著』와 『운림묵연雲林墨緣』속에 관련 시문이 남아 있다. 차례로 읽어본다. 처음 볼 작품은 「7월 21일 비 때문에 객점에 머물다가 백운동을 찾아 들어가 주인과 창수하고 하룻밤 묵은 뒤 돌아오다七月二十一日滯雨客店, 尋入白雲洞, 與主人唱酬一宿還」라는 긴 제목의 시다. 1857년에 지었다.

| | |
|---|---|
| 백운을 기뻐함은 몸을 위한 꾀인데 | 白雲怡悅亦身謀 |
| 신선 인연 돌아보며 몇 해를 지냈던가. | 眷屬仙緣幾度秋 |
| 아양곡 거문고엔 옛 가락 넘치는데 | 琴裡峨洋多古調 |
| 꽃과 새 읊조릴 젠 온통 시름뿐이로다. | 吟邊花鳥摠閑愁 |
| 푸른빛 빈 하늘에 천봉이 우뚝 섰고 | 空蒼翠微千峯立 |
| 울림 폭포 우는 여울 시내가 흘러간다. | 響瀑鳴湍一磵流 |
| 나 또한 산속에 떳집 얽기 오랜지라 | 我亦山中結茅久 |
| 가고 머묾 변함없이 갈매기를 따른다네. | 去留依舊逐波鷗 |

흰 구름을 기뻐함은 어지러운 세상을 살아가는 한 방편이다. 신선의 인연은 오랫동안 찾아도 아직 만나지 못했다. 거문고를 들어 그 옛날의 아양곡峨洋曲 한 가락을 타보지만 꽃 등불에 새 노래로도 달래지지 않는 시름이 있다. 푸른 하늘에 솟은 월출산의 웅자雄姿와 쟁글대는 소리를 내며 흐르는 시내가 안타까움을 다독여준다. 나 또한 진도에서 운림산방을 경영하면서 갈매기를 벗삼아 지내므로 동지의 교감이 일지 않을 수 없다.

『운림잡저』에는 이시헌이 허련의 위 시에 차운한 「자이 주인의 시 한 수를 적다附自怡主人詩錄一首」라는 제목의 시 한 수가 실려 있다. 「산당화를 읊다賦山棠花」란 작품 또한 백운동에서 지은 것인데 여기서는 소개하지 않겠다. 이어 「홀로 정선대에 앉아서獨坐停仙臺」와 「작별에 임해 다시 자이 주인에게 드리다臨別更呈自怡主人」란 시를 실었는데, 1988년 진도문화원에서 펴낸 『운림잡저』 번역본에 오자가 아주 많고 원본은 글자 크기가 무척 작아 도저히 의미 파악이 되지 않는다. 현재 원본의 소재도 알 수 없는 터여서 전문의 소개는 훗날을 기약한다.

한편 허련의 『운림묵연雲林墨緣』 중 「정선대停仙臺」 한 수가 더 실려 있다.

| | |
|---|---|
| 문밖엔 맑은 시내 시내 위엔 누대 있어 | 門外淸溪溪上臺 |
| 구름 짙은 일만 잎새 초록 하늘 열렸네. | 雲濃萬葉綠天開 |
| 일생의 가을 기운 매미 울음 속에 있고 | 一生秋氣蟬聲在 |
| 반나절 신선 마음 학 걸음으로 온다. | 半日仙心鶴步來 |
| 푸른 허공 먼 묏부리 언제나 비 뿌리고 | 空翠遙峯常作雨 |
| 달리는 물 골짝 나서 절로 우레 이루네. | 奔流出壑自成雷 |
| 우연히 소집에서 맑은 글빚 갚았는데 | 偶然小集酬淸債 |
| 시 속의 뜻 돌아갈 맘 재촉함이 거의 없네. | 詩意無多歸意催 |

문밖에는 맑은 시내가 흘러가고 냇가 위에 정선대가 있다. 울창한 숲 위로 초록 하늘이 열렸다. 2구의 녹천綠天은 일반적으로 파초의 별칭이나 만엽萬葉과 맞지 않아 그냥 초록 하늘로 옮겼다. 가을 기운은 매미 울음 속에 들었고 마당의 학은 선심仙心을 불러일으키기에 족하다. 허공의 푸른 기운은 비를 만들고 골짝을 빠져나가는 시내는 우레 소리를 낸다. 작은 시회의 자리에서 묵은 글빚을 갚으니 돌아가고픈 마음이 없고 그저 눌러앉고 싶은 마음뿐이라고 했다. 이 시는

석표石瓢 윤종민尹鍾敏과 이시헌이 쓴 같은 운자로 된 시 두 수와 나란히 실려 있다. 정선대를 노래한 것이므로 함께 읽어본다. 다음은 윤종민의 시다.

| | |
|---|---|
| 푸른 바위 우뚝 솟아 위로 대臺를 만들고 | 蒼巖斗起上成臺 |
| 구름 나무 무성한 술 그 한쪽에 열렸네. | 雲木葳蕤半面開 |
| 바람과 달 머무니 신선도 떠나잖고 | 風月留連仙不去 |
| 시내와 산 끌어당겨 손님이 다시 왔네. | 溪山句引客重來 |
| 천봉의 바위 빛깔 비에 젖음 알겠고 | 千峯石色知涵雨 |
| 백 갈래 시내 소리 우레인가 의심하네. | 百道泉聲訝轉雷 |
| 셋이서 둘러앉아 시화 솜씨 뽐내거니 | 鼎坐誇能詩畫筆 |
| 불안한 생각 지녀 재촉하지 말려무나. | 且將歸思莫相催 |

1, 2구에서 정선대의 풍광을 노래하고 3, 4구로 주인을 신선에 견주면서 자신 또한 그 흥취에 슬쩍 얹었다. 멀리 옥판봉의 바위 빛깔을 보고 산 위에 비가 오는 줄을 짐작하려니 응답이라도 하듯 잇따라 우레 같은 냇물 소리가 들려온다. 세 사람이 앉아서 시와 그림으로 솜씨를 뽐내니 돌아갈 생각은 잠시 접어두는 것이 어떻겠냐고 했다.

이어 집주인 이시헌의 화운시를 마저 읽어보자.

| | |
|---|---|
| 술그늘 옮겨가자 황대篁臺로 걸어가서 | 松陰移榻步篁臺 |
| 남은 먹 남은 종이 하나둘씩 펼치누나. | 剩墨餘箋一兩開 |
| 석표 노인 품은 기약 시 속에서 드러나고 | 瓢老襟期詩上見 |
| 소치의 풍아風雅는 그림 속에 나아온다. | 小痴風雅畫中來 |
| 끊긴 구름 빚어서 천봉의 비 뿌리고 | 斷雲釀作千峯雨 |

| | |
|---|---|
| 영뢰靈籟는 흘러가 골짜기 우레 되네. | 靈籟流成半壑雷 |
| 긴 날 바람 맞아 쉼 없이 읊조려도 | 永日臨風吟未了 |
| 매미 소리 요란하게 시 지으라 재촉한다. | 蟬聲繚亂短章催 |

소나무 그늘에서 시작한 소집小集이 그늘을 찾아 황대篁臺로 옮겨왔다. 윤종민과 허련이 시와 그림으로 저마다의 솜씨를 뽐낼 때 구름은 비가 되고 냇물 소리는 우레로 변했다. 종일 시를 열심히 지어도 매미는 그것으로는 부족하다며 시 짓기를 재촉한다.

이 시는 이시헌의 『자이집』 권상에 「소치가 또 와서 모여 다시 운에 맞춰 쓰다 小痴又來會更拈韻」로 수록되어 있다. 제목으로 볼 때 허련은 최소한 두 차례 백운동을 방문했다. 이때 그린 그림이 있었을 텐데 오늘날 전해오지 않아 유감스럽다.

## 귤은 김유의 「유백운동」 외

조선 후기 귤은橘隱 김유金瀏(1814~1884)도 여러 수의 백운동 관련 시를 남겼다. 그는 본관이 경주이며, 자는 사량士亮, 호를 귤은재橘隱齋로 썼다. 기정진奇正鎭의 문하에서 배워 실학자로 이름이 높았다. 문과에 급제해 벼슬길에 올랐으나 당쟁으로 거문도巨文島에 유배되었다. 1838년 귀양이 풀려 고향으로 돌아가던 중 청산도靑山島의 풍광에 마음이 끌려 이곳에 머물며 후진 양성에 전념했다. 1885년 영국군의 거문도 점령 당시 청 제독 정여창이 김유의 문집과 그가 기른 제자들을 만난 뒤 감탄하여 이곳을 거문巨文이라고 명명할 것을 조정에 건의한 일이 있었다. 이후 이 섬의 이름이 거문도가 되었다 한다. 전남 완도군 청산면 숭모사崇慕祠에 배향되었고, 문집 『귤은재집』이 전한다.

이 『굴은재집』 권1에 백운동과 관련된 시 3제 9수가 실려 있다. 차례로 읽어본다. 먼저 볼 것은 「유백운동遊白雲洞」 4수다.

| | |
|---|---|
| 창랑에 지팡이 짚고 구름 숲에 들어와 | 滄浪筇屐入雲林 |
| 오늘에야 신선 집을 다행히 와보았네. | 今日仙庄幸得臨 |
| 청산 가만 마주하니 그림 그릴 맘 생기고 | 靜對靑山生繪意 |
| 냇물 소리 가만 듣자 거문고 뜯고 싶네. | 細聽流水動琴心 |
| 뜨락 꽃이 속되잖아 제 모습 다 갖추었고 | 庭花不俗皆眞面 |
| 이름 모를 냇가 새는 고운 소리 각기 낸다. | 澗鳥無名各好音 |
| 하늘이 낸 신령한 곳 아주 깊이 숨어 있고 | 天劃靈區藏甚密 |
| 골짝 문은 몇 겹 깊이 굳게 닫혀 걸려 있네. | 洞門關鎖幾重深 |

제1수다. 2구에서 오래도록 이곳을 찾으려고 벼르다가 마침내 찾아온 기쁨을 감추지 않았다. 청산은 그림 같고 냇물소리는 음악 같다. 마당의 꽃조차 격조를 갖추었고 냇가서 우는 이름 모를 새도 고운 목청을 뽐낸다. 그야말로 하늘이 낸 신령스런 구역靈區이 아니겠는가? 아무에게나 보여줄 수는 없다며 이곳에 오기까지 겹겹의 관문을 설치해두기까지 했다.

| | |
|---|---|
| 지혜는 원만하게 행실은 방정하니 | 智欲其圓行欲方 |
| 선생의 본바탕이 보통과는 다르구나. | 先生素履出尋常 |
| 문장은 그대를 함께 백白이 된다 하나 | 文章以子同爲白 |
| 나에게는 인색하여 황黃조차 보이잖네. | 鄙吝於吾不見黃 |
| 만약에 꽃 물길이 어부 배와 통한다면 | 花港若通漁父棹 |
| 무릉도원 틀림없이 주인집을 찾으리다. | 仙源必訪主人堂 |

녹기금 가져다가 초은招隱 노래 부르지 마오                  休將綠綺歌招隱

뜻은 운림에 있어도 미앙궁을 즐긴다네.                     志在雲林樂未央

　　제2수는 백운동 주인 이시헌의 인품을 기린 내용이다. 원만한 지혜에 방정한
몸가짐이 한눈에도 범상치 않은 인물임을 짐작케 한다. 3, 4구는 정확한 의미를
모르겠다. 남들은 그대의 문장을 으뜸이라 말하지만 나에게 보여주질 않아 알
기 어렵다는 뜻으로 이해했다. 5, 6구는 이곳이 바로 무릉도원이란 의미이고, 7,
8구는 주인이 비록 지금은 전원에서 거문고를 켜며 은자의 삶을 살고 있지만 현
실에 뜻이 없는 것은 아님을 암시했다. 미앙궁未央宮은 한나라 때 천자가 거처하
던 궁궐의 이름이다.


　　　　푸른 시내 횡하고 길은 구불구불                       碧澗谼谺路逶遲

　　　　인간 세상 좋은 지경 터로 삼기 딱 좋구나.               寰中別局好爲基

　　　　뜨락 가득 난초 국화 때때로 걷노라니                   滿庭蘭菊時時屐

　　　　절벽 걸린 솔과 대는 그대로 시로구나.                   倒壁松筠往往詩

　　　　달도 맑고 바람 맑아 함께 아낄 만하고                   月與風淸兼可愛

　　　　산도 물도 모두 고와 둘 다 어이 기이한고.               山從水麗兩何奇

　　　　아홉 구비 시냇물이 얼마나 깊던지                       溪流九曲深如許

　　　　무릉도원 무이산武夷山과 가까운 줄 깨닫겠네.             始覺仙源近武夷


　　다시 제3수에서는 백운동이 자리잡은 터가 기막힌 명당임을 칭찬했다. 뜨락
에는 난초와 국화가 자라고, 절벽 위에는 소나무와 대나무가 솟아 시심을 자극
한다. 여기에 환한 달빛과 맑은 바람이 어우러지고 기막힌 산수가 함께한다. 이
어찌 무이武夷구곡만 못하다 하겠는가?

| 거처 정함 굳이 백운동을 고른 것은 | 卜居必卜白雲幽 |
|---|---|
| 주인 마음 벼슬길에 노님 싫어해서일세. | 只爲翁心厭宦游 |
| 달 읽느라 맑은 옷깃 늘 책상 마주하고 | 讀月淸衿常對案 |
| 꽃 노래에 먹에 취해 매번 정자 오른다네. | 題花醉墨每登樓 |
| 벼슬아치 찾아옴은 나의 뜻이 아니니 | 方來朱紱非吾意 |
| 길이 청산 찾아가서 너와 함께 도모하리. | 長往靑山與爾謨 |
| 뜬 영화는 하물며 내 몸 밖의 물건이라 | 矧覺浮榮身外物 |
| 도를 지켜 근심 없음 누림이 어떠할꼬. | 爭如守道享無憂 |

마지막 제4수는 다시 주인 얘기로 화두를 돌렸다. 벼슬길로 향한 마음을 버리고 백운동의 그윽한 풍광을 택했다. 그 결과 '독월제화讀月題花'의 멋진 삶을 날마다 누린다. '주불朱紱' 대신 '청산靑山'을 취해 뜬 영화를 버리고 도를 지켜 근심 없는 나날들이다. 시를 지은 시점은 문집 상태로는 파악하기 어렵다.

김유는 당시 한동안 강진에 머물고 있었던 듯, 얼마 후에 다시 백운동을 찾아 「다시 백운동에 놀러 와서再游白雲洞」 3수를 더 남겼다.

| 소산의 계수 숲에 유거幽居를 정하고서 | 小山麓桂卜幽居 |
|---|---|
| 금릉처사 집이라고 이야기하는구나. | 云是金陵處士廬 |
| 신선이 이른 뒤로 옥국玉局에 먼지 없고 | 玉局無塵仙着後 |
| 손님이 오자마자 술잔 가득 술 담겼네. | 瓦樽有酒客來初 |
| 백 년 인생 청정함이 참으로 내 소유라 | 百年淸靜眞吾有 |
| 반평생 공명이야 자허子虛에게 부치노라. | 半世功名付子虛 |
| 예로부터 임천에는 은일 선비 많거니와 | 從古林泉多隱逸 |
| 맑은 절개 어초魚樵로 늙다 한들 무방하리. | 不妨淸節老樵漁 |

백운동을 금릉처사려金陵處士廬라고도 불렀던 모양이다. 금릉은 강진의 옛 이름이다. 3, 4구는 손님이 찾아와 술자리를 편 광경이다. 무진無塵으로 심경을 설명한다. 다시 5구에서 '백년청정百年淸靜'을 말했다. 해맑음과 고요함이 깃든 공간이다. 어초漁樵로 청절淸節을 지키며 임천은일林泉隱逸로 살고픈 소망을 담았다.

| | |
|---|---|
| 푸른 산 말쑥하다 풍진을 벗어나니 | 碧山瀟灑出風塵 |
| 지팡이로 하루에도 몇 번씩 소요하네. | 杖屨逍遙日幾巡 |
| 푸르게 돋은 냇가 대는 시심을 북돋우고 | 澗竹靑生詩意思 |
| 붉게 핀 들꽃은 글씨를 쓰게 한다. | 野花紅綻筆精神 |
| 지단芝壇에서 손님 대해 바둑을 늘 두니 | 芝壇對客常圍局 |
| 연사蓮社의 동료들과 이웃 맺기 딱 좋아라. | 蓮社同仙好結鄰 |
| 선생께서 은혜로이 예법을 베풀어서 | 多謝先生恩禮假 |
| 은근한 담소로 천진을 드러내심 감사하네. | 慇懃談笑露天眞 |

둘째 수도 백운동의 풍광과 운치를 예찬했다. 간죽야화澗竹野花가 푸르고 붉게 어우러져 시필詩筆의 흥취를 북돋운다. 지단芝壇에서는 바둑판을 둘러싸고 신선 놀음이 한창이며, 연사蓮社의 동인들은 시흥이 거나하다. 이때 이 지역 시사詩社의 동인들이 백운동을 찾아와 시회詩會를 가진 자리에 그도 참석했던 듯하다.

| | |
|---|---|
| 티끌세상 번화함은 호걸인 양 사양하고 | 塵世繁華讓如豪 |
| 백운동 언덕 위에 솔 대문 깊이 닫네. | 松門深閉白雲皐 |
| 그대 참으로 고현苦縣 살던 전생의 노자老子일러니 | 子眞苦縣前生李 |
| 나는 선원仙源에서 다시 도원桃園 찾는다네. | 客是仙源更覓桃 |
| 푸른 시내 청령하여 속세 멀리 떨어졌고 | 碧澗淸泠離俗遠 |

| 푸른 산은 우뚝 솟아 사람도곤 드높아라. | 靑山偃蹇與人高 |
| 이제야 알겠구나 창생 건질 큰 인재가 | 也知經濟蒼生手 |
| 높은 재주 진작 품고 스스로를 감춘 것을. | 夙抱英才謾自韜 |

　제3수다. 고현苦縣은 현인 노자가 태어난 고장이다. 이시헌을 전생의 노자로 기리는 한편 자신은 무심코 무릉도원으로 찾아든 어부에 견줬다. 푸른 시내는 속세를 멀리 떠난 느낌을 자아내고 우뚝한 청산은 주인의 기상과 한가지로 드높다. 주인은 경제창생經濟蒼生, 즉 도탄 속의 창생을 건질 만한 인재건만 그 빼어난 재주를 감추고 도광양회韜光養晦의 삶을 살아간다고 말했다. 앞선 작품에서도 반복되었던 어법이다.

　이후 1862년을 전후한 시점에 김유는 다시 백운동을 찾았던 듯하다. 문집에 「이자이 선생을 추억하며 2수追憶李自怡先生二首」가 남아 있다. 당시 이시헌은 이미 세상을 뜬 뒤였다.

| 바윗대엔 찬바람 불고 냇가 솔은 노래하니 | 石筠吹冷澗松籟 |
| 이곳 오매 옛 생각에 잠긴 마음 어이하리. | 到此心如感舊何 |
| 3년의 세월 지나 월나라 조문 탄식하고 | 三載經霜嗟越弔 |
| 하루아침 마른 이슬 제나라 노래 곡하누나. | 一朝晞露哭齊歌 |
| 청산은 주인 있어 진작 문을 열었건만 | 靑山有主曾開戶 |
| 밝은 달에 사람 없어 다시 방문 닫아거네. | 明月無人更閉窩 |
| 알겠구나 선생께서 죽지 않고 바람 되어 | 也識先生風不死 |
| 이따금 남은 가락 숲 언덕서 들려옴을. | 時聞遺韻在林阿 |

　주인을 잃고도 여전한 백운동의 풍광 앞에 대뜸 감구感舊의 감회를 떠올렸다.

3년의 세월이 흘렀다 함은 자신이 이곳을 다녀간 지가 그렇다는 뜻이다. 이로써 보면 앞서 읽은 「다시 백운동에 놀러 와서」는 1858년 즈음에 지은 것이 된다. 밝은 달빛 아래 청산의 사이로 오가는 바람의 노래를 이시헌의 유운遺韻이 스러지지 않고 떠도는 것에 비유한 게 멋지다.

| | |
|---|---|
| 그 사이에 세월이 돌아듦을 탄식하니 | 箇裏光陰轉入嗟 |
| 냇물은 흘러가고 골짝 구름 지나갔네. | 溪流不返峽雲過 |
| 어른이 한 번 가매 청산마저 궁벽하고 | 丈人一去靑山僻 |
| 어린 내가 다시 오자 백발만 무성하다. | 小子重來白髮多 |
| 좌객座客의 정스런 술잔 북해北海 앞에 있고 | 座客情樽前北海 |
| 규선奎仙의 옥바둑판 동파 뒤에 있었지. | 奎仙玉局後東坡 |
| 어디서 초상화로 진영을 우러를까 | 傳神何處瞻眞影 |
| 월출산 높은 뫼를 공경하여 바라보네. | 敬對高峯月出峩 |

세월이 흘러 주인은 가고 없다. 다시 찾은 젊은이의 머리에는 백발이 가득하고 주인 잃은 청산은 갑자기 궁벽한 기색이 역력하다. 예전 거나하던 술자리와 바둑판의 흥취는 이제 찾을 길이 없다. 5구의 북해北海는 후한 때 공융孔融이 북해의 수령으로 있으면서 "자리에 언제나 손님 가득하고 술독에 늘 술만 있으면 내 다른 걱정은 없다"고 했다는 고사를 끌어와 정성으로 손님 대접을 하던 이시헌의 풍모를 그리워한 내용이다. 하지만 이제 그는 없다. 그의 초상화라도 있다면 우러러 마음을 부쳐볼까 했는데 그마저 없는지라 저 높은 월출산만 하릴없이 우러른다는 내용이다.

이상 백운동을 노래한 한시를 두루 살폈다. 위로 김창흡 형제와 신명규, 임영 등의 8영시 연작과 송익휘의 10경시 연작, 그리고 다산과 황상, 이시헌 등의 12

경시, 14경시 연작에 이르기까지 백운동은 오랜 기간 제자들에 의해 지속적으로 노래되어왔다. 또 초의와 허련, 김유 등도 이곳을 노래한 일련의 연작들을 남겼다.

이처럼 끊이지 않고 노래된 백운동 관련 한시의 존재는 백운동 별서 정원의 위상과 가치를 그 자체로 증언하는 소중한 문화유산이다. 그 어떤 별서 정원이 이토록 많은 사랑을 받아온 예가 있었던가? 이밖에 양광식 선생이 엮은 『다산과 강진 백운동』(강진군 문화재연구소, 2012)에는 이금李鈠(1843~1928)과 조승하趙承夏, 조덕봉趙德鳳, 백치겸白致謙 등 강진 지역 사족士族이 백운동을 노래한 한시들이 한두 수씩 수록되어 있다. 인적 사항이나 출전 근거가 밝혀져 있지 않아 이 책에서 미처 다 소개하지 않았다. 나중에 보완할 기회를 갖기로 한다.

제
5
장

# 백운동과 강진의 차문화

그런 뒤에 병으로 돼주어 더욱 심해져서 산양을 봉동으로 지쳉하는 것은 오늘의 미찬들에게 헙값에서일세 이제 금우 때

가 되었으니 다시금 이어서 모내주김 바라네 다만 저마다 무천 따짓는 갖구가 기철어 쩍 좋이가 얼더군 모름지기 재

먼저고 새핀 만리 아우 굽게 뻥아 한 진세 모 만드시 노빵몽로 고무 반우해럭 진통화던 징이거 장은 떠으로 쩌어내

닉라아 끝쩍시 마를 숙가 잎다네 유닌해주면 웃쟁대

조선 후기 문화사에서 백운동 별서가 갖는 또 하나의 특별한 의미는 바로 이곳이 강진 차문화의 한 축을 떠받친 산실이었다는 사실이다. 백운동 별서에는 다산이 백운동 12경 중 하나로 꼽은 운당원의 왕대나무 숲이 있다. 넓은 대지에 펼쳐진 대밭은 그 자체로 장관이다. 이 대숲에는 야생 차나무가 자생한다. 다산은 해배 이후 차 구하기가 어렵게 되자 백운동의 주인인 제자 이시헌에게 떡차 만드는 법을 일러주며 백운동 대밭에서 채취해 만든 차를 구해 마셨다.

이를 계기로 차에 특별한 흥미를 갖게 된 이시헌은 주변의 차 관련 기록에 관심을 기울였다. 그 결과 이덕리李德履의 『동다기東茶記』가 포함된 『강심江心』이란 문집을 필사해 『동다기』의 실물 자료를 세상에 알리는 데 큰 역할을 했다. 이후 일제강점기에는 백운동 입산조 이담로의 10세손인 이한영李漢永이 백운옥판차를 만들어 다맥을 이었다. 우리 차문화사에서 다산 제다법에 따른 백운동의 삼증삼쇄 떡차의 존재는 여러모로 소중한 의미가 있다. 이 장에서는 이렇듯 조선 후기 차문화사에서 백운동이 차지하는 위상에 대해 살펴보기로 한다.

# 다산의 구증구포 죽로차 제다법

강진 백운동과 차의 인연은 자못 유장하다. 백운동 별서의 오른쪽 숲속에 자리 잡았던 백운암白雲庵은 고려시대 불교사에서 대단히 뜻깊은 공간이다. 월출산은 당시 보월산寶月山으로 불렸다. 대각국사大覺國師 의천義天(1055~1101) 스님이 이곳에 들러 지은 「보월산 백운원에 지어 남기다留題寶月山白雲院」란 시가 『대각국사문집』 권17에 실려 있다. 잠깐 읽어본다.

| | |
|---|---|
| 백운원이 흰 구름 끝 기대어 있어 | 院倚白雲端 |
| 찾아오매 세상 근심 느긋해진다. | 尋來世慮寬 |
| 바위틈 물소리 서늘도 하여 | 冷冷巖溜響 |
| 자꾸만 서성이며 머물게 하네. | 敎我重盤桓 |

고려 문종의 넷째 아들이었던 고승이 남방 순례 길에 이곳에 들렀다. 백운원

강진 차밭 풍경.

은 당시 백운동에 있던 사찰의 이름이다. 흰 구름 끝자락에 절집이 자리잡았다. 어렵사리 찾아들고 보니 등에 지고 온 속세의 근심이 어느새 간곳없다. 바위틈을 지나 돌돌돌 흐르는 냇물 소리가 물가를 서성이던 나그네의 발길을 자꾸만 붙든다. 귀를 기울이게 한다. 이미 11세기 후반에 백운원은 월출산 자락에 자리잡고 있었음이 이 시를 통해 확인된다.

의천의 방문 이후 한 갑자가 지난 1205년 가을에는 보조국사普照國師 지눌知訥 (1158~1210) 스님이 이곳 백운암에 머물렀었다. 『동문선』권118에 수록된 「진각국사비명眞覺國師碑銘」은 이규보李奎報가 지었다. 이 글이 새겨진 비석은 현재 백운동에서 얼마 떨어지지 않은 월남사지 인근에 세워져 있다. 보물 제313호다. 진각국사 혜심慧諶(1178~1234)은 지눌의 전법제자로 송광사 16국사 중 제2조가 되는 고승이다.

이규보의 비문 중에 "을축년(1205) 가을 보조국사가 억보산億寶山에 계실 때 국사가 선승禪僧 몇 사람과 함께 보조국사를 뵈러 가다가 산 밑에서 쉬고 있었다. 암자와의 거리가 1000여 보나 되었지만 국사께서 암자 안에 계시면서 시자를 부르는 소리가 멀리까지 들렸다. 이에 게송을 지었다乙丑秋, 國師在億寶山, 師與禪者數人, 方往謁慧山下, 距庵千餘步, 遙聞國師在庵中, 喚侍者聲. 作偈"라는 대목이 나온다. 이때 지었다는 게송은 아래와 같다.

시자 부르는 소리 송라松蘿 안개 속에 지고        呼兒響落松蘿霧
차 달이는 향기는 돌길 바람에 전해온다.        煮茗香傳石徑風
백운산 아래 길로 막 접어들자마자        纔入白雲山下路
어느새 암자 안에서 노사를 만나뵌 듯.        已參庵內老師翁

월남사나 안운부락 쪽에서 백운암을 향해 올라가는 길이었던 모양이다. 스승 계신 암자는 아직 한참을 더 가야 하는데 멀리 바람결에 "여봐라!" 하는 스님의 귀 익은 목소리가 들리고 차 달이는 향내가 돌길을 타고 바람결에 풍겨오는 것이 아닌가. 그는 그 목소리를 듣고 왈칵 반가웠던 나머지 어느새 자신이 암자에 당도해서 스님 앞에 엎드려 있는 것만 같았다고 했다.

이렇게 백운동 관련 기록 첫자리에 이미 '자명향煮茗香', 즉 차 달이는 향기가 함께하고 있다. 고려 불교의 유서 깊은 성지로서 백운암의 성립은 이 책에서 다룰 문제가 아니므로 이 정도로 할애하거니와, 이는 분명 지면을 달리하여 꼼꼼히 살펴보아야 할 내용이다.

이후 백운동에 차 달이는 향기가 다시 피어오른 것은 그로부터 무려 600년이 더 지난 다산 정약용 시대에 이르러서다. 앞서 살핀 『백운세수첩』에 실린 많은 8영시나 10영시 또는 12경시에서도 차에 관한 언급은 일체 보이지 않는다. 흔히 다산을 우리 차문화사의 중흥조라 하거니와 차문화 중흥의 중심에 강진 만덕산과 백운동이 자리하고 있음은 간과되어온 감이 없지 않다.

이제 이 글에서는 다산차와 강진의 연고를 살펴보고 구체적인 제다법과 음다법을 관련 기록을 통해 검토해보겠다. 그간 차계에서 가장 널리 퍼진 오해는 다산이 강진에 귀양온 후 아암兒庵 혜장惠藏(1772~1811)이나 초의 의순에게서 차를 배웠다는 논법이다. 이는 사실과 전혀 다르다. 반대로 혜장과 초의가 다산에게서 차를 배웠다. 다산은 강진에 유배 오기 훨씬 전부터 차를 알고 있었다. 21세 때인 1782년 봄에 지은 「춘일체천잡시春日棣泉雜詩」에서 "백아곡의 새 차가 새잎을 막 펼치니, 마을 사람 내게 주어 한 포 겨우 얻었네. 체천의 물맛은 맑기가 어떠한가? 은병에 길어다가 조금 시험해본다네鴉谷新茶始展旗, 一包纔得里人貽. 棣泉水品淸何似, 開就銀瓶小試之"라고 했고, 역시 20대에 지은 「미천가尾泉歌」에서는 약용으로 용단차龍團茶 마신 일을 적었다. 이밖에 유배 이전 차 마시는 일에 대해 기록한 시가 여러 수 더 있다.

강진에 귀양온 지 4년째 되던 1805년 봄, 다산은 아암 혜장과 교유하면서 다시 차를 마실 수 있게 되었다. 1805년 4월에 다산은 「혜장상인에게 차를 청하며 부치다寄贈惠藏上人乞茗」란 걸명시乞茗詩를 혜장에게 보냈다. 만덕산 석름봉 아래에 좋은 차가 많이 난다는데 자신이 지금 체증으로 큰 고생을 하고 있으니 그 찻잎을 따서 보시해준다면 크게 고맙겠다는 내용을 담았다. 시의 마지막 두 구절은 "모름지기 찌고 말림 법대로 해야, 우렸을 때 빛깔이 해맑으리라焙曬須如法, 浸漬色方灤"이다. 다산은 혜장에게 차를 부탁하면서 제다법까지 꼼꼼하게 일러준 것이다. 혜장은 『견월첩見月帖』에 수록된 답장에서 "늦물 차는 벌써 쇠었을까 염려됩니다. 다만 덖어 말리기가 잘되면 삼가 받들어 올리겠습니다晚茗恐已老蒼, 但其焙曬如佳, 謹玆奉獻也"라고 했다. 이후 문도인 색성賾性 등과 함께 다산의 제다법에 따라 차를 만들어 보냈고, 그것으로 부족하자 1805년 겨울 다산은 저 유명한 「걸명소乞茗疏」를 보내 한 번 더 차를 달라고 요청했다. 이들 사이에 오간 차시와 문답 내용은 필자의 앞선 저술인『새로 쓰는 조선의 차문화』(김영사, 2011)에서 소개한 바 있기에 상세한 내용은 그쪽으로 미룬다.

다산이 강진의 승려들에게 제다법을 가르쳐 차 보급에 앞장선 일은 여러 기록이 한결같이 증언하고 있는 터여서 달리 이론이 있을 수 없다. 이규경李圭景(1788~?)은『오주연문장전산고五洲衍文長箋散稿』중 「도차변증설茶茶辨證說」에서 "교남 강진현에는 만불사萬佛寺에서 나는 차가 있다. 다산 정약용이 귀양가 있을 때, 쪄서 불에 말려 덩이를 지어 작은 떡으로 만들게 하고 만불차萬佛茶라 이름지었다嶠南康津縣, 有萬佛寺出茶. 丁茶山鏞謫居時, 敎以蒸焙爲團, 作小餠子, 名萬佛茶而已"라고 하여 강진 만불차의 존재를 증언했다. 작은 크기의 떡차였으며, 만불사는 강진 만덕산의 만덕사, 지금의 백련사다.

조재삼趙在三(1808~?) 역시『송남잡지松南雜識』중 「황차黃茶」 항목에서 "해남에는 옛날에 황차가 있었는데 세상에 아는 사람이 없었다. 다만 정약용이 이를 알았으므로 이름을 정차丁茶 또는 남차南茶라고 한다海南古有黃茶, 世無知者. 惟丁若鏞知之, 故名丁茶又南茶"라고 써서 다른 이름으로 불리기도 한 해남 황차의 존재를 알렸다. 황차라 한 것은 덖음 녹차가 아닌 발효차란 의미다.

이유원李裕元(1814~1888)은『임하필기林下筆記』중 「호남사종湖南四種」에서 또 이렇게 적었다. "강진 보림사의 죽전차竹田茶는 열수 정약용이 얻었다. 절의 승려들에게 구증구포의 방법으로 가르쳐주었다. 그 품질이 보이차에 밑돌지 않는다. 곡우 전에 딴 것을 더욱 귀하게 치니 이를 일러 우전차雨前茶라 해도 괜찮다康津寶林寺竹田茶, 丁洌水若鏞得之. 敎寺僧以九蒸九曝之法. 其品不下普洱茶. 而穀雨前所採尤貴. 謂之以雨前

<sup></sup>茶可也." 장흥 보림사를 강진 보림사로 적은 것이 특이하다. 이 기록 역시 보림사 죽전차가 다산의 구증구포 제다법으로 만들어졌으며 중국의 보이차처럼 떡차 형태였다고 기록했다.

이상에서 보았듯이 이규경, 조재삼, 이유원 등의 기록은 다산의 지도에 따라 강진 지역에서 생산된 각종 차를 거론했다. 만불차, 정차, 남차, 해남 황차, 죽전 차 등 다양한 이름으로 불렸으나 그 제법을 일러준 사람으로는 서로 입을 맞춘 것처럼 한결같이 다산 정약용을 지목했다. 이렇듯 여러 기록이 일관되고도 분명 하다. 기록마다 차 이름이 달라진 것은 다산의 제다법이 인근에 저마다 빠른 속 도로 전파되었고 영향력 또한 그만큼 대단했다는 증거다.

다산의 제다법은 어떠했던가? 이유원은 앞선 『임하필기』의 기록 외에 자신의 문집인 『가오고략嘉梧藁略』 속에 「죽로차竹露茶」란 장시를 따로 남겼다. 보림사 죽 전차 또는 죽로차에 대한 아주 구체적인 언급이다. 이 속에 다산의 제다법과 법 제 과정 및 포장법과 차 맛이 상세하게 설명되어 있다. 내용이 다소 길지만 전문 을 읽어보겠다.

| | |
|---|---|
| 보림사는 강진 고을 자리잡고 있으니 | 普林寺在康津縣 |
| 호남 속한 고을이라 싸릿대가 공물일세. | 縣屬湖南貢楛箭 |
| 절 옆에는 밭이 있고 밭에는 대가 있어 | 寺傍有田田有竹 |
| 대숲 사이 차가 자라 이슬에 젖는다오. | 竹間生草露華濺 |
| 세상 사람 안목 없어 심드렁히 보는지라 | 世人眼眵尋常視 |
| 해마다 봄이 오면 제멋대로 우거지네. | 年年春到任蒨蒨 |
| 어쩌다 온 해박한 정열수丁洌水 선생께서 | 何來博物丁洌水 |
| 절 중에게 가르쳐서 바늘 싹을 골랐다네. | 教他寺僧芽針選 |
| 천 줄기 가지마다 머리카락 엇짜인 듯 | 千莖種種交織髮 |

| 한 줌 쥐면 동글동글 가는 줄이 엉켜 있네. | 一掬團團縈細線 |
| 구증구포 옛 법 따라 안배하여 법제하니 | 蒸九曝九按古法 |
| 구리 시루 대소쿠리 번갈아서 방아 찧네. | 銅甑竹篩替相碾 |
| 천축국 부처님은 아홉 번 정히 몸 씻었고 | 天竺佛尊肉九淨 |
| 천태산 마고선녀 아홉 번 단약을 단련했지. | 天台仙姑丹九煉 |
| 대껍질로 포장해서 종이 표지 붙이니 | 筐之筥之籤紙貼 |
| '우전雨前'이란 표제에다 품질조차 으뜸일세. | 雨前標題殊品擅 |
| 장군의 군문軍門은 왕손의 집안으로 | 將軍戟門王孫家 |
| 기이한 향 어지러이 자리마다 엉겼구나. | 異香繽紛凝寢讌 |
| 뉘 말했나 정옹丁翁이 차가 정기 씻어냄을 | 誰說丁翁洗其髓 |
| 산사에서 죽로차를 바치는 것 다만 보네. | 但見竹露山寺薦 |
| 호남 땅 귀한 보물 네 종류를 일컫나니 | 湖南希寶稱四種 |
| 완당 노인 감식안은 당대에 으뜸일세. | 阮髥識鑑當世彦 |
| 해남 생달栍橽, 제주 수선水仙, 빈랑檳榔 잎 황차黃茶러니 | 海橽耽蒜檳棚葉 |
| 더불어 서로 겨뤄 귀천을 못 가른다. | 與之相垺無貴賤 |
| 초의 스님 가져와서 선물로 드리니 | 草衣上人齎以送 |
| 산방에서 보낸 편지 양연養硯 댁에 놓였었지. | 山房緘字尊養硯 |
| 내 예전 어릴 적에 어른들을 좇으면서 | 我曾眇少從老長 |
| 은혜로이 한 잔 마셔 마음이 애틋했네. | 波分一椀意眷眷 |
| 훗날 전주 놀러 가서 구해도 얻지 못해 | 後遊完山求不得 |
| 여러 해를 임하林下에서 남은 미련 있었다네. | 幾載林下留餘戀 |
| 고경古鏡 스님 홀연히 차 한 봉지 던져주니 | 鏡釋忽投一包裹 |
| 둥글지만 엿 아니요, 떡인데도 붉지 않네. | 圓非蔗餹餅非茜 |
| 끈에다 이를 꿰어 꾸러미로 포개니 | 貫之以索疊而疊 |

| | |
|---|---|
| 주렁주렁 달린 것이 110개 덩어릴세. | 纍纍薄薄百十片 |
| 두건 벗고 소매 걷어 서둘러 함을 열자 | 岸幘褰袖快開函 |
| 상 앞에 흩어진 것 예전 본 그것일세. | 床前散落曾所眄 |
| 돌솥에 끓이려고 새로 물을 길어오고 | 石鼎撑煮新汲水 |
| 더벅머리 아이 시켜 부채질을 재촉했지. | 立命童竪促火扇 |
| 백 번 천 번 끓고 나자 해안蟹眼이 솟구치고 | 百沸千沸蟹眼湧 |
| 한 점 두 점 작설雀舌이 풀어져 보이누나. | 一點二點雀舌揀 |
| 막힌 가슴 뻥 뚫리고 이뿌리가 달콤하니 | 胸膈淸爽齒根甘 |
| 마음 아는 벗님네가 많지 않음 안타깝다. | 知心友人恨不遍 |
| 황산곡黃山谷은 차시茶詩 지어 동파 노인 전송하니 | 山谷詩送坡老歸 |
| 보림사 한 잔 차로 전별했단 말 못 들었네. | 未聞普茶一盞餞 |
| 육우陸羽의 『다경茶經』은 도공陶公이 팔았으나 | 鴻漸經爲瓷人沽 |
| 보림사 차를 넣어 시 지었단 말 못 들었네. | 未聞普茶參入撰 |
| 심양 시장 보이차는 그 값이 가장 비싸 | 瀋肆普茶價最高 |
| 한 봉지에 비단 한 필 맞바꿔야 산다 하지. | 一封換取一疋絹 |
| 계주薊州 북쪽 낙장酪漿과 기름진 어즙魚汁은 | 薊北酪漿魚汁腴 |
| 차를 불러 종이라 하고 함께 차려 권한다네. | 呼茗爲奴俱供膳 |
| 가장 좋긴 우리나라 전라도의 보림사니 | 最是海左普林寺 |
| 운각雲脚에 유면乳面이 모여듦 걱정 없다. | 雲脚不憂聚乳面 |
| 번열煩熱과 기름기 없애 세상에 꼭 필요하니 | 除煩去膩世固不可無 |
| 보림차면 충분할 뿐 보이차가 안 부럽네. | 我産自足彼不羨 |

죽전차는 대밭에서 나는 차이고 죽로차는 대밭에서 이슬을 받고 자란 차라는 뜻이니 의미가 같다. 대나무는 뿌리가 횡으로 퍼지는 반면 차나무는 수직으

로 뻗는 성질을 지녔다. 양분을 빨아들이는 지점이 서로 다르다. 차나무는 그늘을 좋아하는데 대숲이 위로 솟아 그늘을 드리우고 이슬로 적셔 윤기를 더해주니 대숲 차를 예로부터 으뜸으로 꼽는 이유다.

제다법은 아침芽針, 즉 바늘같이 채 펴지지 않은 창槍 상태의 잎을 따서 구증구포九蒸九曝 곧 아홉 번 쪄서 아홉 번 말리는 고법古法으로 법제한다. 구리 시루에서 쪄서 대소쿠리에서 말리기를 아홉 차례 반복한다. 그것을 인판에 넣고 찍어내 가운데에 구멍을 뚫어 엽전 꿰듯 꿴다. 이를 다시 차곡차곡 포개서 대오리로 포장해 묶는데 한 포에 110개의 떡차를 포장했다.

이유원은 『임하필기』의 「삼여탑三如塔」 항목에서 "내가 임신년(1872) 대보름날 사시향관四時香館에서 고경선사古鏡禪師와 함께 보림차를 마셨다. 대화가 초의에게 미치자 탑명 서문을 적어 서로 보았다. 초의는 금령錦舲 박영보朴永輔와 가장 마음이 맞았다. 보림차는 강진의 대밭에서 나니 우리나라에서 가장 으뜸간다余於壬申上元, 在四時香館, 與古鏡禪, 啜寶林茶. 話及草衣, 錄塔銘序相視. 草衣最有契於朴錦舲. 寶林茶産康津竹田, 爲東國第一品"라며 이 시를 쓸 적의 일을 따로 적어두었다. 강진 대밭에서 나는 죽로차가 우리나라에서 가장 좋은 품질의 차라고 인증했다.

이때 이유원이 마신 차는 보림사 고경선사의 법제로 다산의 제다법에 따라 초의로 이어져온 방법을 그대로 따른 것이었다. 이유원은 자신이 어릴 적에 양연댁, 즉 자하 신위의 집에서 맛보았던 초의 법제차와 똑같은 모습과 맛이었다고 증언했다. 이 시는 여러모로 중요하다. 먼저 다산차와 초의차가 같은 제다법인 구증구포의 방식으로 만들어졌다는 사실을 알려준다. 또 초의 이후에도 고경과 같은 승려가 똑같은 방식으로 차를 만들어 서울로 가져와 선물했던 것이다. 끝부분의 운각雲脚은 차를 끓일 때 구름발이 내려앉듯 끓는 물이 아래로 내려가는 상태를 가리킨다. 명나라 육수성陸樹聲이 『다료기茶寮記』에서 "운각이 점차 내려앉고 유화乳花가 표면에 떠오르면 맛이 가장 좋다雲脚漸垂, 乳花浮面則味全"고 한 데서 따왔다.

다산의 구증구포 제다법은 오늘날까지 많은 논란을 빚어왔다. 다산이 구증구포를 직접 말한 것은 1828년에 지은 「범석호의 병오서회丙午書懷 10수를 차운하여 송옹淞翁에게 부치다次韻范石湖丙午書懷十首簡寄淞翁」란 시의 둘째 수에서다.

| 보슬비가 뜨락 이끼 초록 옷에 넘치기에 | 小雨庭苔漲綠衣 |
| 느지막이 밥하라고 여종에게 얘기했지. | 任教房婢日高炊 |
| 게을러져 책을 덮고 자주 아일 부르고 | 懶抛書冊呼兒數 |
| 병으로 의관 벗어 손님맞이 더뎌진다. | 病却巾衫引客遲 |
| 지나침을 덜어내려 차는 구증구포 거치고 | 洩過茶經九蒸曝 |
| 번다함을 싫어해 닭은 한 쌍만 기른다네. | 厭煩雞畜一雄雌 |
| 시골의 잡담이야 자질구레한 것 많아 | 田園雜話多卑瑣 |
| 당시唐詩 점차 물려두고 송시를 배우노라. | 漸閣唐詩學宋詩 |

위 시의 제5구에 구증구포가 나온다. 직역을 하면 "지나침을 덜어내려고 차는 구증구포를 거친다"는 뜻이다. '설과洩過'는 『좌전左傳』에 "부족함을 건져서 지나침을 줄인다濟其不足, 以洩其過"란 표현에서 알 수 있듯 차의 성질이 지나치게 강한 것을 감쇄시키기 위해 구증구포, 즉 아홉 번 찌고 아홉 번 말리는 과정을 거친經다고 했다. 6구와는 정확히 대구가 되는 구문이므로 아래위 구를 비교해보면 의미가 한층 더 또렷해진다. 이 구절은 그간 학계에서 심한 오역을 낳아왔다.

다산은 1808년 귤동 초당으로 거처를 옮기면서 차를 직접 생산하기 시작했던 듯하다. 이때 혜장은 대둔사로 돌아가 마땅히 부탁할 사람이 없어졌고 또 그렇게 얻는 차로는 필요한 쓰임을 감당할 수가 없었다. 최근에 공개된 다산의 친필 편지가 그 사정을 상세히 말해준다. 차 관련 대목만 가려서 읽겠다.

바삐 쓴 몇 글자의 편지가 세모에 위로가 되기에 충분합니다. 듣자니 되직한 죽처럼 진하게 끓인 차를 날마다 몇 대접씩 마신다니 이 무슨 법이랍니까? 날마다 고깃국을 먹는다 해도 기운이 깎일까 걱정인데 하물며 채소로도 배를 채우지 못하면서 말입니다. 내가 이처럼 곤궁해 남을 구제해줄 만한 물건이 없습니다. 다만 좋은 차를 수백 근이나 쌓아두고 남의 요구를 들어주니 부자라 할 만하지요. 윤경輪卿이가 이번에 부쳐달라고 부탁했지만 서로 아낌이 깊은지라 돈을 받고 팔고 싶지는 않군요. 양해하여주십시오.**34**

1810년 동짓날에 쓴 편지다. 수신자가 누구인지 분명치 않으나 끝에 병척病戚이라 하고 제자 윤경 윤종억尹鍾億을 언급한 것으로 보아 해남 윤씨 집안에 보낸 편지로 여겨진다. 다산이 좋은 차 수백 근을 쌓아두고 남에게 나눠주게 되어 부자라 할 만하다고 한 언급이 주목된다. 1810년에 다산은 이미 대량으로 차를 직접 만들어 보관해두고 있었던 것이다.

제자가 스승에게 편지를 보내 차를 조금 구입할 수 있게 해달라고 요청했지만 돈을 받고 팔 수는 없다며 완곡한 거절의 뜻을 드러냈다. 다산은 편지의 수신자가 날마다 진한 차를 몇 사발씩 마신다는 말을 듣고 고깃국을 먹어도 차를 마시면 기운이 삭는데 채소조차 양껏 먹지 못하면서 차를 그렇게 마시는 법이 어디 있느냐고 나무랐다.

차의 성질이 워낙 강해 침정척기侵精瘠氣, 즉 정기를 깎아내린다는 말은 다산이 시와 편지에서 수도 없이 되풀이해 말한 내용이다. 구증구포나 삼증삼쇄도 이처럼 과한 차의 기운을 누그러뜨리기 위한 것이었다.

다산은 1815년 3월 10일 승려 호의縞衣에게 보낸 편지에서 "떡차 열 덩이로 애오라지 늙은이의 마음을 표시하네茶餅十錠, 聊表老懷"라고 썼고, 1816년 우이도牛耳島 사람에게 보낸 편지에도 "떡차 50개를 보낸다茶餅五十送了"고 적은 것이 있다. 다

산의 떡차 생산량은 한 번에 10개 또는 50개씩 선물로 줄 수 있을 만큼 적지 않은 것이었다. 그 자신이 말한 수백 근은 결코 과장이 아니었을 것이다.

다산이 마신 차는 약용이었다. 오늘날처럼 기호음료로 마신 것이 아니다. 1810년 세모에 쓴 것으로 보이는 편지에서 다산은 "차를 조금 보냅니다. 다만 이 물건은 원기를 크게 손상시키므로 저도 고기를 먹고 체했을 때가 아니면 함부로 먹지 않습니다. 조심하고 조심하시기 바랍니다茶少許送之. 但此物大損元氣, 戚非食肉作滯, 未嘗輕服, 愼之愼之"라고 적었다. 겉봉에 '관성회경冠城回敬 다산사첩茶山謝帖'이라 쓴 편지에서도 "노동盧仝이 차 일곱 사발을 말한 것은 과장된 얘기입니다. 이공봉李供奉도 날마다 300잔을 마시지는 않았을 테지요. 날 위해 말을 전해 조심해서 너무 많이 마시지는 말라고 하십시오. 좁은 집의 차 주머니는 기거에 거추장스러워 괴롭기 짝이 없을 터라 감히 받들어 드리지 않습니다. 속마음을 헤아려

제5장 백운동과 강진의 차문화

차를 언급한 다산의 편지 두 통.

주십시오盧仝七碗, 此是夸談, 李供奉未必日飮三百. 爲我傳語, 愼勿過啜也. 窄屋茶囊, 礙於起居, 可苦之甚. 而不敢奉獻, 庶諒衷悃"라고 썼다. 이때도 상대방이 차를 나눠달라고 요청하자 좁은 거처에 차 주머니를 매달아두는 것이 괴로울 터라 보내지 않는다며 완곡한 거절의 뜻을 표했다. 다산이 차를 몹시 아껴 결코 아무에게나 선물하지 않았음을 잘 보여준다.

앞서 다산의 제다법이 혜장과 초의에게 직접적인 영향을 주었다는 언급을 했다. 실제로 혜장은 만덕사에서 다산에게 차를 만들어 주고 대둔사로 돌아간 이후 특별히 차를 더 만든 흔적을 찾기 어렵다. 초의가 지리산 칠불아원七佛亞院에서 『만보전서萬寶全書』를 보고 그중 「채다론採茶論」에 흥미를 느껴 필사해온 것이 1828년이며, 홍현주洪顯周를 위해 『동다송』을 지어 보낸 것은 그로부터 9년 뒤인 1837년의 일이었다. 다산이 1810년 당시 이미 해마다 수백 근의 차를 생산하는 체계를 갖추고 있었던 시점과 근 20년 이상 차이가 난다. 뿐만 아니라 초의의 시집 어디에도 이 시기에 차에 대해 언급한 내용을 찾아볼 수가 없다. 그런데 무슨 수로 초의가 다산에게 차를 가르친다는 말인가? 훗날 부지런히 차를 만들어 두릉의 다산 집안에 보냈던 승려 호의만 해도 1815년까지는 오히려 다산에게 떡차를 선물받고 있는 형편이었다.

단언컨대 강진 지역에서 우리 차문화가 새롭게 중흥을 맞은 진원에는 다산이 있었다. 다산 없는 강진차는 생각할 수 없고, 강진 아닌 다른 지역의 다산차도 성립되지 않는다. 초의차는 다산차와 20년 이상의 시간차가 있다. 다시 말해 강진 지역은 조선 후기 차문화 융성의 최전선이었다. 이곳에서 우리 차문화 중흥의 신호탄이 다산에 의해 쏘아 올려졌다. 그 의미를 놓친 채 오늘날 강진차의 명성을 타지에 내주고 만 것은 몹시 안타까운 일이다.

백운동의 삼증삼쇄 떡차와 이덕리의 『동다기』

이제 백운동에서 만든 차에 대해 살펴봐야 할 것이다. 앞 절에서 다산이 백운동에 보낸 편지 여덟 통과 다산의 아들 정학연이 보낸 한 통의 편지를 소개한 바있다. 이중 차에 관한 내용만 다시 간추려 읽는다.

먼저 다산의 제5신 「두릉에서 보낸 안부 편지斗陵侯狀」에 차에 관한 대목이 나온다.

> 나는 전처럼 기운이 떨어진 데다 근래 들어 풍까지 더해져 목 부위를 못 쓰
>
> 니 더욱 못 견디겠네. 차의 일은 이미 해묵은 약속이 있었기에 이번에 환기
>
> 시켜드리네. 조금 많이 보내주면 고맙겠군.**35**

전후 내용은 앞 절에서 자세히 살폈다. 1827년 3월쯤 보낸 편지로 생각된다. 해묵은 약속 운운한 것으로 보아 이시헌이 전부터 차를 만들어 다산에게 보냈

던 것은 아닌 듯하다. 상경 이후 매년 수백 근씩 직접 만들어 먹던 다산의 차 양식이 절대적으로 줄어들게 되었다. 이것이 못내 아쉬웠던 다산은 백운동의 그 울창한 대숲과 그곳에 자생하는 차나무를 새삼 떠올려 이시헌에게 차를 만들어 보내줄 것을 요청했고, 위 편지에서 그런 약속을 환기시킨 것이다.

이어 여덟 번째 편지에서 문제의 대목이 나온다.

> 근년 들어 병으로 체증이 더욱 심해져서 잔약한 몸뚱이를 지탱하는 것은 오로지 떡차茶餠에 힘입어서일세. 이제 곡우 때가 되었으니 다시금 이어서 보내주길 바라네. 다만 지난번 부친 떡차는 가루가 거칠어 썩 좋지가 않더군. 모름지기 세 번 찌고 세 번 말려 아주 곱게 빻아야 할 걸세. 또 반드시 돌샘물로 고루 반죽해서 진흙처럼 짓이겨 작은 떡으로 찍어낸 뒤라야 찰져서 먹을 수가 있다네. 유념해주면 좋겠네.[36]

1830년 3월 15일에 썼다. 앞서 「범석호의 병오서회 10수를 차운하여 송옹에게 부치다」에서 구증구포를 말한 지 불과 2년 뒤다. 이 편지에서 다산은 문득 횟수를 줄여 '삼증삼쇄三蒸三曬'라 했다. 구증구포가 지나치다고 보아 앞서의 주장을 바꾼 것일까? 혹은 섬세한 손길이 가야 하는 구증구포를 횟수대로 소화해내기에는 이시헌의 경험이 부족하다고 생각했던 것일 수도 있겠다. 분명한 의도를 알 수는 없지만 횟수의 많고 적음은 차이 나도 증포의 횟수를 반복하는 점은 한결같다. 이 글은 다산이 자신의 제다법을 직접 정확하게 단계별로 나눠 설명했다는 점에서 대단히 중요한 기록이다. 제다법의 단계를 글에 따라 분절하면 다음과 같다.

1. 찻잎을 딴다.

2. 삼증삼쇄, 즉 세 번 쪄서 세 번 말린다.

3. 분말이 곱도록 절구로 빻는다.

4. 돌샘물로 반죽한다.

5. 진흙처럼 완전히 뭉크러지게 찧는다.

6. 인판에 찍어 작은 떡으로 만든다.

다산이 직접 설명한 의심의 여지 없는 다산 제다법의 전 과정이다. 초의의 제다법과 고경 선사의 제다법도 이와 크게 다르지 않을 것이다. 이 점에 대해서는 앞서 언급한 책에서 상세히 살폈고 앞으로 별도의 고찰을 통해 더 깊이 다루겠다.

한편 1857년 11월 22일 정학연이 쓴 「백운산관에 보내는 정학연의 답장謹拜謝上 白雲山館經几下」에 "네 봉의 좋은 차와 여덟 개의 참빗은 마음의 선물로 받겠소. 깊이 새겨 감사해 마지않소四帖香茗, 八箇細篦, 仰認心貺, 鐫慼曷極"라고 한 것은 대단히 인상적이다. 이시헌은 1830년 스승 다산에게 떡차를 만들어 보냈고, 이후 27년이 지난 1857년까지도 여전히 차를 만들어 다산의 아들에게 차를 보내고 있었던 셈이다. 이때는 다산이 세상을 뜬 지 이미 21년이 지난 시점이었다.

이때쯤이면 이시헌의 제다 경력도 30년에 가까워지는 시점이어서 백운동 대밭에서 나는 삼증삼쇄 떡차 또한 초의차 못지않은 풍미를 지녔을 것으로 보인다. 글에서 차를 헤아리는 단위를 4첩帖이라 했는데 이 또한 앞의 「죽로차」 시로 미루어볼 때 잎차가 아닌 떡차를 포장한 단위로 보아야 한다.

이렇게 해서 차에 대한 관심을 점차 키워온 이시헌은 자신의 문집에 몇 수의 차시를 남겼다. 이를 통해 백운동 원림에서 이루어진 그의 차생활을 엿볼 수 있다.

| | |
|---|---|
| 흰머리로 뜬금없이 선관仙官을 꿈꿨지만 | 白首無賴夢仙官 |
| 세상 사람 기뻐함은 만나보기 어려웠네. | 世人難逢强半歡 |
| 얼마 못 가 눈 어두워지면 글자 보기 힘들겠고 | 未幾昏眸妨識字 |
| 몇 안 되는 성근 터럭 관조차 못 이기리. | 無多薄髮不勝冠 |
| 구름 창에 잠 깨어나 묵은 글 뒤적이다 | 雲牕睡罷尋蠹簡 |
| 다조茶竈 연기 잦아들 제 용단차龍團茶를 끓이누나. | 茶竈煙消煮龍團 |
| 정선대 위 가끔 가서 대 위를 바라봐도 | 時向停仙臺上望 |
| 날개 돋아 신선 되어 날아오름 어려워라. | 飛昇難得化羽翰 |

『자이당집』 상권에 수록된 「황정이 3년간 벼슬길에 있다가 어버이를 뵈러 고향에 돌아왔다기에 육방옹의 시운으로 지어서 부치다篁亭宦遊三載, 歸覲還鄕云. 拈放翁韻以寄」란 긴 제목의 5수 중 마지막 시다. 백운동 흰 구름 속 유거幽居에서 신선을 꿈꾸며 살아가는 나날을 노래했다. 흰머리에 눈은 어둡고 머리카락은 빠졌어도, 운창雲牕에서 옛 글을 뒤적이다 무료하면 다조에 용단 떡차를 끓여 마신다. 산보 삼아 집 앞의 정선대로 올라가 멀리 월출산 구정봉을 올려다보며 문득 날개가 돋아 훨훨 선계로 날아올라갔으면 하는 바람을 노래했다.

또 「동려가 와서 밤중에 소동파의 시운으로 짓다桐廬至夜拈坡詩韻」 4수 중 제3수의 5, 6구에서는 "일곱 사발 차 마시자 막걸리가 생각나고, 삼첩의 시 지은 뒤 길게 노래 부르네茶七碗餘思薄酒, 詩三疊後且長歌"라고 했다. 「파산이 와서 소동파의 시운으로 짓다坡山至拈坡詩韻」의 7, 8구에서도 "일곱 사발 향차에 마음조차 담박하니, 석 되 술로 어이 굳이 동고東皐를 사모하리七椀香茶心淡泊, 三升何必戀東皐"라고 했다. 「실제失題」 3수의 제2수 5, 6구에서도 "시름 녹임 구태여 석 잔 술이 필요 없고, 근심 흩음 오히려 한 잔 차로 충분하리消愁未必三盃酒, 散慮猶須一碗茶"라고 했다. 차가 그의 생활 속에 깊숙이 들어와 한 반려로 자리잡고 있음을 본다.

한편 백운동 가장家藏 문헌을 조사하던 중 어느 책의 갈피에는 "월출산에서 생산된 작설차 한 갑과 황촉 두 자루를 올립니다月山所産雀舌茶一匣, 黃燭二柄付上"라고 쓴 이시헌의 친필 글씨가 있었다. 또 이시헌의 아들 이면흠李勉欽(1834~?)이 1889년 7월 25일 누군가에게 보낸 편지 중에서도 "향명香茗 8갑匣을 삼가 드리오니 정으로 받아주기를 바랄 뿐입니다香茗八匣伏呈, 領情伏望耳"라고 한 언급을 발견했다. 이 기록들은 이시헌 당대부터 후대에 이르기까지 월산작설차月山雀舌茶 또는 향명의 이름으로 차가 꾸준히 생산되고 있었음을 증언한다.

백운동에 자생하는 차나무를 둘러보는 10대 동주 이효천 옹(작고).

이러한 음다풍은 일제강점기 백운동 인근 월남리에 살던 이 집안의 이한영(1868~1956)이 만들어 판매한 금릉월산차金陵月山茶나 백운옥판차白雲玉版茶로 그 맥이 이어졌다. 금릉金陵은 강진의 옛 이름이고, 월산月山은 월출산을 줄여 말한 것이다. 백운옥판차란 백운동 옥판봉에서 나는 차라는 뜻이다. 이곳 대숲에서 자라는 야생차를 따서 만든 백운동의 월산작설차는 이효천李孝天(1933~2012) 옹에 의해 최근까지 만들어졌다.

한편 필자는 2006년 가을 백운동 별서를 처음 찾았다가 이효천 옹에게서 필사본 한 권을 빌려 보았다. 『강심江心』이라는 낯선 표제에 행초체로 흘려 쓴 책자였다. 그중 「기다記茶」란 제목의 글이 흥미로웠는데, 분석 과정에서 이 자료가 바로 초의 선사가 『동다송』에 한 단락 인용함으로써 그 존재를 알린 『동다기東茶記』라는 사실을 확인할 수 있었다. 『동다기』는 1992년 월간 『다담』이란 잡지에 용운 스님이 최초로 발굴해 소개한 바 있는 자료다. 그런

향명팔갑香茗八匣이란 내용이 들어 있는 이면흠의 편지.

월산작설차 메모.

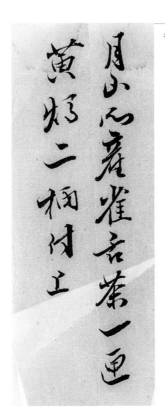

데 『강심』에 수록된 내용이 분량이 훨씬 더 많을 뿐 아니라 오자나 누락이 없는 완정한 것이어서 이 자료의 발견은 차계를 크게 술렁이게 하는 낭보가 되었다. 『동다기』의 내용과 자료적 가치에 대해서는 필자가 앞선 책에서 이미 상세히 고찰했고, 또 주석을 달아 정리하는 작업이 현재 마무리 단계에 있으므로 여기서 장황하게 다시 설명하지는 않겠다.

이 책이 어떻게 백운동에 남게 되었을까? 『강심』의 필사자는 바로 이시헌이었다. 표제 아래에 '자이서고自怡書庫'라는 네 글자가 적혀 있다. 이 책의 부기附記를 통해 『동다기』의 저자가 이덕리李德履(1728~?)라는 사실도 처음으로 밝혀졌다. 이덕리는 어째서 이 책을 필사했을까? 다산의 요청으로 제다에 관심을 갖게 된 후 참고될 만한 다른 자료들을 검토하다가 이 책이 눈에 띄자 흥미를 느껴 적었던 것으로 보인다. 이 책은 중국 북방 민족과의 차 무역을 통해 엄청난 국부를 창출할 수 있고 이를 통해 국방에 필요한 재원을 마련할 수 있다는, 당시로서는 파격적이고도 놀라운 주장을 담고 있다. 또 그 시대의 차에 대한 인식 수준을 보여주는 다양한 기록이 함께 들어 있어 조선 차문화사 연구에 없어서는 안 될 소중한 저작이다.

이시헌이 『강심』을 필사한 정확한 시점은 알 수 없다. 다산은 『경세유표』와 『대동수경』에서 각각 한 차례씩 이덕리의 다른 저술인 『상두지桑土志』를 인용하고 있는데, 막상 이덕리의 「기다記茶」는 못 보았던 듯 자신의 「각다고榷茶考」 같은 논문에서도 따로 언급하지 않았다. 다산이 이덕리의 『동다기』를 보았다면 어떤 경로로든 한두 차례 언급을 남기지 않았을 리 없다. 이로 보아 이시헌이 이 책을 필사한 시점 또한 1830년 이후의 일로 짐작된다.

어쨌거나 다산의 제자 이시헌은 다산의 제다법에 따라 돌샘물로 반죽해 인판에 찍어낸 삼증삼쇄 떡차를 지속적으로 만들었다. 처음 만든 이후 30년 이상 차를 생산했던 것으로 보인다. 여기서 생겨난 차에 관한 흥미가 당시로서는 매우

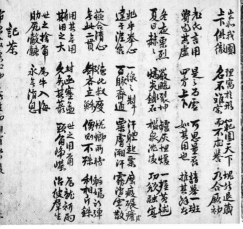

『강심』 표지와 「기다記茶」의 첫 면.

드문 차 문헌인 『동다기』의 필사로 이어져 이 자료가 후세에 오롯이 전해지는 계기가 되었다.

이시헌의 5세손인 이효천 옹 또한 생전에 구증구포의 덖음차를 직접 만들어 주변 사람들과 함께 나누곤 했다. 그가 만들었던 차는 떡차가 아닌 잎차 형태였다. 그의 생전 설명에 따르면 가마솥에 차를 쪄서 뜨거울 때 꺼내 한 김을 식힌 후 마르기 전에 다시 솥에 넣어 쪄내는 과정을 아홉 번 되풀이한다고 했다. 그렇게 해서 말린 찻잎을 다산의 말처럼 돌절구에 넣은 뒤 곱게 빻지 않고 그냥 보관해 뜨거운 물에 우려 마셨다. 보관에 문제가 없어 발효의 걱정이 없기 때문이다. 필자 또한 그 차를 여러 해 동안 얻어 마셔보았다. 마신 후 이뿌리에 단맛이 감도는 아주 순하고 향기로운 차였다.

이상 살펴본 대로 백운동에서 제다의 역사는 다산의 가르침을 받은 이시헌이 그 제다법에 따라 삼증삼쇄 떡차를 만들면서 시작되었다. 이후 '사첩향명四帖香茗'

**275**

이효천 옹이 생전에 구증구포 제법에 따라 만든 차(2006년).

'작설차일갑雀舌茶一匣' '향명팔갑香茗八匣' 등 표현을 달리해 백운동에서 오늘날까지 오랜 세월 차가 지속적으로 만들어져왔다.

1940년 일본인 모로카 다모쓰諸岡存(1879~1946)와 이에이리 가즈오家入一雄(1900
~1982)가 『조선의 차와 선禪』을 펴냈다. 이 책을 통해 강진 백운동의 차가 돌연
주목을 받았다. 이 책의 「현지답사」 부분을 집필했던 이에이리는 1925년 수원고
등농림학교를 졸업하고 1932년 전남 산업부 산림과로 발령받은 이래 1938년 전
라남도 임업시험장에 근무하고 있었다. 그는 강연차 광주에 들른 모로카 박사와
만난 것을 계기로 1937년부터 1939년까지 3년간 전남의 차 산지를 답사해 기록
으로 남겼다.

　이에이리는 당시 장흥과 강진, 해남 지역의 청태전靑苔錢을 조사해 제법과 그
상태를 상세히 보고했다. 1939년 2월 23일 그는 강진읍 목리牧里에서 유재의劉載
義(1894~1971)와 만나 청태전에 대한 설명을 들었다. 헤어질 때 유재의 씨가 녹자
판綠字板 표면에 백운옥판차白雲玉版茶라 찍고 뒷면에는 꽃문양을 찍은 장방형의
차 꾸러미를 내놓았다. 종이 꾸러미의 두께는 서 푼(0.9센티미터), 길이는 닷 치(15

센티미터), 폭은 세 치 서 푼(9.9센티미터)가량에 무게는 15돈중(56.25그램)이었다. 꾸러미 속에는 대나무로 테를 둘러 꾸러미의 모양을 가지런히 잡아주었다.

이 상등의 작설차를 유재의는 성전면 수양리 사람에게 1년 전 한 꾸러미에 10전을 주고 샀다고 했다. 이 차가 청태전이라 부르던 떡차가 아닌 잎차 형태여서 이에이리는 여기에 대단한 흥미를 느꼈다. 이틀 뒤인 2월 25일 성전면으로 찾아와 이 차를 만든 당시 71세의 이한영을 방문했다. 이한영은 백운동 별서의 입산조인 이담로의 8대손이다. 이담로의 손자 이언길의 맏아들 의권毅權이 백운 별서를 물려받아 이후 9대에 걸쳐 이어왔고 이한영은 둘째 아들 의천毅天의 5대손이다. 의천의 묘소가 백운동 별서 경내 대숲 곁에 모셔져 있는 것만 봐도 두 집안 간의 척분이 가까웠음을 알 수 있다.

당시의 인터뷰에서 이한영은 자신의 제다법과 차의 종류별 차이, 판매 가격 등을 상세히 설명했다. 이제 그 내용을 간략히 정리해본다.

월남리 인근 산에는 차가 자생하는 곳이 많다. 이한영은 어려서부터 차를 만

이에이리의 책에 실린 유재의의 모습. 오른손에 들고 있는 꾸러미가 바로 청태전으로 불리던 떡차다.

들었다. 옛날에는 '금릉월산차金陵月山茶'를 목판에 새겨 찍었다. 이 목판을 영암군 미암면 봉황리에 사는 이낙림李洛林(1875~1948)이 가져갔다. 그 또한 원주 이씨 일가다. 이후 자신은 '백운옥판차'란 상표를 만들어 판매하고 있다. 의미는 백운동 옥판산에서 나는 차라는 뜻이라고 했다. 찻잎은 곡우에서 입하까지 따고 채취 시기와 방법에 따라 등급을 나눈다. 차에서는 온돌 냄새가 나며 상품上品일수록 찻잎이 가늘었다. 이한영은 인터뷰에서 다음과 같은 네 가지로 차의 등급을 분류했다. 대단히 흥미롭고 중요한 내용이다.

| 종류 | 찻잎의 상태 | 가격 |
|---|---|---|
| 맥차麥茶 | 갓 돋아나오는 어린 싹 | 7홉에 옛날 돈 한 냥쯤. 벼슬아치의 분부로 만들어 서울로 보냄 |
| 작설雀舌 | 맥차를 따고 난 후 싹이 끝이 둘로 갈라져 나온 것. 잎을 둘 또는 셋쯤 붙여서 딴 것 | 20전 |
| 모차矛茶 | 맥차를 따고 싹의 뾰족한 끝이 셋 이상으로 갈라진 것 | 15전 |
| 기차旗茶 | 잎이 넓어지고 나서 딴 것 | 10전 |

찻잎의 상태에 따라 맥차麥茶, 작설雀舌, 모차矛茶, 기차旗茶의 네 단계로 구분했다. 맥차는 맥과차麥顆茶라고도 하는데 처음 순이 움터 보리알만 한 상태의 지극히 여린 잎만 모아서 만든 차다. 작설은 1창槍 2기旗 또는 1창 3기 상태의 여린 잎을 모아 만든다. 이것이 사실상 최고급 차다. 모차는 1창 3기 이후에 찻잎이 줄달아 달린 것을 딴 것이다. 이때 모矛는 창槍의 의미로 쓴 듯하다. 기차는 잎이 완전히 자라 쇤 뒤에 딴 하급 차다. 깃대처럼 말려 있던 잎이 깃발처럼 완전히 펴진 상태다. 이른바 만명晚茗이라 일컫는 늦물차에 해당된다. 이 같은 분류는 『다경』에서 차의 채취 시기에 따라 다명천설茶茗荈蔎로 구분한 것과 방식이 같다.

채취는 이른 아침부터 낮까지 이루어진다. 가마에서 덖거나 시루로 쪄서 비빈

제5장 백운동과 강진의 차문화

다. 차가 푸른 빛깔을 잃었을 무렵 불을 멈추고 손으로 비벼 종이를 온돌에 깔고 한 시간쯤 말린다. 조선 항아리에 넣어 저장한다. 포장은 소나무로 만든 틀에 천으로 된 끈을 놓고 그 위에 포장지를 깐다. 틀의 홈에 16돈중(약 60그램)의 차를 넣고 다시 깐 종이를 접어 이음새에 풀을 붙여 완성한다. 1년에 50개에서 200개 정도 팔리고 자가용으로는 10개면 충분하다. 청태전은 5월 상순부터 5월 15일경까지 딴 차로 병차餠茶라 한다. 기차보다 낮은 등급으로 100개쯤 꿰어 집에 매달아두고 필요할 때 마신다. 100개에 5전에서 10전가량 한다.

남아 있는 상표지는 앞면은 연속무늬를 새긴 방형의 틀 안에 예서로 '백운옥판차白雲玉版茶'라고 새겼다. 뒷면은 차꽃이 아닌 매화 가지를 새기고 상단에는 전서체로 '백운일지白雲一枝', 하단에는 '강남춘신江南春信' 네 글자를 새겼다. '일지춘一枝春'은 예로부터 매화를 말하며 춘신春信 또한 그러하다. 차 포장지에 매화를 그린 까닭은 알 수 없으나 백운동은 백매오百梅塢의 매화 동산이 유명했으므로

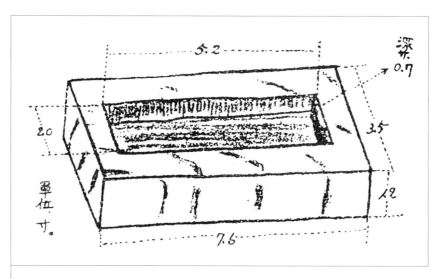

이에이리 책에 나오는 백운옥판차 포장대 모습.

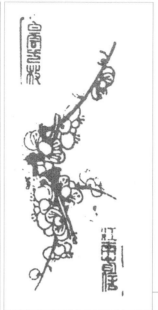

백운옥판차 포장지 사진.

그랬겠다 싶기도 하다.

　이에이리는 1939년 2월 25일 인터뷰 당시 병으로 누워 있던 이한영에게 기념 사진 촬영을 부탁했고 이에 그는 정장을 하고 마당에 나와 촬영에 응했다. 마당에 멍석을 깔고 찍은 사진이 남아 있다. 희미하지만 그는 손에 백운옥판차의 포장틀을 들고 있고 자리 앞쪽에는 크기가 다른 세 개의 틀이 보인다. 이에이리의 인터뷰 내용에 나오는 네 등급의 차를 각기 다른 크기의 용기로 구분해 담았던 것은 아닐까 짐작해본다.

　한편 책 속에는 다섯 달 뒤인 1939년 7월 27일에 소천小川이란 일본인이 이한영을 다시 찾아와 찍은 사진 한 장이 더 실려 있다. 이한영의 집 마루에서 대소 쿠리에 담긴 찻잎을 옆에 놓고 직접 포장하는 시범을 보여주는 모습이다.

마당에 앉아 있는
이한영의 모습.

마루에서
포장하는 모습.

한편 백운동의 이효천 옹이 지니고 있다가 이한영의 증손인 이효명李孝明에게 양도된 '월산차月山茶'라 새겨진 목판이 따로 전한다. 이것이 이낙림 씨가 앞서 가져갔다던 그 '금릉월산차'의 상표를 되살리려 만든 것인지는 알 수 없으나 최근 것은 아니다. 예서체로 중앙에 '월산차' 세 글자를 새기고 사이사이의 여백에는 찻잎을 문양으로 넣었다. 그리고 아래쪽 양옆에 찻잔에서 김이 모락모락 올라오

월산차 상표틀.

는 모양을 새겨놓았다. 이 목판에 대해서는 필자 또한 이효천 옹 생존 당시 따로 들은 것이 없어서 더 쓸 내용이 없다.

이상 정리한 이한영의 백운옥판차는 우리 차 문화사에서 특별히 몇 가지 의의를 지닌다. 첫째, 그의 백운옥판차가 강진 백운동 옥판봉 인근에서 나는 찻잎을 채취해 만들었고 이것이 이시헌 당대로부터 내려온 제다의 전통을 잇고 있다는 점이다. 둘째, 그가 차의 채취 시기에 따라 명확히 네 단계로 나누어 제품을 구분한 사실이다. 제품에 따라 포장도 달랐을 법한데 구체적인 자료는 남아 있지 않다. 셋째, 이전처럼 삼증삼쇄 이후 분말을 내어 떡차로 찍어내지 않고 항아리에 보관하는 방법을 개발해 잎차 형태로 발전시킨 점이다. 그는 늦물차로만 떡차를 만든다고 증언했다. 하지만 다산이나 이시헌 당대에는 곡우 때 딴 여린 잎으로도 떡차를 만들었다. 넷째, 처음으로 표준화와 상표 개념을 도입해 상품 포장까지 해서 직접 다니면서 판매한 점이다. 조선에

서 차 상품화의 첫머리에 그가 놓이는 이유다. 백운옥판차, 금릉월산차, 월산차 등의 상표명이 지금까지 확인된다. 이 같은 상업화의 바탕에는 일본 차 제품의 수요에서 받은 자극이 있었을 것이다.

논의를 정리한다. 강진 지역은 조선 후기 차문화 중흥의 진원지였다. 그 진앙에는 다산 정약용이 있다. 유배 전 서울 시절부터 차에 식견을 지녔던 다산은 강진 유배 후 건강상의 이유로 차가 간절히 필요했다. 처음 읍내 주막집에 머물던 시절 아암 혜장과 그의 제자들에게 제다법을 일러주어 차를 구해 마셨다. 만불차, 정차, 남차, 해남 황차, 죽전차, 죽로차 등의 다양한 이름으로 불린 다산차는 구증구포 또는 삼증삼쇄로 제다해 곱게 분말을 내서 돌샘물에 이겨 인판에 찍어낸 떡차 형태였다.

다산은 1810년경부터 1년에 차를 수백 근씩 생산하는 자급자족 체계를 확고하게 갖추어 주변에서 돈을 주고 이를 구입하려 애쓰는 모습마저 포착된다. 이런 과정을 거쳐 다산차의 효능이 알려지고 제법이 보급되면서 인근 보림사와 만덕사 등 여러 사찰로 확산되었다. 다산은 만덕사만이 아니라 보림사와 해남 지역까지도 자신의 제다법을 널리 보급해 지속적으로 퍼져나갔다.

강진 백운동 이시헌은 다산 해배 후 다산의 부탁으로 백운동 운당원 대숲에서 자생하는 찻잎을 채취해 삼증삼쇄 떡차를 만들기 시작했다. 이후 향명 또는 작설차의 이름을 걸고 후손에 이르기까지 백운동 차는 지속적으로 생산되었다. 일제강점기에 이한영은 이 같은 전통을 이은 바탕에서 최초로 품질에 따라 표준화된 규격으로 백운옥판차, 금릉월산차 등의 차별화된 상표를 붙여서 판매했다.

현재 백운동 별서 인근에는 광범위하게 태평양 설록다원이 조성되어 있어 주요한 차 생산지의 한 곳으로 각광받고 있다. 이전의 차 재배와 차 생산의 전통이 기업과 만나 발전적 형태로 자리잡은 것이다. 월남사지 인근의 이한영 생가는 현재 새롭게 복원되어 찻집과 함께 보존되고 있다. 따라서 이 책에서 소개한 백운

동 별서 정원과 인근의 강진 태평양 다원을 하나의 벨트로 묶는 차문화 권역의
설정이 어느 때보다 요긴하다 하겠다.

# 결론

맥운동은 뿐 아니는 조선시대 별서 정원의 원형이 그대로 남아 있는 유사 깊은 공간이다. 매운농은 현재 우리나라의 대

표적인 전통 원림으로 각광받아 당양 소쇄원 이상의 장재 가치를 지닌다. 유상곡구는 민가 정원에 유일하게 남아 있고

규모 또한 제일 크다. 상하로 어어진 두 개의 방식는 호남 정원의 원형 중 하나로 소쇄원과 명독한, 다신초당과 일지암

등에서 공통적으로 보이는 특징이다.

지금까지 백운동 전통 별서 정원의 공간 구성과 배치를 살피고 각종 문헌 자료를 통해 그 연원과 유래를 알아보았다. 12대에 걸쳐 대물림해온 역대 백운동 주인의 자취도 함께 검토했다. 또 다산 정약용의 『백운첩』을 통해 백운동 12경을 풍경점별로 살펴 원림의 세부 윤곽을 꼼꼼히 복원하고, 이후 17세기 후반부터 19세기에 이르는 역대 문인들이 남긴 백운동 관련 시문 자료 전체를 읽어보았다. 아울러 다산에서 일제강점기 이한영까지 이어지는 차문화의 산실로서 백운동이 지니는 위상을 짚어봤다.

이 장에서는 문화 공간으로서 백운동 전통 별서 정원이 점하는 위상을 검토하고 이에 걸맞은 공간으로 재탄생하기 위해 몇 가지 제안해보기로 한다. 이어지는 부록에서는 백운동 관련 주요 인물의 행장과 묘비문 및 주요 기록을 원문과 번역문으로 소개하고, 백운동의 주요 전적 자료 및 문물의 사진을 간략히 보여주는 것으로 이 책을 마무리하겠다.

이제 백운동 전통 별서 정원의 위상 제고를 위한 제안을 다음과 같이 제시한다.

첫째, 백운동은 몇 안 되는 조선시대 별서 정원의 원형이 그대로 남아 있는 유서 깊은 공간이다. 백운동은 현재 우리나라의 대표적인 전통 원림으로 각광받아 한 해에 100만 명 이상이 다녀간다는 담양 소쇄원 이상의 잠재 가치를 지녔다. 유상곡수는 민간 정원에 유일하게 남아 있고 규모 또한 제일 크다. 상하로 이어진 두 개의 방지方池는 호남 정원의 원형 중 하나로 소쇄원과 명옥헌, 다산 초당과 일지암 등에서 공통적으로 보이는 특징이다. 『주역』의 이택麗澤괘에 아래위로 이어진 못이 서로 물길을 대어준다는 설명에서 동학 간에 권면상장勸勉相長하는 의미를 이끌어낸 뜻깊은 상징물이기도 하다. 이 유상곡수의 존재만으로도 백운동의 가치는 빛난다. 한편 백운동 별서 정원은 동백숲과 대숲에 둘러싸인 사계절 상록의 공간이다. 향후 본채 복원을 마치고 화계에 모란과 영산홍 등 각종 꽃나무를 심고 매화와 국화를 규모에 맞게 배치할 경우 면목이 한층 일신될 것이다. 겨울에는 매화와 동백이, 봄에는 모란과 영산홍이 환하다. 가을에는 국화 향기가 짙다. 여름철 유상곡수에 물을 흘려 술잔 띄우기의 풍류를 재현하는 것도 멋진 볼거리다. 현재 방치되어 있는 대숲을 정돈해서 구획별로 공간을 분할해 종자를 나눠 심고 중간에 산책로를 조성하면 근사한 문화 공간으로 재탄생할 수 있다. 이것이 실현된다면 백운동 별서는 과거의 원형을 보존해 오늘날 새롭게 되살린 문화 명소로 각광받게 될 것이다.

둘째, 백운동 별서 정원은 다산 정약용을 비롯한 역대 명류들의 시문이 대거 남아 있는 문화 공간이다. 김창흡과 김창집 형제의 8영시를 출발점으로 신명규와 임영의 8영시가 나란하다. 송익휘는 별도로 10영시를 남겼다. 정약용을 필두로 그의 제자 황상과 이시헌이 12경시와 14경시를 추가했다. 이밖에 이하곤, 김재찬, 초의, 허련, 김유 등 쟁쟁한 문인들이 다 이곳에 들러 시문을 남겼다. 동일한 장소가 이토록 오랜 기간에 걸쳐 반복적으로 노래된 경우는 백운동 별서 외에 달리 꼽기가 어렵다. 더욱이 많은 글이 본인의 친필로 남아 있는 점은 그 가치를 더욱 돋보이게 한다. 특별히 다산이 꼽은 백운동 12경의 풍경점마다 다산 친필의 현판을 새겨 걸고, 건물 기둥에 다산의 친필 시를 판각해 내걸면 공간의 운치가 한층 배가될 것이다. 공간을 이동하며 해당 시와 현판을 새겨 작은 순례 코스로 개발할 경우 감상의 흥취를 더할 수 있다. 『백운세수첩』과 다산 친필의 『백운첩』이나 「백운동도」 그림의 복제품을 만들어 상품화할 수 있고, 12경의 풍경점별로 시를 모은 작은 소책자 시집을 별도로 간행해 제작하는 것도 고려해 봄 직하다.

셋째, 백운동 별서 정원은 차문화사의 중요 문헌인 『동다기』가 발굴되고 다산의 제다법에 따라 삼증삼쇄 떡차가 만들어진 차문화의 역사적 현장이다. 다산이 제다법을 적어 보낸 편지의 설명대로 인근 차밭에서 찻잎을 채취해 제다 체험을 해볼 수 있고, 삼증삼쇄 방식의 떡차를 당시 제법대로 만들어 특산품으로 상품화하는 방안도 고려해볼 만하다. 조금 떨어져 있는 이한영 생가의 백운옥판차나 금릉월산차 등과 연계시키고 드넓은 태평양 다원과 합력해 별도의 강진 차문화 체험관을 건립함으로써 조선 후기 차문화의 종주로서 이 지역이 지닌 위상을 다시 세울 필요가 있다. 강진은 명실공히 조선 후기 차문화 부흥의 진앙지였다. 일제강점기에 뒤늦게 조성된 보성 차밭 등지에 빼앗긴 명성을 되찾아와야만 한다.

넷째, 차뿐 아니라 인근의 문화 명소를 하나의 권역으로 묶는 좀더 큰 그림이 필요하다. 백운동 별서의 본가인 금당리 연지초당과 이담로의 증손으로 사도세자의 사부를 지내고 월남사지 근처 월강사에서 강학활동을 펼쳤던 이의경을 포함해 이 인근의 역사 사적을 하나의 문화권역으로 묶는 구상을 제안한다. 여기에는 이후백 일가가 조성했던 백운동 아래쪽 안정동 별서가 포함된다. 특별히 이 일대는 원주 이씨의 터전으로 금당리 종택에서 월남리와 백운동에 걸쳐 관련 자취가 여럿 남아 있다. 월강사는 지금은 사라졌지만 그 터가 선명히 남아 있으며 관련 기록이 적지 않다. 이를 복원해서 이의경을 중심으로 한 강학활동을 부각시킨다면 강진 유림의 위상을 크게 제고할 수 있을 것이다.

다섯째, 백운동은 한편으로 고려 중기 불교사의 핵심을 이룬 역사 공간이다. 대각국사 의천이 이곳을 다녀가면서 시를 남겼고, 보조국사 지눌과 진각국사 혜심 등 고려 불교사에서 이름만 들어도 알 만한 고승들의 수행처로 명성이 높았다. 백운동 별서의 시내 오른편에 남아 있는 백운암 터는 대대적인 발굴 작업을 통해 당시의 규모와 자취를 복원할 필요가 있다. 백운동 위편 산자락에 자리한 약사난야藥師蘭若는 고려 때 원묘국사가 주석했던 곳이다. 이곳에서 보면 본사인 만덕산 백련사가 한눈에 들어온다. 인근의 월남사와 무위사가 모두 가로 일직선상에 배치되고, 약사난야와 백운암, 백련사와 멀리 용혈암龍穴庵까지가 다시 세로 일직선상에 놓인다. 백운암 터를 발굴함으로써 고려 시기 이 지역 불교문화의 위상을 새롭게 정립할 수 있다.

여섯째, 복원이 완료되는 시점에서 강진군 차원의 대대적인 홍보를 통해 백운동이 새로운 관광 명소로 각인될 수 있도록 다양한 마케팅 전략이 요구된다. 그간 강진군의 문화관광 권역은 대구면의 청자기념관 권역과 다산초당 및 백련사 권역, 읍내 김영랑 생가 권역, 병영성과 하멜 기념관 권역 등으로 풍부함을 자랑해왔다. 여기에 비교적 외떨어져 알려지지 않았던 백운동을 중심에 둔 월남사, 무위사의 차문화 권역을 설정함으로써 새로운 강진 답사 1번지의 명소로 거듭날 수 있다. 자연을 훼손하지 않는 자연친화적 진입로의 확장, 대단히 풍부하게 남아 있는 관련 자료 전시 공간 등을 건립함으로써 풍부한 볼거리와 교육 체험을 제공하도록 배려해야 한다. 여기에 교통시설과 주차 공간 등을 확보함으로써 이 지역의 여러 명소를 패키지화하여 관광 상품으로 개발하는 노력을 지속적으로 기울여나갈 필요가 있다.

이상의 제안이 반영되어 강진의 백운동 별서 정원이 담양 소쇄원에 비견될 명품 공간으로 재탄생하여 강진 지역 차문화 권역의 중심축을 이루기를 기대한다.

# 백운동 관련 인물과 문헌 필적 자료

백운동 별서는 월출산 옥판봉 남록 자락에 위치한, 강진군 성전면 월하리 안운마을에 자리잡은 전통 정원이다. 담양 소쇄원과 보길도, 강진의 다산초당과 해남의 일지암 등과 더불어 호남 전통 원림의 원형이 그대로 남아 있다. 이곳은 원산 조인 이담로가 중년에 조성하여 만년에 둘째 손자 이언길을 데리고 들어와 살기 시작한 이래 지금까지 12대에 걸쳐 이어진 유서 깊은 생활 공간이다.

# 인물 기록

---

## 1. 이시헌 찬, 「계정양경첩서癸丁兩慶帖序」

장수는 사람에게 가장 귀한 것이면서 가장 얻기 어려운 것이다. 그런 까닭에 수壽는 오복 중에서도 으뜸을 차지하여 삼달三達의 하나로 여겨진다. 이 때문에 옛사람이 축하하는 말을 할 때 반드시 장수를 크게 여겨 '미수만년眉壽萬年'이라 하고 미수화봉眉壽華封의 축하에 있어서도 장수를 앞세운다. 채택蔡澤이 관상을 볼 때도 물어본 것은 장수에 관한 것이었다. 하지만 같은 장수라 해도 일괄해서 논할 수는 없다. 어떤 사람이 그저 오래 살기만 하고 가난과 질병과 아내를 잃거나 자식을 여의는 근심이 있다면 이 같은 장수는 몸에 도리어 욕이 된다. 어떤 이가 늙어도 죽지 않고 쌓은 덕 없이 오래 살기만 한다면 산 것도 아니다. 그런 까닭에 주나라에서는 백성의 네 가지 궁한 이로 반드시 홀아비와 자식 없는 사람을 노인을 구휼하는 처음과 끝으로 삼았다. 기자箕子의 『홍범洪範』에서 말한 오복은 반드시 부富와 강녕康寧, 유호덕攸好德을 가지고 수를 누리는 근본으로 여겼다.

내 고조 되시는 졸암공抽菴公 이언길李彦吉(1684~1767) 공께서는 세상에서 얻기 어려운 수를 누리시고 가난과 질병, 홀아비나 자식을 먼저 잃는 근심이 없으셨다. 여기에 더해 부와 강녕과 유호덕의 복까지 아우르셨다. 이것이 양경첩雨慶帖이 지어지게 된 연유다. 하나는 계미년(1763) 회혼식 때 지은 시이고, 다른 하나는 정해년(1767)에 돌아가셨을 때 추모한 시다. 공은 어려서부터 효성스럽고 우애로웠으며 몸가짐이 단정하고도 확고했다. 늙어서도 강건하고 정신은 맑아 시원스러웠다. 내외가 나란히 장수해서 부인은 다시 아흔의 의례를 베풀었다. 하늘에서 내린 벼슬이 절로 이르러 이에 3대의 영예가 뒤따랐다. 함께 누워서는 악기에 맞춰 차례로 노래하니 백회伯淮의 형제가 기뻐 즐거워하는 듯했고, 무릎을 맞대고 앉으매 지초나 난초가 나란히 빼어나 곽분양郭汾陽의 자손이 가득한 듯하였다. 동산에는 토란과 밤이 부족하지 않았고 사립문 안에서는 금서琴書로 자적하였다. 백운동의 물과 바위는 또 물외의 운치가 있어서 내 성정을 도야시켜 내 정신과 기운을 편안하게 해주니 또한 어느 것 하나 장수를 누리는 도리 아닌 것이 없었다. 그럴진대 공의 장수는 이미 복의 온전함을 누린 데다 또 복의 해맑음을 누린 셈이다. 세상에서 한갓 오래 살기만 할 뿐 욕스럽고 망령된 자와 어찌 한몫으로 말할 수 있겠는가? 공의 덕행과 장수의 성대함은 당일에 여러 군자가 술잔과 함께 올린 글에서만 징험할 수 있는 것이 아니다.

내 왕고王考 되시는 이현박李顯樸 공께서도 그 아름다움을 잇고 장수를 계승하여 누린 해가 85세였다. 매번 자손들과 마주하여 조분조분 옛일을 이야기하시며 칭송해 마지않으셨다. 내가 그 말씀을 받들어 들은 것이 마치 어제 일만 같다. 양경첩雨慶帖에 실린 시편이 여러 상자에 담겼으나 세월이 오래되어 유실되다보니 이제 남은 것이 열에 한둘뿐이다. 오래되면 될수록 더 잃을 것을 염려해 이를 모아 한 권의 작은 책자로 만들었다. 또 집안에 전해온 행록을 가지고 하석霞石 성근묵成近默(1784~1852) 선생에게서 행장과 발문을 받아 책 뒤에 나란히 싣고 오래도록 전해지기를 도모하였다. 이제 서주공西疇公 이빈李份의 유집을 찍어내는 날 함께 판목에 새기니, 이때는 공이 과거에 급제하고 두 번째 맞는 회갑으로 기유년(1849)이다. 불초 현손 이시헌은 삼가 쓴다.[37]

― 『수졸암행록』에 수록됨

## 2. 이시헌 찬, 「수졸암 이언길 공 가장초기家狀草記」

부군의 휘는 언길彦吉이요 자는 길보吉甫이니 수졸암守拙菴이라 자호하였다. 본관은 원주原州다. 고조 휘 해海는 승의랑承議郎을 지냈고, 증조 휘 빈彬은 호가 서주西疇로 문학과 덕행, 문예와 필법으로 당대에 높이는 바가 되었다. 인조 병인년(1626)에 백의로 종사하여 사신을 접빈했다. 중국 사신 강왈광姜曰廣은 신선 가운데 있는 사람이라며 그를 높였다. 정묘년(1627)에 생원시와 진사시에 올랐고, 계유년(1633)에 문과에 급제했다. 벼슬은 사헌부 지평을 지냈고 집의執義에 추증되었다. 문집이 있으며, 고향 사람들이 제향을 올린다.

조부 휘 담로聃老는 뜻과 행실이 고결하며 과거 공부를 기뻐하지 않아 백운 별서를 세우고 거문고와 책으로 혼자 즐겼다. 호는 백운동은白雲洞隱이고 장사랑將仕郎을 지냈으며 승지에 추증되었다. 부친은 휘가 태래泰來로 참판에 추증되었다. 3대가 추증을 받은 것은 모두 부군이 오래 사신 것을 귀하게 보아서이다. 어머니는 정부인에 추증된 죽산竹山 안씨安氏인데 좌랑을 지낸 음鑒의 따님이다. 좌랑은 문강공文康公 우산牛山 안방준安邦俊의 손자요 창랑滄浪 성문준成文濬의 외손이다.

부군은 숙종 갑자년(1684)에 태어나 영조 기유년(1729)에 사마시에 급제했다. 계미년(1763)에 회혼례를 치렀다. 이해에 특별히 부호군副護軍을 제수하고, 병술년(1766)에 동지중추부사로 승차했다. 정해년(1767) 11월 30일에 집에서 세상을 뜨니 누린 해가 84세였다. 백운동 진록震麓 자원子原에 묻혔다.

부군은 젊어서 형님인 박사 휘 언열彦烈, 아우 휘 언철彦喆과 더불어 모두 빼어난 자질이 있었다. 효성과 우애 또한 지극했다. 글솜씨는 형님과 아우만 못했으나 몸가짐을 단정히 하고 확고하게 지님은 오히려 더 나은 점이 있었다. 승지공께서 늘 이 점을 몹시 아껴서 만년에 부군을 데리고 백운 별서에 거처하셨다. 당시 부군은 나이가 아직 어렸다. 승지공은 성품과 몸가짐이 간엄하고도 고결해 부군이 곁에서 모시며 일을 살핌에 있어 조심하고 삼갔다. 20여 년을 하루같이

하였으므로 승지공이 별서를 그에게 맡겼다. 별서는 월출산 가운데에 있는데 묏부리가 빼어나 기이하고 시내와 못이 맑았다. 풍단楓壇과 매원梅園, 선대仙臺와 운학雲壑이 아름답고도 그윽하여 자못 노닐 만한 흥취가 있었다.

부군은 남에게 팔지 않고 지켜야 한다는 경계를 능히 지켜 녹문鹿門의 거처를 일구었다. 일찍이 글을 남겨 후손에게 보여주었는데 그 대략의 내용은 이러하다. "아! 이곳 백운동은 바로 내 할아버님께서 세우신 별업이다. 내가 어려서부터 언제나 이곳에서 모시었는데 이제 와 생각해보니 나도 모르게 슬퍼진다. 하물며 이곳을 건네주실 적에 두 번 세 번 말씀하고 경계한 것이 이처럼 간곡하셨다. 내 자신이 이곳에 살지 않고 그저 그 땅의 소출만 받아먹는다면 이것은 할아버님의 뜻을 따르는 것이 아니다. 다른 사람에게 빌려주어 이곳에 주인 노릇을 하게 하거나 그 땅을 팔아먹는 것 또한 할아버님의 뜻을 따르는 것이 아니다. 각별히 삼가 준수해서 선대의 뜻을 실추시키지 않는 것이 나의 뜻이다. 아! 내 장남과 장손은 또한 나의 뜻을 유념해서 각별히 지켜 잃지 않도록 하라."

부군은 일찍 과거에 급제했으나 이미 숨어 살 뜻이 있었다. 하지만 당시에는 아버지인 참판공參判公께서 건강하셨으므로 부군은 연당蓮堂의 옛 마을에서 아버지를 모시며 지냈다. 갑인년(1734)에 참판공께서 세상을 뜨고 병진년(1736)에 복服을 마치자 인하여 백운 별서에 거주하였다. 맏아들 의권은 옛 마을에 있으면서 먹거리를 대게 했다. 병자년(1756)에 큰 기근이 들자 온 식구를 이끌고 처음으로 별서로 들어왔다. 이에 영리에 뜻을 끊고 임천에서의 삶을 즐기니 방 안 가득 도서를 쌓아놓고 편안한 거처에서 초연하게 지냈다. 오로지 자식을 가르치고 책 읽는 것으로 일을 삼았다. 나이가 높아질수록 정력은 더욱 강건해졌다. 평소에는 반드시 새벽에 일어나 세수하고 양치질한 후 의관을 정제하고 종일 주렴 치고 책상에 앉아 부지런히 공부하니 풍신이 시원스럽고 운치가 빼어났다. 매년 따뜻한 봄날과 시원한 가을이면 베옷 입고 짚신 신고서 높은 산에 오르고 물가에 임해 서성이며 돌아옴을 잊었다. 문득 마음으로 만나고 정신으로 기뻐하며 유연히 홀로 즐거워하였다. 하지만 또한 시문을 지어 꾸미고 다듬는 말단의 일에는 마음을 두지 않았다. 편안하게 지내며 그윽하고도 곧아 표연히 티끌세상을 벗어난 듯한 느낌이 있었다.

원외랑 송익휘宋翼輝가 일찍이 집에 들렀다가 다음과 같은 시를 남겼다. "가만히 온종일 시내 산과 마주앉아, 흐르는 물소리에 돌아감을 잊었네. 선옹에게 분화한 뜻 빌어보려 하노니, 어이해야 세 칸 초옥 세를 얻어 살거나儵然盡日坐溪山, 流水聲中却忘還. 欲丐僊翁分華意, 僦居郁得屋三間." 상서尚書 오수채吳遂采와 지신知申 박필간朴弼幹 또한 일찍이 집 앞을 지나다가 그 아름다움을 사모하여 함께 수창한 시구가 있다.

조카 휘 의경毅敬은 유일遺逸로 천거되어 특별히 왕세자 사부의 직함을 받았다. 누런 비단옷을 입고 한 차례 나가 세자를 곁에서 가르쳤다. 물러나서는 동강桐崗 아래에 집을 지었는데 바위가 널린 시냇물이 빙 감돌고 또 봉대鳳臺와 선암僊巖의 빼어난 경치가 있는 곳이었다. 백운동과는 500걸음 정도 떨어진 가까운 곳이었다. 혹 복건을 쓰고 도복을 입고서 백운동 안에서 모시기도 하고, 지팡이를 짚고 학창의를 입은 채 동강 아래로 꽃과 버들을 찾아가기도 하며 두 세대가 한 집에서 흰 수염을 서로 마주하여 도의道義를 묻고 시례詩禮를 강론하였다. 책상을 사이에 두고서 기쁘고 화목하게 지내니 옛날에 이른바 한집안끼리 스승이 되고 벗이 된다는 것이요 맑은 조정에 아저씨와 조카라고 한 것이 이에 해당된다.

부군은 부인과 더불어 나란히 80세를 넘어 수를 누리셨다. 구부정한 등에 학발로 금슬이 고요하게 좋았다. 곁에서 모시는 네 형제가 옛 효자의 뜻을 이어 잉어를 올리고 노래자老萊子의 춤을 추니 풍의風儀가 맑고도 한가로우며 복장은 엄숙하고도 깨끗하였다. 효제孝悌와 문학으로 또한 모두들 가까운 고장의 명망을 입었다. 손자 8, 9명은 무리로 따르며 둘레에 모여 앉아서 들고 남에 삼가고

부록

살피지 않음이 없으니 법가法家의 풍모가 있었다. 당시 사대부 집안에 수와 복이 모두 온전하기로는 부군보다 더한 경우가 없었다. 기묘년(1759)에 갑작스레 장남이 세상을 떠나는 변고로 늙마에 자식을 먼저 보내는 한스러움을 만났으니 이것이 한 자 높이의 옥에 한 점의 흠이 된다. 아! 조물주가 공을 온전하게 함이 없는 것이 과연 이와 같더란 말인가?

부인 최씨는 본관이 전주全州다. 통덕랑通德郎 최현崔炫의 따님이요 부사府使 주화柱華의 손녀이니, 군수 극준克雋의 증손이다. 온화하고 부드러우며 어른 말씀에 순명하여 여사女士의 풍모가 있었다. 시부모를 효로써 섬기고 자손을 법도로 가르쳤다. 부군보다는 한 해 뒤에 태어나 10년 후 세상을 뜨니 누린 해가 93세였다. 묘는 부군과 함께 모셨다. 아들 넷을 길렀는데 장남은 의권毅權이다. 부군이 세상을 뜨시기에 앞서 금성錦城 나두도羅斗度의 따님을 맞았으나 자식이 없었다. 계실로 문화文化 유씨 태주泰冑의 따님을 얻어 1남1녀를 두었다. 아들은 현박顯樸이고 딸은 생원 유광렬柳光烈에게 시집갔다. 둘째는 의연毅淵으로 풍천豐川 임씨任氏 통덕랑 사신思信의 딸과 결혼하여 아들 셋을 두었으니 양박養樸과 경박景樸, 형박亨樸이다. 셋째는 의인毅仁으로 정조 기미년(1799)에 장수로 첨추僉樞에 제수되었다. 여흥驪興 민씨 생원 정점正漸의 딸과 혼인해서 아들 셋에 딸 셋을 두었다. 아들은 최박最樸과 재박載樸과 회박會樸이고 딸은 윤광순尹光筍과 조희묵曺喜黙, 임우백任禹柏에게 시집갔다. 넷째는 의천毅天이다. 나주羅州 오씨 시직時稷의 따님을 맞아 아들 셋을 두었다. 일박一樸과 효박孝樸, 항박恒樸이다. 안팎의 증손이 27명이고, 증손과 현손 이하로는 다 적을 수가 없다.

아! 부군의 뜻과 행실이 저처럼 높고 수壽와 복록이 저처럼 우뚝하건만 묘지명과 덕을 기리는 행장이 여태도 없다. 어찌 후손의 무궁한 유감이 아니겠는가? 불초가 감히 집안에 전해오는 남은 이야기를 서술하여 위와 같이 차례 매겨 엮어두고 장차 당세에 글 짓는 군자에게 고하여 한마디의 무거움을 얻어 길이 전

하고자 한다.[38]

－『수졸암행록』에 수록됨

## 3. 이복흠李復欽 찬, 「자이당 이시헌 공 행장초기行狀草記」

부군의 휘는 시헌時憲이니 자는 숙도叔度요 호가 자이自怡다. 원주 사람이다. 증조 휘 의권毅權은 영조 기유년(1729)에 사마시에 급제하여 계미년(1763)에 특별히 부호군副護軍에 제수되었고 병술년(1766)에 동지중추부사同知中樞府事에 올랐다. 조부 휘 현박顯樸은 자가 여림汝臨이다. 부친은 휘가 덕휘德輝요 모친은 김씨로 본관은 광산光山이다. 진사 치언致彦의 따님이요 충장공忠壯公 김덕령金德齡의 후손이나 자식이 없었다. 생부는 휘가 석휘錫輝로 부친의 아우이니 부군을 낳고 네 살 때 세상을 떴다. 누린 해가 고작 28세였다. 어머니는 신씨愼氏로 본관은 거창居昌이니 신지현愼持顯의 따님이요 감사監司 신희남愼喜男의 후손이다. 아들 둘을 낳았는데 부군이 맏이다. 어머니의 명에 따라 큰아버지의 후사를 이었다.

부군은 순조 계해년(1803) 9월 초 5일에 태어나 철종 경신년(1860) 5월 20일에 세상을 뜨니 누린 해가 58세였다. 백운동 정선대의 서북향 언덕에 장사지냈다. 부인은 전주全州 이씨 휘 인용仁容의 따님으로 양녕대군讓寧大君 휘 제禔의 후예다. 부군보다 5년 앞서 태어나 부군보다 11년 뒤에 세상을 떠서 누린 해가 74세였다. 묘소는 백운동 동쪽 기슭 서남향 언덕에 있다.

부군은 젊어 아우이신 휘 시순時淳과 더불어 모두 빼어난 자질이 있었다. 어린 나이에 아버지가 돌아가신 안타까움과 흰머리로 어머니를 봉양하는 즐거움이 무너지는 세상의 모범이 되기에 충분하였다. 성품과 몸가짐은 조심스럽고도 관대해서 침묵하며 성내는 기색이 얼굴에 드러나지 않았고 조급하며 사나운 말을 입 밖에 내지 않아 한번 보기만 해도 선한 어른인 것을 알 수가 있었다. 사람을 두루 아껴 한결같이 정성껏 대접해서 구석진 곳에 내버려두지 않았다. 하인에게도 또한 정성스럽고 곡진한 뜻을 베풀어 비록 성정이 어그러져 패려궂은 자라도 마침내는 속마음으로 복종하여 기쁘게 서로 권면하였다.

친척에 대해서는 더더욱 성의를 다하였다. 출가한 자매와 내외 제종諸從 중에 가난해서 혼자 먹고살 수 없는 사람들을 한집에 모아 10년간 함께 지냈다. 서로 잘했니 못 했니 다투느라 어느 하루 편할 날이 없었지만 부군은 한층 더 정성과 부지런함을 쌓아 맞아 접대하는 도리를 폄이 한결같이 꼭 같아 터럭만큼도 말과 낯빛 사이에 거론할 만한 점이 없었다. 그 정성스럽고 어질며 충후하고도 자애로운 마음이 옛날의 군자라 해도 이보다 더할 바가 아니었다.

동산에 죽순이 막 돋아나면 그 크기가 서까래만 했다. 공은 날마다 나아가 어루만지며 이를 아꼈다. 어떤 사람이 이를 잘라서 달아나자 익혀 조리하는 방법을 일러주었다. 들판에 벼가 익어 하인들이 타작을 하는데 어떤 사람이 몇 더미를 훔쳐 감추므로 이를 주면서 화복의 이치로 일깨웠다. 혹 문 앞을 지나다가 주리고 추위에 떠는 사람과 만나면 옷을 벗어 입히고 먹을 것을 내주어 먹이곤 했다. 세상에서 한갓 착하기는 해도 능히 남에게 미치지 못하는 자와 더불어 어찌 한몫에 말할 수 있겠는가?

아! 돌아가시던 날 여러 자질을 불러 모으시고 정성스레 명하며 말씀하셨다. "인생을 살아가는 데는 단지 하나의 의리가 있을 뿐이니 너희는 힘쓰도록 해라. 비록 내가 죽은 뒤에도 송곳 끝 같은 이익을 따지지 말고 형제가 화합하며 숙질 간에 화목해서 제사를 올리고 손님을 접대해야 한다. 하인들을 어루만져 보살피는 범절도 한결같이 내가 살아 있을 때와 같이 하도록 해라. 또 이 세상에 부치어 살다가 돌아가 죽는 것은 사람이면 누구나 다 그러하다. 산다 한들 무에 그리 기쁘고 죽는다 한들 어이 족히 슬퍼하랴. 너희는 예법에 넘치게 슬퍼하거나 근심하지 않는 것이 옳다." 그러고는 마침내 편안하게 숨을 거두었다.

아, 슬프다. 아, 슬프다! 내가 말씀을 받잡던 것이 어제 일 같건만 백운동의 집에서 종일 말씀하시던 모습은 아득히 멀어져서 100년간 우러러 사모하며 눈물만 남몰래 흐른다. 당시에 여러 집안 사람들이 부고를 듣고는 걷지 못하는 사람까지도 모두 탄식하며 울음을 삼키고 돌아보면서 말했다. "가문의 운수가 막혀

이 사람이 문득 세상을 뜨니 신진 후학의 무리가 모르는 것이 있어도 물을 곳이 없겠구나." 이제껏 마을의 어른들은 종종 그 아들과 손자에게 매번 그 성대한 덕을 찬송하며 "공이 떠난 뒤로는 기댈 곳이 없다"고들 하였다. 부군은 지위나 은혜와 위세로 남과 친한 법이 없었다. 남을 부림이 능히 이와 같았으니 이른바 몸소 행하고 말하지 않아도 믿을 만한 사람이었다. 비록 길 가던 천한 하인붙이조차도 일찍이 그 성대한 이름을 알던 자라면 이 소식을 듣고는 문득 한참 동안 탄식한 뒤에야 떠나갔다. 이 몇 가지 이야기로 미루어도 부군의 평생 마음씀이 남을 감동시킨 것을 만에 하나 떠올려볼 수가 있다.

부군은 몸가짐이 단정 엄숙하였고 신채가 밝고도 빼어났다. 성근 살적과 마른 뺨에 콧날은 오뚝하고 눈동자가 맑았다. 힘써 배우고 널리 보아 모르는 것이 없었다. 삼베옷 입고 짚신을 신고 백운초려에서 휘파람 불고 시를 읊조리며 흰머리가 되도록 경전을 궁구하는데 차근차근 노력을 기울였다. 효제충신孝悌忠信에 마음을 다 쏟고 마땅함을 행하는 방도를 깨끗하게 지녀 구경사자九經四子와 구류백가九流百家의 서적을 두루 살폈다. 가깝게는 공맹의 연원을 잇고 멀리 관민關閩의 뜻과 맞닿았다. 광채를 감추고 자취를 깎아 명성을 구하지 않았으니 먼 지방의 벗 가운데 그 풍모를 듣고 의리를 사모하는 자가 모두 한번 그 얼굴을 아는 것만으로도 영광으로 여겼다. 새로 태수가 내려오면 반드시 직접 집을 찾아와서 예를 표하였으니 이는 이른바 주옥珠玉이 산과 못에 감춰져 있어도 능히 그 광휘를 가릴 수 없다는 것이다.

당시에 이름나고 어진 분들이 이따금 편지 글 사이에서 만남을 의탁하여 천릿길에 우편의 소식이 오가며 학문의 대화를 이었다. 상서尙書 서헌순徐憲淳 (1801~1868)이 호남관찰사로 있을 적에 어떤 사람이 찾아가서 만나보자 공이 이렇게 말했다. "그대는 숙도를 만나보았는가?" 그러고 나서 상자 속에서 부군의 시와 편지를 찾아 꺼내 보여주며 말했다. "이는 진실로 숙도의 큰 덕이라네." 판서 사고社皐 박승휘朴承輝(1802~1869) 또한 '구석진 땅의 시례詩禮'로 일컬은 것을 내가 본 적이 있다. 상서尙書 이인석李寅奭은 예전에 이 고을의 원을 맡았는데 처음 내려왔을 때 그 이름을 사모하여 열흘마다 치는 시험의 시 제목을 '그대의 고장에 안자顔子가 있으니 우리 숙도叔度라고 대답을 하네子國有顔子, 答見吾叔度'로 정했다. 숙도는 바로 부군의 자字다. '먼저 서유자徐孺子가 사는 집을 묻는다先問徐孺子所居'를 부賦의 제목으로 삼았으니 부군을 남쪽 나라의 안자로 여기고 남쪽 고을의 고사高士로 본 것이 아니겠는가. 이는 모두 내 귀로 직접 들어 마음에서 잊을 수 없는 것들이다.

탁옹籜翁 정약용丁若鏞 공께서 남쪽 땅으로 귀양와서 귤원橘園의 북쪽에 초막 하나를 짓고 예전 굴원屈原이 그랬던 것처럼 상강湘江 물가에서 국화 꽃잎을 따먹던 장소로 삼았다. 당시 부군은 나이가 고작 10세였는데도 책상자를 지고서 다산의 동암으로 공을 찾아뵙고 절하였다. 스승을 높이고 윗사람에게 공경하는 범절과 학업에 힘 쏟고 과정을 익히는 공부가 의젓하여 노성한 선비 같았다. 이때 여러 제자가 한자리에 모여 술을 마시기로 의논하고 사람을 시켜 개를 목매달아놓고 갔다. 부군이 이를 보고 웃으며 '사구구死狗拘'라고 말했다. 대개 구狗와 구拘가 음이 같았기 때문이었다. 새벽마다 일어나면 비를 들어 마당을 깨끗이 쓸고 책상에 오도카니 앉아 낭랑하게 글을 외우며 좌우를 돌아보지 않았다. 탁옹께서 내 조부님께 보낸 편지 중에 이렇게 말씀하신 것이 있다. "아드님의 공부는 부지런하고도 독실해서 더 열심히 하라고 말할 필요가 없군요." 부군께서 아버님을 뵈러 오자 또 이렇게 편지를 썼다. "아드님은 공부를 부지런히 합니까? 매번 그의 인품이 대단히 좋은 것을 생각하며 능히 잊지 못하겠습니다." 어린 나이에 스승 및 선배의 칭찬과 기림이 이와 같았으니 부군의 품은 생각이 어려서부터 대단하고 재주와 사고의 민첩함을 이를 통해서도 미루어 떠올려볼 수 있겠다. 뒤늦게 하석霞石 성근묵成近默 선생의 문하에 나아갔다. 학업과 나이가 이미 높았으나 조예는 더욱 새로워 당시에 덕 높은 선비치고 부군보다 나은 이가 없었다. 아, 성대하도다!

  대저 전원생활은 한가할 때가 많아 벗들이 지나다가 들르면 첫 자리에서 차 마시기를 파하고 나서 문득 기쁘게 함께 맑은 물굽이와 대숲 사이로 데려가 학문을 강론하고 문장을 논하며 온종일 돌아옴을 잊곤 했다. 구구한 바깥 사물쯤은 마음을 얽어매기에 부족하였다. 담박하고 삼가며 기쁘게 자득하였다. 시내와 바위, 안개와 노을 사이에서 소리를 내며 흐르는 물과 우짖는 새의 울음소리, 봄꽃과 가을 단풍 등은 모두 나의 성정을 길러주고 내 정신과 기운을 편안하게 해주기에 충분하였다. 그런 까닭에 지은 시는 맑고 담백하며 한가롭고 아득해서 남들이 이르지 못하는 경지에 다다랐다. 말 한 마디 동작 하나도 오히려 속된 습속을 답습할까 염려했다. 일찍이 시를 지었는데 이러하였다.

| | |
|---|---|
| 내 관복을 정돈하고 내 낯빛을 거두어 | 整余冠服斂余容 |
| 홀로 단전 보전하니 밤기운이 진하도다. | 獨保丹田夜氣濃 |
| 곱고 추함 거울 앞에 감출 수가 없는 법 | 姸醜莫逃重磨鏡 |
| 소리는 종 치기 전 본디부터 지녀 있네. | 聲音固在未撞鍾 |
| 비어 밝은 이곳에서 삼재三才를 주장하니 | 虛明這處三才主 |
| 동작하는 중간에 온몸이 뒤따른다. | 動作中間百體從 |
| 잃지 않음이야말로 붙들어 지키는 좋은 방법 | 持守冣宜無放失 |
| 봄바람 속 태화주太和酒에 언제나 취해 있네. | 春風常醉太和釀 |

  부군의 학문의 실다움을 이 시에서 얻어 그 처음과 끝을 볼 수가 있다. 그 온화하고 윤택한 뜻과 맑고 고상한 행실이 살아서는 한 나라의 으뜸가는 스승이 되고 죽어서는 후학이 찬송하고 사모하는 바가 되었다. 하지만 당시에는 능히 드

날리지 못하고 마침내 후세에 흩어지고 말아 훌륭한 선비들이 탄식하며 애석히 여겨 한스러워한다. 불초인 내가 울음을 삼키고 유감을 품음이 마땅히 어떠하겠는가?

부인 이씨 또한 여사女士의 풍모가 있었다. 길쌈과 바느질 솜씨에다 근검으로 집안을 다스리고 음식을 마련해 정성과 공경으로 제사를 받드니 시부모님이 효성스럽고 순종한다고 했고 친척들은 맑은 덕을 일컬었다. 집안을 다스림에도 법도가 있어 하인들이 원망을 품지 않았다. 부군의 마음씀과 방불하였고, 옛 숙녀의 규법閨法에 걸맞았다. 3남1녀를 길렀는데 장남은 면흠勉欽이다. 낭주朗州 최씨崔氏 의현儀鉉의 따님과 결혼했다. 2남1녀를 두니 아들은 환영瓛永과 근영根永이고 근영은 출계出系하였다. 딸은 고종주高宗柱에게 시집갔다. 둘째 아들은 정흠正欽으로 아우인 휘 시순時淳의 후사로 출계하였다. 광주廣州 이씨李氏 기수基洙의 따님과 결혼했다. 둔촌遁村 이집李集의 후예다. 아들 둘을 두었는데 문영文永과 두영斗永이다. 셋째 아들은 불초 복흠復欽이다. 장택長澤 고씨高氏 세진世鎭의 따님과 결혼하니 제봉霽峯 고경명高敬命의 후손이다. 근영을 후사로 세웠다. 딸 넷을 길렀는데 첫째는 윤주향尹柱享에게, 둘째는 민재식閔宰植에게 시집갔다. 셋째와 넷째는 아직 시집가지 않았다. 딸은 이흥우李興宇에게 시집갔는데 효녕대군孝寧大君 이보李補의 후손이다.

아! 부군의 뜻과 행실이 저처럼 높고 문학이 이처럼 넓은데도 묘갈명과 덕행을 적은 행장이 여태 없었다. 또 시문 약간 권이 있지만 능히 교정하여 관각의 높은 솜씨에게서 서문을 받을 수가 없었다. 혹 기다리는 바가 있어서 그랬던 것일까? 이는 모두 불초가 그 아름다움을 능히 따라 그 덕을 현양하지 못했기 때문이다. 이에 예전에 들은 것과 몸소 경험한 것을 위와 같이 적는다. 아! 삼가 쓴다.[39]

− 가장家藏 필사본

## 4. 이금李嶔(1842~1928), 「백운처사 자이선생행록白雲處士自怡先生行錄」

선생의 휘는 시헌時憲이니 자가 숙도叔度, 호는 자이당自怡堂이다. 백운동은白雲洞隱 이담로李聃老 공의 6대손이다. 부친의 휘는 덕휘德輝이고 낳아주신 부친의 휘는 석휘錫輝다. 순조 계해년(1803)에 태어났다. 타고난 자질이 간소하고도 묵직해서 뒤섞여도 흐려지는 법이 없고 가라앉혀도 티 나게 맑지 않았다. 고요히 지낼 때는 아득하기가 만 길 높이의 높은 산과 같았고, 여럿이 함께 앉아 있을 적에는 온통 화기가 감돌곤 했다. 주염계周濂溪의 광풍제월光風霽月 같은 마음과 안연顔淵이 기수沂水에서 봄바람을 쐬며 돌아오던 기미를 지녀 우러러보면 공손하니 묻지 않고도 옥 같은 따스함을 지닌 군자임을 알 수가 있었다.

백운동의 별업別業에는 예전에 선인께서 사시던 집이 있었다. 집 앞에는 구곡지九曲池와 정선대停仙臺, 백매오百梅塢와 영홍체映紅砌가 있고, 동편에는 운당포篔簹圃요 서쪽에는 풍림단楓林壇이 있었다. 벽에는 망천도輞川圖를 걸어놓고 집 안에서는 평천장平泉莊의 훈계를 지켰다. 젊어서 과거시험 공부를 포기하고 오로지 성리性理의 글만을 궁구하였다. 가난한 생활을 편안하게 여기며 지팡이 짚고 소요하였다. 갑 속에는 거문고 하나를 보관해두고, 서가에는 만 권의 책을 쌓아두었다. 이따금 흥이 나면 왕희지의 『난정첩蘭亭帖』을 펼쳐놓고 물 흐르듯 붓을 휘두르니 원근에서 가져다가 법으로 삼았다. 동산의 대나무가 서까래처럼 굵었는데 도둑이 죽순을 꺾어가자 가시덤불을 걷어내고 그를 위해 작은 길을 열어주니, 이웃 마을에서 모두들 그 덕량에 감복하였다. 집에 어진 아우가 있었으니 휘가 시순時淳이요 호는 월초月樵다. 그 또한 맑고 고상하며 유아儒雅한 선비였다. 책상을 마주해 기뻐하며 장차 늙음이 이르는 것도 알지 못하였다.

재상 이인석李寅奭이 이 고을에서 원으로 있을 때 '그대 고장에 안자顔子가 있다子國有顔子'와 '먼저 서유자徐孺子가 사는 곳을 묻는다先問徐孺子所居'를 열흘마다 한 번씩 치르는 시험의 시와 부의 제목으로 삼아 여러 선비에게 보였다. 그 뜻은 대개 공을 가리키는 것이었다. 재상 서헌순徐憲淳이 방백이 되어서는 학행으로 천거하여 경향의 진신搢紳들에게 알리자 모두들 바람이 쏠리고 수레 덮개가 기우는 듯이 하였다. 다산 정약용과 하석 성근묵은 모두 스승으로 본받은 분들이고, 판서 박승휘朴承輝와 좌랑 윤규백尹奎白, 보국輔國 신관호申觀浩, 사마司馬 윤종민尹鍾敏과는 도의道義의 사귐을 맺었다. 세상에서 논하는 자가 모두들 이렇게 말한다. "만약 백운동이 가깝게 경기 지역 안에 있게 했더라면 산림의 윗자리를 다른 사람에게 양보하지 않았을 것이다."[40]

– 『계양유고桂陽遺稿』 권4

## 5. 박제윤朴濟允 찬, 「자이당 원주이공 묘갈명自怡堂原州李公墓碣銘」

내가 예전 자이선생自怡先生 이공의 문집을 읽고는 그 우뚝하고 탁월한 뜻과 굳세고 고상한 풍도가 마치 곁에서 말씀을 들으며 향기가 끼쳐오는 것만 같아 남쪽 땅의 온후한 군자로 흠숭된 지 이미 여러 해가 된 줄 절로 알았다. 공의 현손인 경묵敬默 씨가 내 연남서실延南書室로 찾아와 그 묘갈명을 청하며 말했다.

"제 고조이신 휘 시헌時憲 공은 자가 숙도叔度요 호가 자이自怡이니, 먼 조상은 고려 때 병부상서를 지낸 휘 신우申佑 때 처음으로 원주原州를 본관으로 삼았습니다. 대대로 벼슬하여 세상에 이름났는데 강릉대도호부사를 지낸 휘 영화英華 때에 이르러 광주廣州로부터 멀리 해남으로 물러나, 인하여 자식들이 공부하는 장소로 삼았습니다. 2대가 지나 무장군수茂長郡守를 지낸 증좌승지贈左承旨 휘 남柟이 강진에 우거하면서 병마절도사 휘 억복億福을 낳고, 다시 2대가 지나 문과에 급제한 지평持平 벼슬을 지낸 호가 서주西疇요 휘가 빈彬인 어른이 학행으로 월강사月岡祠에 배향되었으며, 백운처사白雲處士 휘 담로聃老를 낳았습니다. 문학으로 일찍 드러나고 절조가 맑고도 고상하여 백운동에서 덕을 감추며 지내니 좌승지에 추증되었고, 이분이 참판으로 추증된 휘 태래泰來를 낳았습니다. 이것이 공의 5대 위의 계보입니다. 고조인 수졸암守拙菴 휘 언길彦吉은 장수하여 부호군副護軍의 직첩을 받고 증조인 휘 의권毅權은 통덕랑通德郎이 되었습니다. 조부는 휘 현박顯樸이고 부친은 휘가 덕휘德輝인데 유학에 힘쓰며 벼슬에 나가지 않았습니다. 부인은 광산光山 김씨로 진사 치언致彦의 따님입니다. 낳아주신 아버지는 석휘錫輝이고 낳아주신 어머니는 거창 신지현愼志顯의 따님입니다.

공은 순조 계해년(1803) 9월 5일에 태어났습니다. 타고난 자질이 너그럽고 후한 데다 효성과 우애가 도타웠고 총명함이 무리에서 뛰어나 가르쳐 독려함을 기다리지 않고도 문예가 진작에 드러났습니다. 과거시험을 기뻐하지 않고 오로지 경전을 궁구하며 이치를 탐구하는 것을 업으로 삼았습니다. 어버이에게 병환이

있기라도 하면 매번 북두칠성에 자기 몸이 대신하게 해달라고 기도하였고, 상을
당해 장례를 치를 때도 한결같이 예전 법도를 그대로 따라 아침과 저녁에 묘소
에서 곡을 하며 비바람이나 추위와 더위를 따지지 않았습니다. 혹 복중服中이라
제사를 폐하고 엄숙하게 지낼 때는 반드시 살아 계실 때와 같이 정성을 다하였
습니다.

다산 정약용 선생과 하석 성근묵 두 분 선생의 문하에 나아가 배웠고, 도의를
강마講磨하며 힘써 노력함을 자신의 일로 삼았습니다. 남녘땅의 명사들이 아껴
공경하지 않음이 없으니, 일찍이 문장과 행의行誼로 여러 차례 도道에서 올리는
천거에 들었지만 병을 칭탁하고 매번 사양하며, 단지 후진을 양성하는 것으로
늙어 죽을 때까지의 계획으로 삼았습니다. 경신년(1860) 5월 25일에 세상을 뜨니
누린 해가 58세였고 백운동 정선대停仙臺에 장사지냈습니다. 부인은 전주全州 이
씨로 사인士人 인용仁容의 따님입니다. 부덕婦德이 있었고 무오년에 태어나 신미년
4월 16일에 세상을 뜨니 공의 묘소에 함께 묻혔습니다. 3남1녀를 길렀는데, 장남
이 면흠冕欽이고 차남은 정흠正欽, 삼남은 복흠復欽입니다. 딸은 전주全州 이응순
李應純에게 시집갔습니다. 장남의 아들은 환영瓛永과 근영根永이고, 고종주高宗柱는
장남의 사위입니다. 차남의 아들은 문영文永과 두영斗永이고 삼남의 아들은 근영
이 출계하였습니다. 윤주형尹柱亨, 민재식閔宰植, 임종현林鍾賢, 윤재룡尹在龍은 사위
입니다.” 아! 성대하도다.

공은 충효와 시례詩禮 가문의 후예로 문도공文度公 정약용의 문하에 나아가 배
웠으니 그 도의의 심오함을 알 수 있겠다. 또 그 글을 읽어보매 그 문아文雅의 조
예를 떠올려볼 만하다. 아마득한 후학이 다시 어이 군더더기 말을 덧붙이겠는
가? 이어 명문을 다음과 같이 쓴다.

원주 이씨 귀한 집안                                              原城華閥

| 병사兵使의 후손으로 | 兵使後承 |
| 경전과 예를 익혀 | 究經講禮 |
| 재주와 덕 뛰어났지. | 才德俊英 |
| 대를 이어 혁혁하니 | 繼世赫赫 |
| 그 이름이 드러났네. | 有顯其名 |
| 효성 우애 독실하여 | 孝友克篤 |
| 형제에게 미치었지. | 爰及弟兄 |
| 다산을 종유하고 | 從遊茶山 |
| 하석 문하 미치었네. | 及門霞石 |
| 백운동에 숨어 살며 | 隱淪白雲 |
| 병 핑계로 벼슬 않고. | 稱病辭爵 |
| 후손들이 본받아서 | 雲仍繼述 |
| 빗돌을 세웠다네. | 貞珉是竪 |
| 명을 새겨 뒤에 알려 | 銘以詔後 |
| 본받기를 기대한다. | 佇企繩武 |

단기 4320년(1987) 정묘년 4월 하순, 충주후인 성균관전학 박제윤 삼가 짓고 5대손 효천, 재열, 재식은 삼가 세우다.[41]

## 6. 성근묵成近默(1784~1852) 찬, 「이빈李彬 공 행장」

공의 휘는 빈彬이요 자는 빈빈彬彬이니 성은 이씨다. 만력 정유년(1597)에 영암 옥천촌玉川村에서 태어나 인조 임오년(1642)에 서울 집에서 세상을 떴다. 세상을 뜬 뒤 204년 만에 공의 7대손 이시헌이 공의 행록을 가지고 와서 내게 행장을 지어줄 것을 부탁했다. 예를 갖추고 이렇게 말했다. "이는 제 선대에서 미처 할 겨를이 없었던 일인데 오래될수록 더 없어질까 염려됩니다. 청컨대 집안의 전문傳聞과 당시의 만사挽詞 및 뇌사誄詞를 증빙으로 삼아주십시오." 내가 두려워 사양하며 말했다. "문헌은 이것이면 징험하기에 충분하네. 또 어찌 아마득한 후진이 망녕되이 군더더기 논의를 더한단 말인가?" 굳게 사양하였지만 굳이 그만두지 않고 말했다. "사가私家의 소장이라 대수롭지 않고 믿지 못해 그런 것입니까?" 내가 마침내 다시 감히 사양하지 못했다. 누대 덕행의 연원은 가전家傳을 살피고 문장과 행실의 본말은 뇌사를 검토하였으니 이렇게 하면 정중한 뜻에 가깝겠는가?

「가장家狀」을 살펴보니 이렇게 적혀 있다. 고려 병부상서 경흥군慶興君 휘 신우申佑가 시조가 되니 성씨는 경주 이씨인데 중엽 이래로 원주 이씨가 되었다. 휘 자성子誠이 조선조에 들어와 좌찬성 벼슬을 했고, 3대가 지나 부사공 영화英華가 광주廣州에서 해남으로 집을 옮겨왔다. 좌통례左通禮를 지낸 휘 지건智健을 낳으니 이분이 공의 고조이시다. 증조는 휘 남楠으로 무장현감을 지냈다. 강진에 살게 된 것은 공으로부터 비롯된다. 무장현감을 지낸 무장공은 재기가 남보다 뛰어나 백사白沙 이항복 상공께서 공과 구황具滉 및 홍계남洪季男이 이름이 나란하다고 일컬었다. 조부는 휘 억복億福으로 함경병마사를 지냈다. 용략勇略이 무리에서 뛰어난 데다 초서와 예서 글씨를 잘 쓰셨다. 만력 연간 일본의 침략 당시 묘당에서 문무의 기이한 재주로 천거하니 공이 유극량劉克良과 함께 참여했다. 아버지는 휘가 해海이니 승의랑承議郎으로 일찍 세상을 떴다. 어머니는 수원 백씨로 옥봉玉峯 백광훈白光勳의 따님이시다. 집안의 가르침을 지켜 몹시 훌륭한 모범이 있었으니 옥천촌이 외가다.

공은 나면서부터 총명해서 숫자를 겨우 가르치자 이미 글을 지을 줄 알았다. 7세 때에 "배꽃이 반쯤 피어 구슬을 꿰었구나梨花半開貫玉珠"라는 구절을 지었다. 성품이 지극히 효성스러워 겨우 성동成童이 되어서도 상례를 잘 치렀다고 일컬어졌다. 문사를 일찍 성취하여 19세 때 발해에 급제하여 명성이 자자하였다. 일찍부터 번포樊圃 민후건閔後騫을 좇아 배웠는데 사계 김장생 선생의 학문 연원이었다. 문장과 필법이 옥봉 집안의 풍이 있다고 일컬어졌다.

인조 병인년(1626)에 중국 사신 강왈광姜曰廣과 왕몽윤王夢尹이 조칙을 반포하러 왔을 때 북저北渚 김류金瑬 공이 접빈사가 되어 떠나면서 공을 백의종사白衣從事로 천거하였다. 당시 택당澤堂 이식李植 공과 동명東溟 정두경鄭斗卿 공이 모두 증별시를 써주면서 남국南國의 미美라고 칭찬하였다. 접빈의 잔치에서 창수할 때는 풍의가 상쾌하고 글이 아름다워 중국 사신 강왈강이 신선 중의 사람이라고 칭찬하였다 한다. 이듬해인 정묘년(1627)에 사마 양시에 급제하였고 계유년(1633)에 문과에 급제했다. 병자년(1634)에 사섬직장司贍直長의 신분으로 남한산성에 호종하였다. 정축년(1637)에 예조좌랑으로 자리를 옮겼다가 기묘년(1639)에 사간원 정언에 배수되었고, 경진년(1640)에 지평이 되었다가 임오년(1642)에 병조정랑을 거쳐 6월에 장수현감에 제수되었다. 평소 어지럼증을 앓았는데 이때에 이르러 갑작스레 졸도하였다. 죽음에 임해 이렇게 말했다. "노모께서 집에 계셔서 천릿길에 나그네로 있으면서 정성껏 봉양코자 하였으나 제수하는 명령이 내려오자마자 내 병이 위독하게 되었구나. 아! 내 행실이 신명에게 부끄러움이 없건만 어찌 이에 이른단 말인가?"

마침내 이달 25일에 세상을 뜨니 누린 해가 고작 46세였다. 현우귀천賢愚貴賤을 떠나 놀라지 않은 이가 없었다. 8월에 상여가 돌아갈 때 한강 물가에서 곡하며 전송한 사람이 모두 어진 공경들이었다. 11월 아무 날에 강진현 북쪽 장사동藏寺洞 선영의 정좌丁坐 언덕에 장사지냈다. 강진 지방의 선비들이 월강사月岡祠를 세워서 위패를 모셨다. 유고 약간 편이 있다. 부인은 거창 신씨愼氏인데 현감을 지낸 함誠의 따님이요 관찰사를 지낸 희남喜男의 증손이다. 품성이 맑고 삼가며 따뜻해서 아내로서 남편의 뜻을 어김이 없었다. 3남3녀를 길러냈다. 장남은 담로聃老로 덕을 숨겨 세상에 나오지 않았다. 호는 백운동은白雲洞隱으로 승지에 추증되었다. 둘째는 팽로彭老인데 어려서 요절했다. 셋째는 송로松老로 생원이다. 맏딸은 장사랑을 지낸 정시립鄭時立에게 시집갔고, 둘째는 참봉 고두평高斗平에게, 셋째는 승지 안두상安斗相에게 시집갔다.

담로는 이선계李先繼의 따님에게 장가들었으나 후사가 없었다. 아우 되시는 생원공의 둘째 아들 태래泰來를 취해 후사로 삼았다. 그는 참판에 추증되었다. 딸 하나를 두었는데 사위는 생원 고가적高可迪이다. 송로松老는 생원 임장유林長儒의 따님에게 장가들어 3남5녀를 두었다. 장남은 형래亨來, 차남은 태래, 삼남은 이래頤來다. 다섯 사위는 현감을 지낸 홍서주洪敍疇와 진사 윤경함尹敬涵, 민제화閔濟和, 임주한林柱韓, 참판 박태중朴泰重이다. 태래는 아들 넷을 두었다. 생원이며 문과 박사 언열彦烈과 생원으로 동지同知를 지낸 언길彦吉, 언술彦述, 언철彦喆이다. 형래는 아들 하나를 두었다. 생원 언겸彦謙이다. 이래는 아들이 셋이니 언항彦恒과 언상彦祥, 박사 언욱彦郁이다. 언열은 아들 하나를 두었으니 의경毅敬이다. 유일로 천거되어 부솔副率을 지냈다. 호가 동강桐岡으로 월강사에 위패를 모셨다. 나머지는 생략한다.

사우師友의 뇌사誄詞를 살펴보니 이렇게 말했다. "문사를 펼치고 예를 시험하되 두 차례 시험에서 합격했다. 경전을 궁구하여 급제하니 푸른 실을 주은 것은 그대의 배움의 힘이다." 또 말했다. "정밀하고 꽃다운 기운이 어찌 끝내 없어지리. 솔을 낳고 지초를 낳아 금이 되고 옥이 되리라." 만사挽詞에서 말했다. "명리는 제 몸을 더럽힐 듯이, 신명함은 효성으로 통할 만했지名利身如浼, 神明孝可通." 이

것은 금양위 분서汾西 박미朴瀰의 글과 만사다. "군은 내행이 독실했고 효성과 우애로 모범이 되었다. 군은 고장의 기림을 온통 받았다. 월조月朝는 주리州里에 있었고 성적聲績은 성서省署에 있었으며 풍재風裁는 대각臺閣에 있었다. 글씨는 세상에 우뚝하였고 사부는 모범이 되기에 충분했다"고 쓴 것은 중봉中峯 박의朴漪 공의 글이다. "학문과 문장에 전심하였고 효성과 우애는 힘이 남은 나머지다. 문장은 한당漢唐을 법삼고 글씨는 종요鍾繇와 왕희지王羲之를 추종했다. 꽃다운 이름이한 시대를 밝혔고 환한 얼굴로 벼슬길에 나아갔다. 옥계단에서 잠필簪筆을 휘두르니 실로 이 같은 사람은 있기가 드물다. 훗날 정승의 반열에 오를 사람이 그대가 아니면 누구겠는가?"라고 한 것은 번포樊圃 민공閔公의 글이다. 성암惺菴 이수인李壽仁 전한典翰의 뇌사가 가장 자세하다. 그는 이렇게 썼다. "문단에서 이름 떨쳐 식자들은 모두 그가 우뚝한 인재가 될 것으로 예견했다. 이웃과 친척들은 모두 그 효성과 우애가 특별한 것에 감복했다. 안에서는 의심스런 행동이 없었고, 밖에서는 의심스런 일이 없었다. 말에 곁가지가 없고 행실에 기이함이 없었다. 겉과 속이 한결같았고 궁하고 달함에 달라짐이 없었다." 또 이렇게 말했다. "타고난 자질이 순후하기로 어느 누가 빈빈만 한 이가 있겠는가? 배우기를 좋아해서 똑똑하고 영리하기가 그 누가 빈빈만 하겠는가? 어렵게 나아가고 쉽게 물러남이 누가 빈빈과 같겠는가? 마음에 그어놓은 경계가 없기는 누가 빈빈만 하겠는가? 지초와 난초 같은 자질에 금과 옥 같은 모습을 이 세상에서 다시는 볼 수가 없겠구나."

　이는 모두 당시의 유명한 인사들이 공에게 깊이 승복하고 공의 절실함을 애석해한 내용이다. 이것을 보고서 공이 기림을 한 몸에 입고 명망이 높았음을 떠올려볼 수 있겠다. 이를 써서 공의 덕성과 아름다움을 기록하니 그 징험하여 믿을만한 것으로 이보다 더한 것이 있겠는가? 하물며 젊은 시절에는 백의로 종사하였고, 죽어서는 그 고장의 선생으로 제사를 지내니 그의 삶은 영예로웠고 죽음 또한 요절이 아니다. 이에 더해 다시금 몸을 아껴 후대에 비춰 효자가 끊이지 않아 집안에 전하는 유집遺集이 혁혁하게 사람의 이목을 비춤에랴. 삼가 위와 같이 써서 붓 잡은 사람이 채택해주기를 기다린다.

지금 임금 14년 무신년(1848), 어모장군 행용양위부사직 겸경연관 창녕 성근묵은 삼가 쓴다.[42]

— 『서주집西疇集』부록

## 7. 윤규병尹圭炳 찬, 「애일암 이언열 공 묘표墓表」

예전 창계滄溪 임영林泳 선생이 남쪽 땅에서 복을 입고 있으면서 강학할 적에 당시 문하에 있던 사람이 환하게 문학으로 일컬어진 이가 많았다. 고故 승문박사承文博士 애일암愛日庵 이공이 그중 한 분이다. 공의 휘는 언열彦烈, 자는 열경烈卿이니 본관은 원주原州다. 경주 이씨에서 적籍을 옮겨 고려 때 상서尙書를 지낸 휘 신우申佑가 비조가 되니, 대를 이어 벼슬길에 적을 두었다. 휘 자성子誠이 조선조에 이르러 벼슬이 좌찬성에 이르니 아름다운 자취를 이어 능히 성대하게 창성하였다. 양대에 걸쳐 무관으로 나아가매 사람들이 홍서弘署로 일컬었다. 서주공西疇公 휘 빈份에 이르러서는 유술儒術이 광대하여 아름다운 학문과 순수한 덕으로 사림의 중망을 받아 월강사月岡祠에 배향하여 제사를 모셨다. 벼슬은 지평持平을 지냈고 집의執義에 추증되니 공에게는 증조가 된다. 조부 휘 담로聃老는 좌승지에 추증되었고, 부친 휘 태래泰來는 호조참판에 추증되었다. 부인은 죽산竹山 안씨로 우산牛山 선생 안방준安邦俊의 증손이다.

공은 경신년(1680)에 태어나 계사년(1713)에 생원시에 급제하고 갑오년(1714)에 문과에 올랐다. 승문정자박사承文正字博士와 봉상직장奉常直長, 성균전적成均典籍 등의 관직을 거쳤다. 기해년(1719)에 세상을 뜨매 나이가 겨우 40세였으니 어찌 이다지도 짧았던가? 부인은 나주 오씨로 통덕랑 석형錫亨의 따님이다. 아들 의경毅敬은 벼슬이 부솔副率로 내부협판內部協辦에 추증되었다. 세상에서 동강桐岡 선생이라 일컫는 바로 그분이다. 딸은 진사 임태중任泰中에게 시집갔다. 손자는 적출適出의 아들로 존박存樸과 여박如樸이 있고 딸은 현령 박철원朴澈源에게 시집갔다. 서출의 아들은 희박希樸이고 딸은 박이충朴履忠에게 시집갔다. 증손과 현손 이하로는 다 적지 않는다. 모두들 유학으로 업을 삼아 대대로 그 배움을 이었다. 공이 누리지 못한 보답이 여기에 있었던 걸까?

오호라! 공이 태어나기 전 빛이 생겨나더니 이윽고 드높이 두각을 드러냈다.

일찍부터 어진 스승을 좇았으니 즐거워함에 연원이 있었다. 학문과 문장을 익혀 세상의 쓰임에 충당하기를 기약하였고 과거에 급제해서는 우뚝한 행보를 펼칠 것을 기대하였다. 그럴진대 하늘이 공을 아껴 사랑함이 두텁다 하지 않을 수 없다. 공은 지극한 성품을 지녀 독실한 효성이 있었다. 애일愛日이라 자호한 뜻을 살핀다면 나머지는 미루어 짐작할 수가 있다. 충과 효는 본시 두 가지 이치가 아니므로 효를 옮겨가면 충이 되는지라 평소에 기대하였다. 위로는 성명聖明께서 살피시고 아래로는 벗들이 믿었으니 공은 사람에 있어서도 특별히 기이하다 할 수가 없다. 하지만 싹만 트고 이삭이 패지 못한 것은 옛사람이 탄식한 바이다. 이미 이삭이 팼는데 또 꺾이고 말았으니 하늘이 이 사람을 낸 것은 과연 그 뜻이 어디에 있는 것인가? 아니면 운수의 예측할 수 없는 변화를 하늘도 능히 이길 수 없고 사람 또한 어찌 해볼 수 없는 것인가? 안연顏淵이 일찍 죽고 백순伯淳이 복이 없었던 것은 예로부터 꼭 같았다.

아아! 공은 사문斯文의 일에 바름을 잡아 휘둘리지 않았다. 병신년(1716)에 구소球疏를 올렸을 때 당시의 재상이 흉악한 짓을 꾸미니 사문의 재앙이 참혹하였다. 그때 공이 잡록한 기사가 몹시도 자세하였다. 공은 비록 죽었지만 글은 지금도 남아 있어 백세를 기다리고 천세에 질문할 수 있게 하였다. 바른 것을 붙들고 삿된 것을 배척하는 뜻이 어찌 기여함이 적다 하겠는가?

공의 장례는 살던 집 뒤편 유향酉向의 언덕에 있다. 부인을 오른편에 함께 묻었다. 이제 200여 년이 되었는데도 묘도문墓道文을 갖추지 못해 후손인 창묵敞默이 장차 비석을 세우려고 나를 찾아와 음기陰記를 청하였다. 내가 비록 글이 좋지 않으나 집안 간의 우호를 생각해 차마 끝까지 사양하지 못했다. 삼가 그 행장의 말을 간추리고 아울러 예전에 개탄했던 바를 덧붙여 기록할 뿐이다. 파평후인 진사 윤규병은 삼가 짓는다.[43]

— 『애일암유고愛日庵遺稿』 부록

## 8. 임지수林志洙 찬, 「애일암 이언열 공 행장」

애일암 이공은 휘가 언열彦烈이요 자는 열경烈卿이다. 이씨는 경주로부터 적籍을 옮겨와 지금은 원주原州 사람이 되었다. 고려 때 병부상서를 지낸 휘 신우申佑를 비조로 삼는다. 조선조에 들어와서는 휘 자성子誠이 좌찬성의 벼슬을 지냈다. 휘 영화英華는 강릉부사로 호남의 해남현으로 이주해 살다가 뒤에 강진으로 옮겼으므로 자손들이 이곳에 거주하게 되었다. 휘 남楠과 휘 억복億福 등 2세가 연달아 무과에 올라 비록 크게 현달하지는 않았으나 넓은 도량과 담략은 여러 명공이 크게 칭찬하는 바가 되었다. 휘 빈份은 호가 서주西疇이며 문장과 덕망 및 학문으로 사우士友 사이에 명망이 있었다. 아울러 글씨에도 능하여 사람들이 한 조각의 글자라도 얻으면 모두들 보배롭게 여겼다. 생원시와 진사시에 합격하여 뒤늦게 문과에 적을 두었으나 운수가 기박해서 포부를 펴지는 못했다. 지평持平 벼슬을 하고 집의執義에 추증되었다. 강진현의 월강사月岡祠에서 제향을 모시니 공에게는 증조부가 된다. 조부는 휘가 담로聃老요, 부친은 휘가 태래泰來다. 모두 문학이 있었지만 덕을 감추고 벼슬하지 않았다. 뒤에 조부는 좌승지에, 부친은 호조참판에 추증되었다. 어머니는 죽산竹山 안씨安氏로 좌랑을 지낸 음釜의 따님이시다. 우산牛山 안방준安邦俊 선생의 증손이다.

공은 숙종 경신년(1680) 8월 13일에 태어나 계사년(1713)에 생원시에 합격하고 갑오년(1714)에 문과에 장원으로 급제했다. 관직은 충무위사정忠武衛司正과 승문원정자承文院正字 저작박사著作博士를 두루 거쳐 성균관전적成均館典籍에 이르렀다. 기해년(1719) 3월 3일에 병으로 서울 집에서 세상을 뜨니 태어나던 해로부터 겨우 40년이었다. 조야가 탄식하며 아까워하지 않은 이가 없었다. 염습을 해서 발인하여 돌아올 때까지 서울의 여러 분이 몸소 보살피고 힘을 모아 찬조해서 지산리芝山里 본제 뒤편 산기슭의 묘좌卯坐 언덕에 장사지냈다.

오호라! 공은 나면서부터 빼어난 자질이 있어 어린아이 때부터 성품이 장난

치며 노는 것을 좋아하지 않았다. 성장해서는 창계滄溪 임영林泳 선생에게서 배워 학문의 문로를 깊이 얻었다. 비록 자리 사이에서 홀로 전한 뜻은 이제 와서 달리 징험할 만한 기술이 없지만 나중에 와서 벼슬길에 몸을 들였을 당시에는 마침 사문斯文이 위태로운 때를 만나 의리의 바름을 똑바로 보고 당인黨人의 무고를 통렬히 물리쳤다. 주장을 세워 논단하던 자들이 이를 보고는 사문師門의 실마리에서 크게 얻음이 있다고 여길 정도였다. 공은 효성이 지극하고 성품에 뿌리를 두며 사물을 기름에 뜻을 두어 저마다 그 정성을 다하였다. 평소에는 어버이 곁을 떠나는 법이 없다가 만년에 벼슬을 살러 서울에 있을 때 휴가를 얻어 돌아와 뵈면 곁에 모시고 앉아서 낯빛을 부드럽게 함을 두루 갖추어 상서롭고 화기로운 기운이 말 위로 넘쳐흘렀다. 애일愛日이라는 호는 오로지 효성스런 마음이 순수하고 도타운 데서 말미암았다. 하지만 하늘이 수명을 빌려주지 않아서 마침내 봉양함을 마치지 못했으니 이것이 공에게는 눈을 감지 못할 한이 된다. 사람들이 이 때문에 더욱 슬퍼하였다.

공은 학문에 연원이 있어 나아가 취하는 데 진실로 연연하지 않았다. 봉양을 위해 힘써 과거시험에 쓰는 정식程式 문장에 나아가 육체六體를 모두 갖추었다. 특별히 대책문에 뛰어나서 마침내 이것으로 장원급제하였다. 이제 그 글을 살펴보니 문장이 우수하고 풍부한 데다 조목에 따라 대답한 것이 몹시 자세하였다. 사람들이 혹 문성공文成公 이이李珥의 천도天道를 논한 대책에 견주기까지 했다. 이것이 비록 지나친 칭찬이긴 해도 공의 조예를 미루어 알 수가 있다. 만약 공에게 조금만 더 수명을 연장해주어 좌우에서 임금을 밝게 하고 임금의 뜻을 밝게 드러내게 했더라면 그 성취한 바가 어찌 고인만 같지 못했겠는가. 하지만 끝내 하늘을 찌를 듯한 예장豫章의 큰 나무로 하여금 하루아침에 꺾이게 하였다. 이미 준 것이 두터웠는데 다시금 이렇듯이 빨리 빼앗아가버리니 하늘이 이 사람을 낸 것은 과연 어디에 그 뜻이 있단 말인가. 이것이 더욱 슬퍼할 만하다.

공은 사문斯文의 일에 대해 날마다 아주 자세하게 기록해두었다. 대개 그 때에 구소球疏가 몹시도 흉악했다. 당시의 재상이 화를 기르는 참소의 말을 심복에게 심어두고 마침내 선정先正의 양대에 관직을 삭탈하는 법을 시행하고, 이어서 유집遺集을 훼판하는 거조까지 있었다. 이때 공적인 의논이 매섭게 일어나 저마다 상소를 올려 따지고 또 진신搢紳들이 소청疏廳을 베풀어 겸재謙齋 조태억趙泰億 공이 논의를 주도하였다. 어떤 이는 전례가 없다 하여 의심의 눈초리를 보냈다. 공이 말했다. "스승을 위해 무고를 변정하는데 어찌 전례의 유무를 논한단 말인가? 우리가 창시한다 해도 또한 훗날에 전례로 될 것일세. 다시 무엇을 의심하겠는가?" 조공이 바로 옳게 여겨 마침내 의논이 합당치 않음을 가지고 중지시켰다. 공이 말했다. "이것은 아이들이 풀싸움하는 놀이와 비슷합니다. 한갓 당인黨人에게 부끄러움을 주게 할 뿐이니 개탄해 마지않습니다." 이런 말도 있다. "우리나라의 정치는 송나라 조정을 모방했다. 그렇기 때문에 소인의 재앙 또한 그렇다. 송나라 때는 돈경惇京이 독을 품자 사마온공은 『자치통감』에서 '별자리에 빌려 권력을 농단했다'고 비난했으며, 『이정전서二程全書』에서는 끝내 2차의 참변에 이르렀다고 나무랐다. 우리나라는 유자광이 『점필재집』의 판목을 훼손하고부터 오늘의 일에 이르기까지가 또한 2차의 참변이 된다." 이것은 일록 중에 있는 말이다. 그 탁견과 바른 식견은 모두 빠뜨릴 수 없는 것들이다.

부인 나주 오씨는 사인 석형錫亨의 따님이요 한림 희도希道의 증손으로 어진 행실이 있었다. 남편의 뜻을 어김이 없었으므로 고장에서 이를 칭찬했다. 1남1녀를 낳았다. 아들 의경毅敬은 묘당의 추천으로 계방桂坊에 들어가 부솔副率이 되어 동궁의 지우를 입어 칭찬을 가장 많이 받았다. 임오년 이후부터는 마음으로 다짐하여 직책에 나아가지 않았다. 장릉莊陵을 추숭하여 특별히 가선대부 내무협판을 추증함에 미쳐서는 관원을 보내 제사를 올리게 하였으니 바로 세상에서 동강 선생으로 일컫는 사람이다. 진사 고한형高漢亨의 따님에게 장가들었다. 장남은 존박存樸이고 차남은 여박如樸이다. 딸은 현감 박철원朴澈源에게 시집갔다. 서계로 난 아들은 희박希樸이다. 딸은 사인 박리충朴履忠에게 시집갔다. 한 딸은 진사 임태중任泰中을 사위로 맞아 아들딸을 각각 하나씩 두었다. 증손과 현손 이하는 무척 많아 다 적지 않지만 큰아들 아래가 가장 번성하였다. 지금에 적손 상림祥林이 능히 그 집안의 대를 이었다. 아들 창묵敞黙과 손자 효원孝元이 있는데 자못 문예를 갖추었고 뜻으로 숭상하는 바가 속되지 않다. 공의 뒤로 이어진 녹이 바야흐로 아직 빛을 보지 못했다.

아! 공이 세상을 뜬 지 이미 200여 년이나 된다. 비록 옛일에 해박한 사람이라도 그저 공이 서주공西疇公의 후손이요 동강공桐岡公의 어진 아비이며 창옹滄翁의 고제高弟인데 높은 등수로 급제하였으나 일찍 죽어 아무 이룬 것이 없는 줄로만 알 뿐이다. 식견의 높음과 나아가는 방향의 바름, 논의의 준엄하고 상쾌함과 문사의 풍부하고 아름다움과 같이 썩지 않을 것에 대해서는 모두들 아는 것이 없다. 태사공이 슬퍼한바 이름이 스러져 일컬어지지 않은 자를 다시금 공을 위해 한바탕 탄식한다. 기記에 이렇게 말했다. "선조에 훌륭한 점이 있는데 알지 못한다면 어리석은 것이다. 알면서도 전하지 않는 것은 어질지 않은 것이다." 이제 창묵이 이 점을 두려워하여 그의 대인께서 서술한 행록 한 부를 가지고 와서 상사上舍 윤규병尹圭炳을 찾아뵙고 묘표와 기문을 지어서는 무덤 앞을 꾸몄다. 다시 해묵은 상자를 뒤져서 약간 편의 문자를 수습해서는 엮어 한 책을 이루었다. 장차 판목에 새겨 간행하려다가 오히려 아니라고 여겨 또 내게 고하여 이렇게 말했다. "대저 사람의 덕과 선은 반드시 행장을 기다린 뒤에 전해집니다. 내 할아버님의 일과 행적은 공께서 자세히 알고 있는 바이니 원컨대 한마디 말을 얻어 후세에 전해지기를 도모하고 싶습니다. 그리하면 제가 현명하지 않고 어질지도 못한 죄를 면하겠습니다." 대저 얼굴을 맞대고 글을 요구하는 것은 간절함이 몇 배나 된다." 내가 그 뜻을 진실로 아름답게 여기고 차마 그 말을 헛되이 할 수가 없어 이에 일록 중의 말을 엮어서 대략 내 의견을 덧붙여 행장을 짓고 유림에 한 차례 전하게 한다. 금성 임지수林志洙는 삼가 짓는다.[44]

- 『애일암유고愛日庵遺稿』 부록

## 9. 「도내열읍 유생진사가 수의어사에게 이의경의 포장을 청하는 탄원서

道內列邑儒生進士尹鍾英幼學林啓洙愼在璿等, 謹齋沐再拜, 上書于繡衣閣下」

삼가 명절名節을 표장하여 풍교를 수립하는 것은 조정의 성대한 법이요, 학행을 높이고 문망聞望을 높이는 것은 사림의 공의公議입니다. 지금 우리 강진현의 고故 익위사 부솔副率 동강桐岡 이의경李毅敬 선생은 절의와 도학으로 살아서는 원근에서 종사로 여겼고 돌아가신 뒤에는 후생이 찬송하여 사모합니다. 하지만 여태도 태상太常의 채록과 춘관春官의 포증褒贈을 받지 못했으니 어찌 밝은 시절에 흠이 되는 일이요 임금을 우러러 결단을 바랄 일이 아니겠습니까?

선생께서는 시례詩禮 순유醇儒의 가문으로 대대로 빛나는 집안이니 굳이 자세히 살필 필요가 없는 것은 육기陸機의 사부詞賦와 한가지입니다. 지평 이공의 손자요 박사 이공의 아들이며 아울러 효성이 도탑고 학문이 명백하며 행실이 높고 어짊이 지극한데도 겉으로 꾸미는 기색과 불쑥 젠체하는 단서가 없습니다. 나이 20이 되기도 전에 실지實地의 배움에 뜻을 두어 윤경암尹敬菴의 문하에 나아갔습니다. 대개 신자愼字 공부가 우리 유자가 덕으로 들어가는 종지 됨을 살펴 파산坡山의 연원으로 전해 받은 바 있던 분입니다.

이때부터 정심율기正心律己의 공부에 힘을 쏟고 존덕진성尊德盡性의 학문에 뜻을 두어, 처음에는 격치格致 공부로 치평治平에 이르는 관건을 삼고, 근본은 증자의 경전으로 정주程朱의 핵심되는 뜻이 말미암는 바로 여겼으니 어찌 옛 어진 이와 높은 식견을 지닌 인사의 중요한 법식 아님이 있겠습니까? 하지만 먼 지방에서 유학의 도리를 제창하고 말로에서 사문을 드러내는 것은 마치 어두운 거리에서 밝은 등촉을 밝히고 캄캄한 밤에 밝은 별을 내거는 것과 같다 하겠습니다. 돈독하고 화목한 의리로 일가와 지내고 두루 구휼하는 뜻으로 한 고장에서 지냄에 이르러서는 장공예張公藝의 두터운 덕에 조금도 부끄러움이 없고 범문정공范文正公의 아름다운 자취를 본받고자 하였습니다. 처신은 평탄하고 드넓은 지역을 위

주로 하며 남을 대접함은 온화하고 넓은 기운을 주로 하였고 글을 지음은 성리의 학설을 중심에 두었으니 배움을 쌓고 공부를 포갠 뒤라야 가운데에 지닌 것이 밖으로 펴서 환하게 문장으로 드러나게 되는 법입니다. 이미 덕을 이루었다는 기림이 있고 보니 구고九皐에서 우는 학의 울음소리가 비록 멀어도 장차 하늘까지 들리는 소리를 펼 것입니다. 계수나무 궤에 담긴 미옥이 비록 가득하지만 마침내 값을 쳐줄 때를 기다림이 있습니다.

수의어사께서 조정의 발탁을 포장하여 밝히는 것은 스스로 현혹되거나 스스로를 위해 도모함이 아니라 작록으로 글로 남길 만한 가르침을 전하려는 생각에서입니다. 강과 바다 물고기와 새의 고장에 숨어서 산림과 꽃과 대나무가 있는 집에 은거하여서도 비단옷을 입고 경의絅衣를 덧입으며 구슬을 간직하고 은택이 훌륭하여 아름다운 이름이 사방에 달하였습니다. 밝은 조정에서 재야의 인사를 구할 때에 계방桂坊으로 한번 부름을 받았으니 이는 과연 먼 변방 한사寒士의 맑은 명망이었습니다. 향기로 목욕하고 명에 응해 여러 차례 서연에 들어가니 문장의 뜻을 부연하여 전달함과 용모와 의표를 바르게 닦음은 같은 자리에 있던 인사들로 하여금 공경하여 칭찬하게 하였습니다. 옥음玉音이 낭연하게 글의 뜻을 잘 설명한다 말씀하시어 친히 쓰신 글씨를 특별히 하사하시니 이는 세상에 드문 특별한 예우였습니다. 하지만 그 쓰임과 버림, 나아감과 물러남은 『논어』에서 안씨顔氏에게 고한 것과 꼭 같았고, 근심과 즐거움 속에 은둔한 것은 혹 『주역』의 문언文言에서 표방한 말씀을 체득한 것이었습니다. 만년에 월출산 남쪽에 집 한 채를 짓고서 동강桐岡이란 편액을 내걸고 돌아가실 때까지 계셨습니다. 사방 이웃의 선비들이 건물을 짓고서 우러러 공경하는 정성을 조금이나마 펴고자 합니다. 다만 엎드려 생각건대 이 같은 문학과 덕행을 가지고 살아서는 포부의 쓰임을 펴지 못하고 죽어서는 높여 포장하는 보답을 입지 못하니 남쪽 선비들의 억울함이 어떠하겠습니까?

삼가 합하께서 창패주헌蒼珮朱軒의 부절로 백필상간白筆霜簡의 계청啓請을 저희 도道에 맡겨주신다면 무릇 포장褒獎하는 절차에 있어 사소한 것도 분명치 않음이 없게 할 것입니다. 삼가 합하께 원하건대 공정한 들음을 넓혀주시고 중의衆議를 널리 채집하여 고故 부솔 동강 선생의 독실한 학문과 장헌세자께서 마음을 담아 하사하신 시를 가지고 하나하나 들어 임금 계신 대궐 섬돌 아래에서 전달하사 포장을 내리시는 은전을 입게 해주십시오. 그리하여 한 시대에 명교名敎를 붙들고 백세에 풍성風聲을 세우게 해주신다면 천만다행이겠습니다. 삼가 가만히 간절하게 기원함을 이기지 못하여 삼가 어두움을 무릅쓰고 수의 합하께 말씀드립니다.

강진유학 김세원 김정기 최길홍 김영기 오성현 박달효 오롱해 윤방진
영암유학 문조택 신오현 최지흠 문부철 조영진
해남유학 임정봉 윤종태 이석장 박종엽
창평유학 고제신 노광석
남원진사 권시응 송인환
전주유학 이중헌 진사 나시원
나주유학 유의철 박이현
광주유학 고정진 윤영준 문달원 문기권 백혼수
장흥유학 고오진 등


[수의어사의 답글]
이 같은 덕행이 이처럼 뛰어나고 훌륭한데 살아서는 품은 것을 미처 펴지 못하고 죽어서야 오히려 차례로 기림을 받으니 사림의 안타까움이 어찌 없을 수 있으랴. 계청啓請을 올리는 예가 중하니 다만 마땅히 헤아려 처리하겠노라.[45]

## 10. 사도세자가 이의경에게 내린 「경모궁하사시景慕宮下賜詩」

| | |
|---|---|
| 즐거움 중 독서가 으뜸으로 즐거우니 | 最樂之中讀書樂 |
| 천금이 귀하잖고 덕행이 귀하도다. | 千金不貴德行貴 |
| 섭몽득과 양필이 천하를 다스릴 제 | 夢得良弼治天下 |
| 성誠과 경敬을 말하면서 날개와 바퀴 같았었네. | 曰誠曰敬如翼輪 |
| 광촉을 휘황하게 앞줄에 세워두고 | 光燭煒煌坐前列 |
| 날마다 밤낮으로 어진 선비 맞이한다. | 日日晝夜接賢士 |
| 동산에 해가 뜨면 사해를 비추이고 | 日出東嶺照四海 |
| 아침 기운 맑고 밝아 독서할 만하도다. | 朝氣淸明可讀書 |
| | |
| 기강이 우뚝 서면 상벌이 분명하고 | 紀綱樹兮明賞罰 |
| 상벌이 분명해야 나라를 다스리리. | 賞罰明兮乃治國 |
| 나라가 다스려지면 백성이 편안하니 | 國家治兮百姓安 |
| 공정함을 크게 하고 사사 없음 적게 하라. | 大公正兮少無私 |
| 사사 없음 적어야만 천도를 체득하고 | 少無私兮體天道 |
| 천도를 체득해야 임금 덕에 합당하리. | 體天道兮合君德 |

– 『동강유고桐岡遺稿』 권3

## 11. 이의경李毅敬, 「제동궁특사수서이수시후題東宮特賜手書二首詩後」

무진년(1748) 7월 14일, 연대筵對 겸 필선弼善 신 황경원黃景源과 사서司書 신 임순任珣, 부솔副率 신 이의경이 함께 입시하였다. 강을 마치고 물러나 나오려는데 동궁저하께서 갑자기 하문하셨다. "계방은 집이 어디에 있소?" 신 의경이 삼가 일어나 엎드리며 대답했다. "신의 집은 전라도 강진에 있사옵니다." 동궁께서 말씀하셨다. "다른 사람이 이해하지 못하는 문장의 뜻을 계방은 매번 자세히 설명해서 잘 일깨워주니 마음 깊이 훌륭하게 생각하오. 마음의 표시로 주고 싶은 것이 있소." 인하여 한 폭의 종이를 꺼내 책상 오른편에 있던 내시에게 주며 "이것을 계방에게 주어라" 하셨다. 내시가 잘못 듣고서 문득 황필선 앞으로 나아가니 동궁께서 성난 소리로 말씀하셨다. "어째서 계방에게 주지 않는 게냐." 내시가 황공하여 급히 가지고 신 의경의 앞에다 올렸다. 신이 삼가 받아서 펼쳐 보니 7언이 4구이고 3언이 6구였다. 신이 일어나 엎드려 사례하며 말씀드렸다. "신은 궁료로 뽑혀서 무리를 좇아 들어온지라 글의 뜻에 이르러서는 이따금 잘 말한 것이 있다손 쳐도 또한 장구章句 중에 이미 다 환하게 드러난 것에 지나지 않습니다. 잘 일깨워주었다 하신 분부는 신이 감히 감당하지 못하겠나이다. 여기에 시를 내리는 은혜를 베푸시니, 천만번 생각 밖의 일이어서 더욱 부끄럽고 황공하여 몸 둘 바를 모르겠나이다." 동궁께서 또 말씀하셨다. "근래에 날씨가 비록 덥지만 이것은 내가 직접 내 손으로 쓴 것이다. 어제 춘방春坊이 물러날 때 가져간 것은 중관中官이 쓴 것이지 내가 직접 쓴 것은 아니다." 대개 전날에 황경원이 일어났다가 엎드리며 말했다. "신이 경연에 출입한 것이 여러 해요 서연書筵에 드나든 것이 여러 해이온데 여태도 저하의 글씨를 얻지 못하였사옵니다. 근래 글씨 쓰신 것이 있으시온지요?" 동궁께서 마침내 내시에게 명하여 한 폭의 종이를 꺼내 주었다. 7언 2구의 시였다. 경원이 말했다. "이 시를 신이 받들어 돌아갈 것을 청하옵니다." 동궁께서 대답하지 않으셨다. 다시 청했지만 역시 대답하지 않으시므로 황경원이 머쓱해졌다. 임순이 일어나더니 엎드려 아뢰었다. "청컨대 받들어 밖으로 가져나가 베껴 쓴 뒤에 다시 들이겠사옵니다." 동궁께서 말씀하셨다. "물러날 때 가져가도 좋다." 황경원이 그 시를 소매에 넣고서 절을 올리며 사례하고 나왔다. 어제 물러갈 때 가져간 것이라 하신 분부는 대개 이것을 가리키신 것이다. 의경이 마침내 시를 받들고 절 올려 사례한 뒤에 물러났다. 부솔 신 이의경은 삼가 적는다.[46]

－『동강유고桐岡遺稿』 권3

# 필첩 묵적 사진 자료

백운동에 전해온 이시헌 구장서.

다산의 「백운동 12경」 시와
초의의 「백운동도」가 수록된
『백운첩』. 원본은 개인 소장.

자이당 구장 『현구기문』,
이효우 소장.

이담로 친필의 『견한록』과
『국조친책』 및 『수졸암행록』,
수경실 소장.

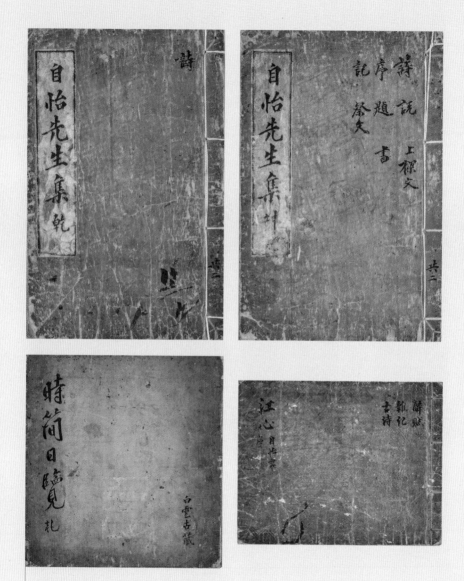

『자이선생집』표지, 이승현 소장.
『시간일람』과 『강심』표지.

『군방철영』과 『연상각집』 및 『경수당집』, 이승현 소장.

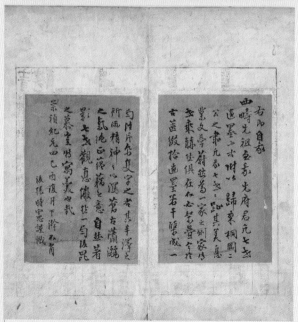

『칠세유묵』 표지와 이승헌 친필의 발문, 이승헌 소장.

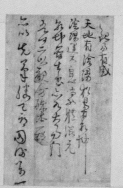

『유묵필첩』.

이시헌 친필 8폭 병풍. 이철주 소장.

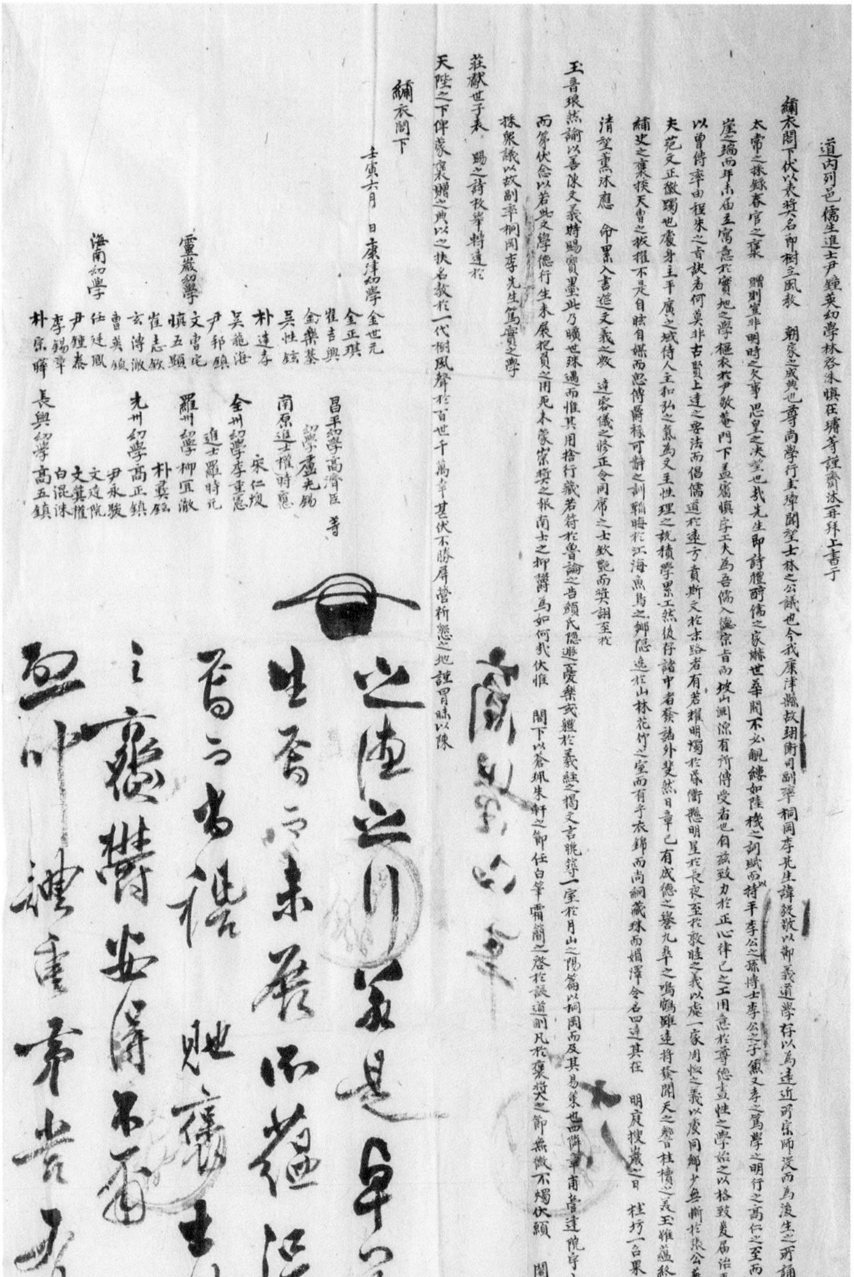

강진 지역 유생들이 연명으로 어사에게 이의경의 포장을 탄원한 글, 이승현 소장.

1　백운동 별서에 대해서는 김수진·정해준·심우경, 「강진 백운동 별서정원에 관한 기초
　　연구—입지와 공간구성을 중심으로」, 『한국전통조경학회지』 Vol 24, No 4(한국전통조
　　경학회, 2006. 12), 51–61면에서 최초로 소개했다. 필자 또한 『새로 쓰는 조선의 차문
　　화』(김영사, 2011)에서 「백운동 별서와 월산작설차」를 따로 정리해 수록한 바 있다. 이
　　글에서는 백운동 별서의 공간 구성과 내력, 다산의 『백운첩』과 초의의 「백운동도」 등
　　을 소개했다. 이밖에 2012년 양광식 선생이 강진문사고전연구소에서 펴낸 『다산과 강
　　진 백운동』과 2010년에 강진군 문사고전연구소에서 펴낸 『월출산 강진 땅 이야기』,
　　2006년 양광식 선생이 엮어 간행한 『강진과 차』와 2012년에 펴낸 『다산과 강진 백운
　　동』 등의 자료집에 백운동 관련 내용이 다소 포함되어 있다.

2　이하 별서 정원에 관한 일반 논의는 이재근, 『조선시대 별서정원에 관한 연구』(성균관대
　　학교 박사논문, 1992)를 중심으로 민경현, 『한국정원문화』(예경산업사, 1991) 및 정동오,
　　『한국의 정원』(민음사, 1986) 등의 논의를 참고했음을 밝혀둔다.

3　素性愛山水, 志氣超脫. 凡域中名山勝區, 足跡迨遍焉. 而其所卜築而杖屨往來者, 則在
　　九浦之上曰鳳凰臺也, 在月出之南曰停仙臺也, 在冠山之旗岳者曰三佳亭也. 皆有所寓
　　意而名者也.

4　원주 이씨의 세계世系에 대한 설명은 임형택, 「『원주세고』 해제」, 『원주세고原州世稿』(해
　　성사, 1997)를 참고할 것.

5　府君少與伯兄博士諱彦烈, 仲弟諱彦喆, 俱有異質, 孝友並至. 詞藻不及伯仲, 而操履之
　　端確, 有過云. 承旨公嘗鍾愛之, 晚年携府君, 處于白雲別墅. 時府君年尚幼, 承旨公性度
　　簡嚴高潔, 而府君周旋侍側, 小心謹愼, 二十餘年, 如一日焉, 承旨公以別墅付之. 別墅在
　　月出山中, 巖巒秀奇, 溪潭澄澈, 楓壇梅園, 仙臺雲壑, 窈窕幽夐, 頗有盤旋之趣.

6　府君克遵平泉之誡, 因作鹿門之居. 嘗遺書示後孫, 略曰: "噫! 白雲此洞, 卽我王考所築

別業也. 余自齠齔, 嘗侍于此洞, 余至今思之, 不覺憬然也. 況付授之際, 重言複戒, 若是
其鄭重, 余身不居此, 但食其地, 非順王考之意也. 外假主此, 放賣其地, 亦非順王考之意
也. 恪謹遵守, 不墜先志, 是余志也. 嗟! 我長兒長孫, 亦體余志, 恪守勿墜云."
府君早登蓮榜, 已有嘉遯之志. 而時參判公尙無恙, 府君侍側于蓮堂故里. 甲寅參判公
歿, 丙辰服闋, 仍居白雲別墅. 留長子諱毅權于故里, 使供菽水. 歲丙子大饑, 盡室始歸
別墅, 於是絶意榮利, 寓樂林泉, 一室圖書, 燕處超然, 專以敎子讀書爲事. 春秋彌高, 精
力彌康健, 平居必晨興盥漱, 整冠巾, 以終日簾几翛然, 風神瀟灑, 岸韻森逸. 每春暖秋
涼, 麻衣草履, 陟巘臨水, 徜徉忘歸, 輒心會神怡, 悠然自樂. 而亦未嘗留意於詞藻雕琢之
末, 坦履幽貞, 飄然有塵外之想.

**7** 白雲山庄, 卽我六代祖處士公所築, 我高祖考拙菴公所受, 而傳守者也. 泉石煙霞之勝,
擅于湖外, 當時名公賢卿, 多有酬唱往復. 而歲久遺失, 見存無幾. 今於篋笥中, 搜得如干
詩若書, 合爲一弓. 圖壽其傳, 乃作白雲圖, 弁卷首. 首以處士公白雲記若說草本, 繼之以
兩世從遊諸賢之作, 然後一區景物之勝, 兩世創守之美. 備悉于一弓之中. 後昆之守此
洞, 而傳此業者, 敢不奉若珙璧, 惟恐墮地耶. 況短篇片牘之間, 音調鏗鏘, 字畫蒼古, 古
賢人典型風致, 尙可得以髣髴矣. 摩挲玩繹, 不覺肅然而起敬, 慨然而興吁也. 後來之觀
感取法之者, 亦夫誰曰不可, 惟我后人, 庶幾相勉守之, 以勿失, 永作白雲靑氈也哉.
上之元年庚戌復月上弦, 不肖峒主時憲謹識.

**8** 洞在月出古白雲寺之下麓. 前有石臺登臨, 後有層嵓玉立. 松竹迷塗, 淸流暎帶. 引以爲九
曲, 循除而鳴. 澗畔石上, 有白雲洞三字刻, 仍舊名而揭之, 以誌其幽.

**9** 月生之陽, 千佛之麓, 有洞天焉. 地僻而幽, 水淸而淺, 層嵓壁立而崢嶸, 白雲滿壑而玲
瓏, 亦勝界也. 永叔之於滁, 子厚之於愚, 有見于是否. 余之卜之, 非徒卜其幽趣而已. 引激
湍而流觴, 爲其類蘭亭也. 臨風韻而聞鍾, 爲其倣孤山也. 夫閑居而養志, 文墨而寄娛者,
亦可因此而有助矣. 於是, 水以蓮以愛其天然, 園以梅以尙其淸標, 菊取節以視其凌霜,
松取操以識其後凋. 興其斐, 陳有竹. 托其契, 庭有蘭. 籠有鶴, 唳於月. 架有琴, 鳴於風.
此其爲白雲洞之經濟也歟. 遂爲之記. 仍爲之詩, 曰: "山宜考槃, 水宜濯足. 今我居之, 寔
膺淸覿. 釣有沈鱗. 采有幽香. 今我居之, 寔膺淸嘗. 苔磯月滿, 丹壑風冷, 斯是樂土, 君子
攸寧. 暮岫雲收, 晨汀雪霽, 斯是樂土, 君子攸棲.

**10** 噫! 夫人之於觀物也, 焉可苟也. 有可以寓目, 則無所不可. 有可以寓懷, 則各有其趣. 吾
園之蓄多矣, 上自石臺登臨, 下至流泉俯瞰, 隱暎林倪, 紅翠交爭, 無非可以悅吾之目, 供
吾之玩. 而然其五於春而破蕚, 則梅取其標, 後於寒而不凋, 則松取其操. 出淤泥而濯濯
可愛者, 非蓮乎. 瞻彼隩而猗猗可興, 非竹乎. 就之於三徑, 採淵明之菊. 尋之於九畹, 滋
屈子之蘭. 不有和靖鶴, 喜報客之有時, 不有伯牙琴, 想峩洋之遺韻. 玆數者, 直使人万念
都消, 一塵不染, 則果無所隨而資益於人者乎. 吾於是乎登乎八詠, 文之以幽居, 徜徉
而自適矣. 其意不徒人之益有取耳, 其斯以爲觀物乎.

**11** 余旣孤陋, 不售於世. 性又懤懶, 見疏於人. 而其留心泉石, 自占幽趣, 則窃擬不及古人.
自得白雲洞, 晚年丘壑之計益堅, 安於是而止於是, 樂於斯而詠於斯. 曰: 生宜結廬, 死

346

宜藏魄. 嘗以是語人, 又以遺吾志, 未知其終勿替也歟. 噫!

**12** 余居閑無事, 以文墨圖書, 爲會心友. 水雲花石, 爲靜觀友. 藤床竹枕, 爲合精友. 方其夢時, 不知夢之有覺. 及其覺也, 不知覺之有夢. 戍然而寢, 遽然而覺, 不知夢者爲覺乎, 覺者爲夢乎. 夢與覺交, 安知其覺焉之非夢也. 覺與夢接, 又安知夢焉之非覺也. 夢而覺, 覺而夢, 卒歸之夢中夢焉. 顧瞻身世, 何者非夢. 前者皆夢, 後死者獨非夢歟.

**13** 白雲別業, 舊有先廬. 堂前有九曲池停仙臺百梅塢映紅砌, 東則篔簹圃, 西則楓林壇也. 壁掛輞川之圖, 家守平泉之戒. 早抛公車之業, 專究性理之文, 簞瓢晏如, 杖屨逍遙. 匣藏一琴, 架貯萬卷, 有時興到, 舒蘭亭帖, 揮翰如流, 遠近取法焉. 園竹如椽, 偸兒折筍, 乃剪除荊棘, 爲開小逕, 鄰里咸服其德量. 家有賢弟, 諱時淳, 號月樵, 亦淸高儒雅之士. 對牀怡怡, 不知老之將至也.

**14** 府君體宇端肅, 神彩明秀, 疏鬢瘦頰, 豐準朗眸, 強學博覽, 無所不通. 麻衣草屨, 嘯咏於白雲草廬, 皓首窮經, 慥慥刻勵, 盡心乎孝悌忠信, 廉潔行誼之方, 探玩乎九經四子九流百家之編, 近襲坡魯之源, 遠接關閩之旨, 韜光鏟跡, 不求聲名, 而遠方朋友之聞風慕義者, 咸以一識其面爲榮. 新太守下車, 必親造廬而禮之, 此所謂珠玉所藏山澤, 不能掩其輝者也.

當時名公贒卿, 往往托契於書辭之間, 千里郵遞, 往復偲切. 如徐尙書憲淳, 以方伯按節南邦, 人有往見之者, 公曰: "子見叔度乎?" 因於篋中, 搜出府君詩與書, 而示之曰: "此誠叔世碩德." 社皐朴判書承輝, 亦稱磵陸詩禮, 吾於此見. 李尙書寅奭, 曾知是邑, 而下車之初, 卽慕其名, 旬題之曰: 以'子國有顔子, 答見吾叔度'爲詩題, 叔度卽府君之字也. '先問徐孺子所居'爲賦題, 豈不以府君爲南國之顔子, 而南州之高士耶? 此皆不肖之所以聞諸耳, 而不能忘于心者也.

籜翁丁公若鏞, 倅於南方, 搆一廬于橘園之北, 爲湘潭餐菊之所. 時府君年纔十一, 負笈拜公于茶山之東菴, 其尊師敬長之節, 攻業課程之功, 儼然老成宿儒. 時群弟子, 議欲會飮, 而使人縊狗而去. 府君見而笑之曰: "死狗拘." 蓋狗歸同音故也. 每晨興執篲淨掃, 丌搨危坐浪誦, 不瞻左右. 故籜翁往復書於我王考中有云: "令胤功夫勤篤, 無用加勉." 及其在覲, 又云: "令胤勤業否. 每念其人品極好, 未能相忘." 以冲幼之年, 爲師長之贊譽如此, 府君志尙之夙茂, 才思之敏給, 此可以追想矣. 晚學于霞石成先生近默之門, 業與齒高, 造詣愈新, 當時攷德之士, 無出府君之右, 吁其盛矣.

夫林居多暇, 朋儕過從, 則初筵茶罷, 便欣然共携於淸湍脩竹之間, 講學論文, 竟日忘歸, 區區外物不足以掛累於心, 澹然穆如, 怡怡自得. 泉石烟霞之間, 鳴泉啼鳥, 春花秋楓, 皆足以陶我性情, 頤我神氣. 故其爲詩也, 淸澹閑遠, 往往造人之不至, 而一言一動, 猶恐蹈襲俗臼.

**15** 嘉慶壬申秋, 余自茶山游白雲洞, 一宿而反. 餘戀久而未衰, 令僧洵作白雲圖, 續之以十二勝事之詠, 以遺之. 尾附茶山圖, 以見優劣. 九月卄二日.

**16** 한국학중앙연구원 장서각본『다산시고』에는 문집에 누락되고 없는 다산의 일시逸詩가 많이 포함된 귀중한 자료다. 도서 번호는 D3B 35 1-1 古 第 000794이다.

**17** 噫! 白雲此洞, 卽我王考所築別業也. 余自齠齕, 嘗侍于此洞, 余至今思之, 不覺憬然也. 況付授之際, 重言複戒, 若是其鄭重, 余身不居此, 但食其地, 非順王考之意也. 外假主此, 放賣其地, 亦非順王考之意也. 恪謹遵守, 不墜先志, 是余志也. 嗟! 我長兒長孫, 亦體余志, 恪守勿墜云.

**18** 往在壬申, 撑翁步自茶山, 來登月山. 石棧危險, 不能窮天皇絕頂, 轉入白雲洞, 有玉版峯十二韻.

**19** 楓之爲楓, 亦末可信. 按本草及花鏡諸書, 皆云"二月開白花, 旋卽著實, 圓如龍眼." 南方草木狀云: "楓香樹, 子大如鴨卵. 上有芒刺, 不可食. 其脂名曰白膠香." 吾東之楓, 無花無實, 亦無脂膠. 唯霜後葉赤, 與諸文合耳. 諸書又謂其樹最高大, 可作棟梁之材. 而吾東之楓, 高不過一二丈. 北漢山城丹楓最佳, 而樹皆低小. 余謫康津, 見白雲洞李氏山莊, 有丹楓數株, 高大拂雲, 可中棟梁. 問之主人, 亦末見開花結實, 可異也.

**20** 自蒙委顧, 仙莊煙霞, 益切馳神. 卽又惠書垂問, 副以珍果香醞, 存此幽寂, 厚意誠足鑴佩. 因審定省起居, 安福區區者, 豈勝欣抃. 弟雖風痺宿症, 當寒益肆, 而腸胃與藥相習, 餌服無驗, 只自憂憐. 雪中賞簹, 本稱韻物, 每病氣少惺, 未嘗無山陰之興, 輒自抑過得止耳. 不備, 伏惟下照, 謹拜上謝狀.

**21** 別後雨潦, 一絕阻音, 深以爲悵. 卽拜委翰, 恭審比來定省萬康, 欣慰良深. 戚下服除, 在遠私痛難堪, 而風濕所傷, 逐日苦痛, 悶不可言也. 高友及令胤功夫, 俱甚勤篤, 無用加勉. 但所食極薄, 恐致孩病, 是爲悶然. 楚辭一冊, 杜詩一冊可讀者, 送之如何. 惠來鷄荸, 山廚動色. 深荷深荷. 藥油謹受, 而其滓欲作丸取, 如已棄之, 更求數十枚, 惠之如何. 姑不宣. 伏惟照下. 謹謝狀. 丁丑五月十八日, 戚下服人, 無名拜懷.

**22** 無綿之歲, 冬寒更嚴, 民將何賴? 山齋椊柮, 擁爐吟寒. 此時定省起居如何. 區區不勝耿溯. 戚末家運孔酷, 又聞宗姪之訃, 氣死心灰, 無復人理. 病亦漸痼, 長時臥褥, 自憐自憐. 令胤勤業否? 每念其人品極好, 不能相忘. 高友去後, 不見一字, 少年不如老物之情節耶? 向惠生蓮油, 因齋中疥瘡彌滿, 隨手用盡. 而家兒書求甚勤, 更惠一碗, 深望深望. 姑不備書例.

丁丑十二月三日, 戚末朞服人不名頓. 新曆一件, 蘇合丸三丸 送了.

**23** 今日忽得手書, 乃正月十七日所付也. 壬午春書, 其時見而答之, 癸未夏書, 不記其推眼. 相去八百餘里, 非異域也, 其書信之難通如此矣. 地遙則易忘, 歲久則易忘, 老垂死, 不足以爲意也則易忘.

賢乃辛勤付書, 至再至三, 忠厚慈諒之氣, 溢於辭表. 握書屢看, 未忍釋手. 但恨芝眉玉貌, 無以接見. 新秋不審, 侍省侍亦佳勝, 學業日勤耶? 世運有升降, 文風有盛衰, 窮徼深山之中, 雖草草爲業, 門路易誤, 錮習難改, 賢能知此之可畏而愼之耶?

明春別試, 想當觀國, 前期十餘日, 來此淹留, 與之講論, 臨時入京爲佳耳. 弟衰枯癃廢, 無復生界人模樣, 相見必大驚也. 寫一札極難, 幸以此紙, 入藍于大庭, 以爲替面之資如何. 餘姑不宣謝例.

**24** 別後聲息渺然, 豈勝悵黯. 大小科初試, 或得發解, 則想已上京, 而尙無聞知, 甚矣其僻

也. 比來尊庭體氣何如. 侍奉平安. 耿耿馳溯, 不能已也. 戚記委頓如昨, 近添風漸, 項部
不運, 尤不可堪也. 茶事既有宿約, 玆以提醒. 優惠幸甚. 春科亦鄉試, 爲計此耶. 雖觀鄉
試, 無入京觀勢之意耶. 向來事, 今作何狀. 餘非書可悉. 姑不宣儀.

**25** 不意凶變, 先府君奄違色養, 驚怛之極. 夫復何言. 日月不居, 奄經襄禮, 伏惟攀號擗踊,
哀痛何堪. 十年相依, 情好篤厚, 而遽聞實音, 此心悲割, 無以形喩. 戚末老病, 近益沈錮,
委頓不能出戶外, 無足言者. 不備, 謹疏. 戊子五月二日, 戚末丁若鏞疏上.
李生員大孝哀前. 適因拜延進士之行, 要此傳致.

**26** 頓首再拜言. 不意凶變, 先府君奄違色養, 承訃驚怛不能已. 已年齡隆高, 德門之壽, 期望
尚遠, 豈知今日遽至於斯. 嗚呼, 忠厚敦朴之風, 周詳謹約之操, 不但爲一鄉之望, 抑可爲
頹世之標, 而刺史不能薦, 直指不能擧, 竟至林下之湮沒, 知者之歎惜齎恨, 當復如何. 訃
書之來最晚, 一書替問, 亦此後時, 不審襄禮成於何山. 卽今哀氣力何如. 悲戀不能已也.
戚記衰病益甚, 不足遠聞. 適有邑便, 付玆數字. 其不浮沈, 未可知也. 來月念後, 拜延公
牧之輩, 或有科行, 幸付答疏也. 姑不備疏式.
己丑二月初八日, 戚記丁若鏞 再拜. 先丈孝友之行, 鄉中或有議論否.

**27** 轉眄之頃, 三霜奄過. 伏惟孝思廓然, 靡所逮及. 消息頓絕, 思路邃渺, 耿耿之懷, 無以悉
喩. 比來起居佳勝. 又當科年, 雖曰無意於榮名, 亦當留神於佔畢. 所做何工? 戚記年固
巍矣. 病實苦哉. 委頓, 不能出戶外. 精神津液, 都已耗盡, 所存董一縷耳. 尙何云生世也.
向惠茶封, 間關來到, 至今珍謝. 年來病滯益甚, 殘骸所支, 惟茶餅是靠. 今當穀雨之天,
復望續惠. 但向寄茶餅, 似或粗末, 未甚佳. 須三蒸三曬, 極細硏, 又必以石泉水調均, 爛
搗如泥, 乃印作小餅然後, 稠粘可嚥, 諒之如何.
試邑定是何邑? 慶科時, 似必上來, 袖傳爲好. 否則或夏或秋, 入送于蓮池金千摠仁權之
家, 必卽傳來耳. 泥峴族姪, 年前出宰靑陽, 京中無可付之處耳. 不宜轉付於風便也. 姑略
不宣謹狀. 庚寅三月十五日, 戚記逋頓首.

**28** 旗戚南歸, 林兄西阻, 寤寐詠言, 悠邈難攀. 忽自塞琴, 遞傳芝縅, 病枕蹶起, 不覺忙手展
讀. 慰感交摯, 失沈痾之所在. 況伏審冬初兄道體涵養萬重, 林泉竹樹, 怡悅自得之意, 發
現於行墨之間, 使人僷僷有褰裳往從之想. 而嶠嶺川原, 不得副人遐情, 只自翹首長歎而
已.
病弟飾巾視蔭之年, 忽縻職名, 雖云官閒而家近, 決非耄荒可抵當者. 嚭生七不堪, 政謂
此也. 而但出特恩, 所以低徊蹲冒者, 義分是顧, 辭免近傲故耳.
來敎溢幅, 皆是道舊講誼之辭, 披誦之餘, 振觸心懷. 至于淸淚承睫. 但恨兄不西笑, 弟
無餘景, 此生相握, 若烏頭白黃河淸矣, 奈何奈何.
四帖香茗, 八箇細篦, 仰認心貺, 鐫感曷極. 前此千里郵遞, 無以仰投以木瓜, 殊歎殊歎.
從弟旣不往歸, 明春又當有便在續答, 不備. 伏惟照亮. 謹拜謝上. 病弟丁學淵拜手. 丁巳
至月十二日.

**29** 月出山在靈巖地, 南中之巨岳也. 峯巒蒼翠, 彷彿道峯三角. 山中有道岬無爲兩巨刹, 而
道岬在北而靈巖地, 無爲在南而康津地. 相距僅十里, 皆爲遊觀勝地. 而無爲寺法堂壁

上, 有吳道子親筆畫佛. 辛酉四月, 自珍島移配康津. 五月十五日, 與諸客逡往觀, 路過月南村李生聘老白雲洞草堂, 卽月岳下, 而溪流方漲, 引水爲流觴. 堦除間, 列植梅竹與雜花, 頗有幽趣.

30 先韓孝顯之代, 湖南之康津, 有李處士聘老. 嘗卜別業于月出山下白雲洞, 自號白雲洞隱. 從遊如申適安命圭, 林滄溪泳, 爲作白雲洞草堂八詠, 頌其雅操. 今後孫孝友君. 丐余次韻, 載諸舊軸之中.

31 往在壬申, 撐翁步自茶山來, 登月山. 石棧危險, 不能窮天皇絶頂, 轉入白雲洞, 有玉版峯十二韻. 時余以童年, 攝屬擔簦, 陪杖屨于茶山, 與星菴諸益, 角丱相隨, 遊戲吟哦之場, 宛然如昨. 而轉眄之頃, 鬢絲如雪, 懷舊感歎, 頓隔一塵. 維桑以撐翁姪, 文雅風韻, 裕有故家風. 去年秋旅遊南下, 訪余于白雲舊廬. 握手道舊, 白頭如新. 今年春, 與星菴諸益再過. 余因欲上月山絶頂, 余亦強病乘興. 振衣前導, 跨虎騰蛟, 若將窮巓, 纔到中腰, 脚脆眼眩, 我怯其病, 君戒其危, 相與半途而還. 向來玉版峯詩中, '及歸抱深恨, 悵然瞻九井'者, 重爲今日準備語也. 一步一吟, 憫然下山, 因步其韻, 聊寓感舊續恨之意. 星軒石瓢諸益, 脚力不衰, 步蹀如飛, 履巉嵓凌絶頂, 笑二客之不能從, 儘不在此恨如復, 強賦此韻, 罰以金谷酒數.

32 二十七日, 鄭之碩, 金得三, 李敏郁來別, 飯已, 偕信甫發行. 去留之際, 殊覺黯然. 至鎭南樓少憇, (4字缺) 馬上見月出山. 奇秀巉絶, 頗似樓院途上望道峯也. 行十五里, 至月南村, 在月出之南, 故曰月南. 舊有月南寺頗勝, 今廢民人居之. 又西五里爲白雲洞, 承文院正字李彥烈別業也. 洞壑幽邃, 其木多冬柏, 方開花爛然. 庭中引山泉爲曲水, 盖舊日流觴之所. 彥烈死亦廢久矣. 南有小岡隆然, 列植長松. 下爲壇, 可以坐見九井諸峯, 尤奇.

33 艸衣海南名釋也. 余耳其名, 而恨無由目之者久矣. 是歲夏, 讀書於金仙庵. 一日有一上人, 飄然而至, 其容寂, 其言簡, 意以謂有道者, 扣之乃艸衣. 言遊東嶽而還, 嶽於域中名以㝡勝, 若人之於若山, 可謂遇著當題, 是必瓖篇傑句, 可以驚動人者, 求觀其詩若文, 靳不肯示. 求愈勤而靳愈因, 遂不之強言. 是夕肰其儳, 得記行詩若干首, 讀之音韻淸壯, 旨意高遠, 灑然若執熱而濯淸風, 雖函牛一臠, 未嘗遍味, 全豹一斑, 猶可推餘. 又得小簡數十幅, 洪都尉海居, 申參判紫霞, 金學士秋史諸公, 所嘗往復者也. 之三公也, 擒藻媿皇墳, 揮翰邁鍾王. 朝著之雅望, 藝林之宗匠也. 而艸衣遐陬一衲, 何以得諸公之錦注, 若是其珍重. 益信其所有之不淺眇也. 與之寢處旣久, 契益浹情益密, 喜宿願之已償, 佇新熏之有得. 每於林下經行, 水邊納涼時, 從以求焉, 師亦不我厭也. 從無上大湼槃圓明寂照等, 下至百千億劫輪廻底說, 說得瀾翻花墜. 顧余識根迷鈍, 殊無證悟之期恨恨. 異日余將一枝節兩不俗, 訪子于大芚山中, 三条椽下七尺單前, 送了幾個月, 喫緊做工夫, 或庶幾焉, 師其肯爲我不惜拄杖卓一下麼, 伊時當把將遮個便面爲證爾. 繼之詩, 詩曰.

34 草草數字書, 猶足以慰歲暮也. 聞濃鬻釀茶, 日飮數椀, 此何法也. 雖曉矖日進, 猶懼氣削, 況藜莧不充哉. 吾窮如此, 無物濟人, 唯蓄佳茗數百觔, 以索人求, 可謂富矣. 輪也請付此回, 而相愛之深, 不欲沽惠, 諒之如何.

35 戚記委頓如昨, 近添風漸, 項部不運, 尤不可堪也. 茶事旣有宿約, 玆以提醒. 優惠幸甚.

**36** 年來病滯益甚, 殘骸所支, 惟茶餅是靠. 今當穀雨之天, 復望續惠. 但向寄茶餅, 似或粗末, 未甚佳. 須三蒸三曬, 極細硏, 又必以石泉水調均, 爛搗如泥, 乃印作小餅然後, 稠粘可嚥, 諒之如何.

**37** 壽之於人最貴, 而最難得者也. 故壽居五福之首, 而爲三達之一. 所以古人叚辭, 必以壽爲大. 或曰眉壽萬年, 或曰以介眉壽華封之祝, 所先者壽也. 蔡澤之相, 所問者壽也, 然壽不可以一槩論, 其或徒壽而有貧疾鰥獨之憂, 則壽而辱於身者也. 其或老而不死, 無德而壽, 則罔之生者也. 故周民之四窮, 必以鰥獨, 爲恤老之始終. 箕疇之五福, 必以富康寧攸好德, 爲享壽之根本.

惟我高祖考拙菴公, 享人世難得之壽, 無貧疾鰥獨之憂, 兼富康好德之福, 此兩慶帖之所由作也. 一則癸未追婚詩, 一則丁亥追榮詩也. 公自少孝友, 操履端確, 至老康健, 風神瀟灑, 琴床齊壽, 重設九十之儀. 天爵自至, 爰追三世之榮. 共枕則燻篚迭唱, 伯仲之昆弟怡怡, 繞膝則芝蘭幷秀, 汾陽之兒孫詵詵, 山園之芋栗不貧, 衡門之琴書自適. 白雲水石, 且有物外之趣, 陶我性情, 頤我神氣者, 亦莫非享壽之道也, 則公之壽也, 旣享福之全, 而又享福之淸者也. 其視世之徒壽而辱且罔者, 豈可同年而語哉. 公之德行壽考之盛, 不但於當日諸君子侑觴之詞, 徵之矣.

余王考府君, 趾美繼壽, 享年八十有四. 每對兒孫, 娓娓話舊, 稱頌不已. 不肖之所以承聞猶昨. 兩慶詩章, 至於連箱, 而歲久遺失, 今存其一二. 恐夫愈久而愈失, 集成一小冊子, 且以家傳行錄, 受狀跋于霞石成先生, 並載於後, 圖壽其傳. 今於西疇公遺集印行之日, 並付剞劂, 卽公之蓮榜再甲己酉也, 不肖玄孫時憲謹書.

**38** 府君諱彦吉, 字吉甫, 自號守拙菴, 原州人. 高祖諱海, 承議郎, 曾祖諱彬, 號西疇, 文學德行, 詞藻筆法, 爲當世所推服. 仁祖丙寅, 以白衣從事, 儐使, 天使姜曰廣, 翊以神仙中人. 丁卯中生進, 癸酉文科, 官司憲府持平. 贈執義, 有文集, 鄕人俎豆之.

祖諱聃老, 志行高潔, 不屑擧業, 築白雲別墅, 琴書自樂, 號白雲洞隱, 將仕郎, 贈承旨. 考諱泰來, 贈參判. 三世之貤贈, 皆以府君之壽貴. 妣贈貞夫人竹山安氏, 佐郞瓷之女. 佐郞卽文康公牛山邦俊之孫, 成滄浪文濬外孫也.

府君生於肅廟甲子, 英廟己酉, 登司馬, 癸未行還婚禮. 是歲特除副護軍, 丙戌陞同知中樞府事. 丁亥十一月三十日, 考終于家, 享年八十有四. 葬于白雲之震麓子原.

府君少與伯兄博士諱彦烈, 仲弟諱彦喆, 俱有異質, 孝友幷至. 詞藻不及伯仲, 而操履之端確, 有過云. 承旨公嘗鍾愛之, 晚年携府君, 處于白雲別墅. 時府君年尙幼. 承旨公性度簡嚴高潔, 而府君周旋侍側, 小心謹愼, 二十餘年, 如一日焉. 承旨公以別墅付之. 別墅在月出山中, 巖巒秀奇, 溪潭澄澈, 楓壇梅園, 仙臺雲墅, 窈窕幽复, 頗有盤旋之趣.

府君克遵平泉之誡, 因作鹿門之居. 嘗遺書示後孫, 略曰: "噫! 白雲此洞, 卽我王考所築別業也. 余自齠齔, 嘗侍于此洞, 余至今思之, 不覺憮然也. 况付授之際, 重言複戒, 若是其鄭重, 余身不居此, 但食其地, 非順王考之意也. 外假主此, 放賣其地, 亦非順王考之意也. 恪謹遵守, 不墜先志, 是余志也. 嗟! 我長兒長孫, 亦體余志, 恪守勿墜云."

府君早登蓮榜, 已有嘉遯之志. 而時參判公尙無恙, 府君侍側于蓮堂故里. 甲寅參判公

歿, 丙辰服闋, 仍居白雲別墅. 留長子諱毅權于故里, 使供菽水. 歲丙子大饑, 盡室始歸別墅, 於是絶意榮利, 寓樂林泉, 一室圖書, 燕處超然, 專以敎子讀書爲事. 春秋彌高, 精力彌康健, 平居必晨興盥漱, 整冠巾, 以終日簾几脩然, 風神瀟灑, 岸韻森逸. 每春暖秋涼, 麻衣草履, 陟巇臨水, 徜徉忘歸, 輒心會神怡, 悠然自樂. 而亦未嘗留意於詞藻雕琢之末, 坦履幽貞, 飄然有塵外之想.

宋員外翼輝, 嘗造門而有詩曰: "脩然盡日坐溪山, 流水聲中却忘還. 欲丐僊翁分華意, 僦居郁得屋三間." 吳尙書遂采, 朴知申弼幹亦嘗過閭艶慕, 俱有酬唱之句.

從子諱毅敬, 以遺逸, 特授春坊之啣, 黃綺一出, 羽翼儲宮, 退而築室于桐崗之下, 石碉環迴, 且有鳳臺僊巖之勝, 去雲洞董五百弓而近. 或幅巾道衣, 陪杖履於洞裏, 鳩筇鶴氅, 訪花柳於岡下, 兩世一堂, 霜鬢交映, 質以道義, 講以詩禮, 几榻之間, 懽然穆如, 古所謂一門之師友, 淸朝之叔侄也.

府君與夫人幷壽八耋, 鮐背鶴髮, 琴瑟靜好. 侍側四昆季, 鯉趨萊戲, 風儀淸閑, 巾服蕭潔. 孝悌文學, 亦皆爲鄕鄰之望. 諸孫之八九, 輩從繞膝, 進退無不惇謹雅飭, 有法家之風. 當時士夫家, 壽福之俱全者, 無出府君之右云, 而歲在己卯, 庵遭長子逆理之喪, 暮年西河之恨, 爲尺璧之點瑕. 嗚呼! 造物之無全功者, 果如是耶.

夫人崔氏, 系出全州通德郞炫之女, 府柱華之孫, 郡守克雋之曾孫. 和柔承順, 有女士之風. 事舅姑以孝, 敎兒孫有法, 後府君一年而生, 十年而卒, 享年九十有三. 墓與府君同兆. 育四男, 長房曰毅權, 先府君歿, 娶錦城羅氏斗度女, 無育, 繼娶文化柳氏泰冑女, 有一男一女, 男曰顯樸, 女適生員柳光烈. 次房曰毅淵, 娶豐川任氏通德郞思信女, 有三男, 曰養樸, 景樸, 亨樸. 三房曰毅仁, 正廟己未, 壽除僉樞, 娶驪興閔氏生員正漸女, 有三男三女. 男曰最樸, 載樸, 會樸, 女適尹光簡, 曹喜黙, 任禹柏. 四房曰毅天, 娶羅州吳氏時稷女, 有三男. 曰一樸, 孝樸, 恒樸. 內外曾孫, 凡二十七人, 曾玄以下, 不可盡錄.

嗚呼! 府君志行如彼其高, 壽祿如彼其尊. 隧道之銘, 狀德之文, 尙此闕焉, 豈非後昆無窮之憾耶. 不肖敢述家傳遺聞, 撰次如右, 將控于當世秉筆君子, 得一言之重, 而以壽其傳云爾.

39 府君諱時憲, 字叔度, 號自怡, 原州人. 曾祖諱毅權, 英廟己酉登司馬, 癸未特除副護軍, 丙戌陞同知中樞府事. 祖諱顯樸, 字汝臨, 考諱德輝, 妣金氏, 系出光山, 進士致彥之女, 忠壯公德齡之后, 无后. 生考諱錫輝, 卽考之弟也. 生府君四歲而卒, 享年纔二十有八. 妣愼氏, 系出居昌持顯之女, 監司喜男之后. 生二男, 府君其長也. 以母夫人之命, 出系于伯父之后.

府君生于純宗癸亥九月初五日, 終于哲宗庚申五月二十日, 享年五十有八. 葬于白雲洞停仙臺戌坐原. 夫人全州李氏諱仁容之女, 讓寧大君諱褆之後. 先府夫君五年而生, 後府君十一年而卒, 享年七十有四. 墓白雲東麓申原.

府君少與弟諱時淳, 俱有異質. 幼年風樹之憾, 白首被枕之樂, 有足爲頹世之模楷, 性度諄謹寬大, 沈默忿戾之色, 不形于容. 燥暴之言, 不出於口, 一見可知爲善人長者. 於人汎愛, 一以惆惆相待, 不置畛域. 而以至奴隸輩, 亦布之丁寧款密之意, 雖乖違悖戾者, 畢竟

352

中心服膺, 欣悅相勉.

其於親戚, 尤盡誠意, 其出嫁姊妹, 與內外諸從之貧不能自業者, 幷聚一室, 同處十載, 爭長競短, 殆無一日之可安. 然府君愈積誠勤, 扶抑承接之道, 一如一日, 無纖芥可議於言色之間, 而其誠敬仁恕, 忠厚慈諒, 非古君子之所能優過者也.

園笋方苗, 其大如椽, 公日就摩挲而愛之. 有人斫而逃之, 輒敎之以熟飪之方, 野稻旣熟, 雇丁築場, 有人偸藏數擔, 因與之, 諭之以禍福之理. 其或過門, 而濱於饑寒者, 解衣衣之, 推食食之. 其與世之徒善而不能及人者, 豈可同日語哉.

嗚呼! 當考終之日, 召集群子侄, 諄諄焉命之曰: "人生世間, 只有一箇義理, 汝輩勉之. 雖我死之日, 無以錐刀爲利, 兄弟湛和, 叔侄敦睦, 奉祀接賓, 曁撫恤奴僕之節, 一如在我之時. 且寄生歸死, 人之常事, 生何足樂, 死何足悲. 汝曹無至踰禮傷戚可也. 遂恬然而終.

嗚呼痛哉! 嗚呼痛哉! 不肖之所以承聞猶昨, 而雲臺晨夕, 謦咳悠邈, 孺慕百年, 有淚潛然. 當時諸族之聞訃, 匍匐者皆歔息掩泣, 而相顧曰: "門運否塞. 斯人奄忽, 新進後學之輩, 無處攷質." 至今里巷舊老, 種種與其子與孫, 每頌其盛德曰: "自公沒後, 無所告依." 府君非有政令恩威以親其人, 而能使人如此, 其所謂行之以躬, 不言而信者也. 雖行路隷臺之賤, 曾知盛名者, 聞此報, 輒歔息良久而後去. 推此數條, 府君生平用心之洽於人者, 可想其萬一.

府君體字端肅, 神彩明秀, 疏鬢瘦頰, 豐準朗眸, 強學博覽, 無所不通. 麻衣草屨, 嘯咏於白雲草廬, 皓首窮經, 慥慥刻勵, 盡心乎孝悌忠信, 廉潔行誼之方, 探玩乎九經四子九流百家之編, 近襲坡魯之源, 遠接關閩之旨, 韜光鏟跡, 不求聲名, 而遠方朋友之聞風慕義者, 咸以一識其面爲榮. 新太守下車, 必親造廬而禮之, 此所謂珠玉所藏山澤, 不能掩其輝者也.

當時名公賢卿, 往往托契於書辭之間, 千里郵遞, 往復偲切. 如徐尙書憲淳, 以方伯按節南邦, 人有往見之者, 公曰: "子見叔度乎?" 因於篋中, 搜出府君詩與書, 而示之曰: "此誠叔世碩德." 杜皐朴判書承輝, 亦稱碉陸詩禮, 吾於此見. 李尙書寅夔, 曾知是邑, 而下車之初, 卽慕其名, 句題之曰: 以'子國有顔子, 答見吾叔度'爲詩題, 叔度卽府君之字也. '先問徐孺子所居'爲賦題, 豈不以府君爲南國之顔子, 而南州之高士耶? 此皆不肖之所以聞諸耳, 而不能忘于心者也.

撢翁丁公若鏞, 悴於南方, 搆一廬于橘園之北, 爲湘潭餐菊之所. 時府君年纔十一, 負笈拜公于茶山之東菴, 其尊師敬長之節, 攻業課程之功, 儼然老成宿儒. 時群弟子, 議欲會飮, 而使人縊狗而去. 府君見而笑之曰: "死狗拘." 盍狗歸同音故也. 每晨興執箒淨掃, 丌揭危坐浪誦, 不瞻左右. 故撢翁往復書於我王考中有云: "令胤功夫勤篤, 無用加勉." 及其在觀, 又云: "令胤勤業否. 每念其人品極好, 未能相忘." 以沖幼之年, 爲師長之贊譽如此, 府君志尙之夙茂, 才思之敏給, 此可以追想矣. 晚學于霞石成先生近默之門, 業與齒高, 造詣愈新, 當時攷德之士, 無出府君之右, 吁其盛矣.

夫林居多暇, 朋儕過從, 則初筵茶罷, 便欣然共携於淸湍脩竹之間, 講學論文, 竟日忘歸, 區區外物不足以掛累於心, 澹然穆如, 怡怡自得. 泉石烟霞之間, 鳴泉啼鳥, 春花秋楓, 皆

足以陶我性情, 頤我神氣. 故其爲詩也, 淸澹閑遠, 往往造人之不至, 而一言一動, 猶恐蹈襲俗曰. 嘗有詩云: "整余冠服歛余容, 獨保丹田夜氣濃. 妍醜莫逃重磨鏡, 聲音固在未撞鍾. 虛明這處三才主, 動作中間百體從. 持守㘔宜無放失, 春風常醉太和醲"之語, 府君爲學之實, 於此詩得以見其終始焉. 其溫潤之志, 淸苦之行, 存而爲一邦宗師, 沒而爲後學誦慕, 而未克揄揚於當時, 竟作湮沒於後世, 思皇之歎惜齎恨, 不肖之飮泣抱憾, 當復如何哉.

夫人李氏, 亦有女士之風. 絲麻之工, 勤儉爲家, 蘋藻之供, 誠敬承祀, 舅姑曰孝順, 親戚稱淑德, 壼範有則, 婢僕無怨, 髣髴乎府君之用心, 有侔乎古淑女閨法. 育三男一女, 長房勉欽, 娶朗州崔氏儀鉉之女, 有二男一女, 男曰瓛永根永, 根永出, 女適高宗柱. 二房曰正欽, 出系于弟諱時淳之后. 娶廣州李氏基洙之女, 遁村集之後. 有二男, 曰文永斗永. 三房曰不肖復欽, 娶長澤高氏世鎭之女, 霽峯敬命之後, 系根永育四女. 一適尹柱享, 二適閔宰植, 三適四適女, 適李興宇, 孝寧大君補之後.

嗚呼! 府君之志行如彼其高, 文學如此其博矣. 隧道之銘, 狀德之文, 尙 此闕焉. 又有詩若文若干卷, 而不能校而弁於舘閣之手. 抑或有待而然耶. 是皆不肖之不能趾其美, 而顯揚其德者也. 兹逑舊聞與親炙者如右, 嗚呼謹狀.

**40** 先生諱時憲, 字叔度, 號自怡堂, 白雲洞隱公六代孫. 考諱德輝, 生考諱錫輝. 純祖癸亥生. 天資簡重, 淆之不濁, 澄之不淸. 靜居則屹如萬丈喬嶽, 稠座則渾是一團和氣. 濂溪霽月之襟懷, 沂水春風之氣味, 望之儼然, 不問可知爲溫玉君子也.

白雲別業, 舊有先廬. 堂前有九曲池停仙臺百梅塢映紅砌, 東則賞篁圃, 西則楓林壇也. 壁掛輞川之圖, 家守平泉之戒. 早拋公車之業, 專究性理之文, 簞瓢晏如, 杖屨逍遙. 匣藏一琴, 架貯萬卷, 有時興到, 舒蘭亭帖, 揮翰如流, 遠近取法焉. 園竹如椽, 偸兒折芛, 乃剪除荊棘, 爲開小逕, 鄰里咸服其德量. 家有賢弟, 諱時淳, 號月樵, 亦淸高儒雅之士. 對牀怡怡, 不知老之將至也.

李台寅兩縣宰時, 以'子國有顔子, 先問徐孺子所居', 爲詩賦句題, 以試多士, 其意蓋指公也. 徐台憲淳爲方伯, 薦以學行, 京鄕搢紳韋布, 皆嚮風傾蓋. 丁茶山若鏞, 成霞石近默, 皆師範之門, 而朴判書承輝, 尹佐郎奎白, 申輔國觀浩, 尹司馬鍾敏, 與有道義之契. 世之論者, 咸曰: "若使白雲洞近在畿甸之內, 則山林西席, 不讓於他"云.

**41** 余嘗讀自怡先生李公文集, 其磊落偉卓之志, 耿介高常之風, 洽似承敎襲薰. 自知南邦之溫厚君子, 欽崇已爲年所矣. 公之玄孫敬默甫, 訪余延南書室, 請其墓銘曰: "吾高王考諱時憲, 字叔度, 號自怡, 遠祖高麗兵部尙書諱申佑, 始貫原州, 冠冕突世, 逮至江陵大都護府使諱英華, 自廣州遠遜于海南, 因爲子姓隸業之所. 再轉茂長守贈左承旨諱楠, 寓居康津, 生兵馬節度使諱億福. 再轉文科持平, 號西疇諱彬, 以學行, 享月岡祠, 生白雲處士諱聘老, 文學夙著, 操履淸高, 隱德于白雲洞, 贈左承旨. 生贈參判諱泰來, 於公五代以上也. 高祖守拙菴諱彦吉, 以壽副護軍, 曾祖諱毅權通德郞, 祖諱顯樸, 考諱德輝, 業儒而不仕. 妣光山金氏, 進士致彦女, 生家考錫輝, 生家妣居昌愼志顯女也.

公生于純廟癸亥九月五日, 天資寬厚, 孝友篤至, 聰慧絶倫, 不待敎督, 而文藝早著, 不屑

科業, 惟以窮經玩理爲業. 及親有疾, 每禱北辰, 以代其身. 喪以致哀, 一遵古禮, 晨昏哭
墓, 不以風雨寒暑, 或廢祭以致嚴, 必盡如在之誠. 摳衣于茶山丁若鏞, 霞石成近黙兩先
生門, 講磨道義, 俛勉爲已. 南州名士, 莫不愛以敬之, 曾以文章行誼, 屢入道薦, 稱病每
謝, 但以後進養成, 爲終老計. 卒于庚申五月二十五日, 享年五十八, 葬于白雲洞停仙臺.
配全州李氏, 士人仁容女, 有婦德. 戊午生, 辛未四月十六日卒, 墓祔. 育三男一女, 男長晁
欽, 次正欽, 次復欽. 女適全州李應純. 曰曦永根永. 高宗柱, 長房子塔, 曰文永斗永, 二
房子曰根永, 尹柱亨閔宰植林鍾賢尹在龍, 三房系子及壻云." 猗歟盛哉!
公以忠孝詩禮之門後裔, 摳衣于文度公之門, 則可知其道義之深奧. 且讀其書, 則可想其
文雅之造詣. 渺年後學, 復何贅言爲哉. 繼而銘曰:

原城華閥, 兵使後承.
究經講禮, 才德俊英.
繼世赫赫, 有顯其名.
孝友克篤, 爰及弟兄.
從遊茶山, 及門霞石.
隱淪白雲, 稱病辭爵.
雲仍繼述, 貞珉是堅.
銘以詔後, 佇企繩武.
檀紀四三二〇年, 丁卯四月下澣, 忠州后人成均館典學 朴濟允 謹撰
五代孫 孝天 在烈 在湜 謹堅

**42** 公諱彬, 字彬彬, 姓李氏. 以萬曆丁酉, 生于靈巖玉川村, 以仁祖壬午卒于京邸. 卒後二百
有四年, 公之七代孫時憲, 資公行錄, 屬不佞爲之狀, 禮而言曰: "此吾先未遑之事, 愈久
而恐愈泯也. 請以家傳及當時挽誄之詞爲徵." 不佞瞿然辭曰: "文獻斯足徵矣. 又安用渺
然後進之妄加贅論也哉?" 辭之固, 而强之不置曰: "其以私藏, 爲不尊不信而然耶?" 不佞
遂不復敢辭. 世德源委, 按家傳, 文行本末, 按誄詞, 庶幾鄭重之義歟.
按家狀曰: 以高麗兵部尙書慶興君諱申佑爲始祖. 姓慶州之李, 自中葉, 氏爲原州人. 有
諱子誠, 入我朝官左贊成, 三傳而府使公英華, 自廣州移家海南, 生諱智健左通禮, 是公
高祖也. 曾祖諱楠, 茂長縣監, 其居康津自公始. 茂長公才氣過人, 白沙李相公稱公與具
滉洪季男, 齊名焉. 祖考諱億福咸鏡南兵使, 勇畧超倫, 兼善草隷. 萬曆藩胡之亂, 廟堂薦
文武奇才. 公曁劉克良與焉. 考諱海承議郎早世. 妣水原白氏, 玉峯光勳女. 持家訓子, 甚
有徽範. 玉川村卽外鄉也.
公生而聰明, 纔敎數已知屬文. 七齡賦'梨花半開貫玉珠'之句. 性至孝, 甫成童以善居喪
稱. 文詞夙就, 十九發解, 聲名藹蔚. 早從樊圃閔公後騫學, 卽沙溪金先生淵源也. 文章筆
法, 稱其爲玉峯宅相也.
仁廟丙寅, 華使諱姜曰廣王夢尹, 頒詔來. 北渚金公墍爲儐, 將行, 薦公以白衣從事. 時澤堂
李公, 東溟鄭公, 俱有贈別詩, 贊之以南國之美. 及賓筵唱酬, 風儀瀟爽, 詞藻雅麗, 姜天

使詡以神仙中人云. 明年丁卯, 中司馬兩試, 癸酉擢第, 丙子以司瞻直長, 扈駕南漢. 丁丑
遷禮曹佐郎, 己卯拜司諫院正言. 庚辰爲持平, 壬午由兵曹正郎, 六月除長水縣監. 素患
疝積, 至是猝○谷丸, 臨歿之言曰: "老母在堂, 千里旅遊, 求爲專城之養也, 而除命纔下,
賤疾且劇, 噫! 吾行無愧於神明, 而胡至於是耶."

遂以是月二十五日卒, 享年僅四十六. 賢愚貴賤, 莫不驚盡. 以八月返櫬, 哭送于漢濱者,
皆賢公卿也. 十一月某日, 葬于縣北藏寺洞先兆之丁坐原. 康之鄉士, 立祠月岡尸祝之.
有遺稿若干編. 配居昌愼氏, 縣監誠惠, 觀察使喜男曾孫. 淑愼溫惠, 配德無違, 育三男三
女. 男長聘老, 隱德不出, 號白雲洞隱, 贈承旨. 次彭老, 甫卅而夭. 次松老, 生員. 女長適
鄭時立將仕郎, 次適高斗平 參奉. 次適安斗相承旨.

娶李先繼女, 無嗣, 取弟生員仲子泰來爲後. 贈參判. 有一女, 婿曰高可迪生員. 娶生員林
長儒女, 有三男五女. 男長享來, 次卽泰來, 次頤來. 五女婿曰洪敍疇縣監. 尹敬涵進士.
閔濟和, 林柱韓, 朴泰重參判. 四男彦烈生員文科博士. 彦吉生員同知. 彦述, 彦喆. 享來
一男彦謙生員. 頤來三男彦恒彦样彦郁博士. 一男曰毅敬, 逸副率. 號桐岡, 配食于月岡
祠. 餘姑略之.

按師友誄詞, 其曰: "摛辭而試禮, 圍學兩舍, 窮經而登上第, 拾靑紫者, 子之學之力也." 又
曰: "精英之氣, 詎終泯熄. 生松生芝, 爲金爲玉." 挽曰: "名利身如浼, 神明孝可通."者, 錦
陽尉沙西朴公瀰之文若詞也. 其曰: "君篤內行, 孝友在女史. 君擅鄉譽, 月朝在州里, 聲
績在省署, 風裁 在臺閣. 臨池足以絕世, 詞賦足以矜式"者, 中峯朴公瀰之文也. 其曰: "學
文斯專, 孝友餘力. 文軌漢唐, 筆追鍾王. 英名昭代, 白面靑雲. 瑤墀簪筆, 誠寡此流. 異
時調鼎, 匪子而疇."者, 樊圃閔公之文也. 惺菴李公壽仁典翰, 誄之最詳. 有曰: "擅名詞場,
識者咸卜其爲昂霄之材. 鄰里族懿, 皆服其孝友之出天也. 在內無疑行, 在外無疑事. 言無
枝葉, 行無奇袞. 表襮如一, 窮達不貳." 又曰: "天資醇厚, 孰有如彬彬. 好學恂利, 孰有如
彬彬. 難進易退, 孰有如彬彬. 心無町畦, 孰有如彬彬. 芝蘭之質, 金玉之相, 不復見於世
矣."

斯皆當時名勝服公之深惜公之切者, 卽此而可想公僑譽雅望, 用是而狀公德美, 其徵信
孰加焉. 況少年時白衣從事, 及歿而以鄉先生祀之者. 其生也榮, 其死也非殀. 重之以嗇
躬壽後, 孝子不匱, 有家傳遺集之烗烗照人耳目者乎? 謹叙次如右, 以備秉筆家採擇焉.
上之十四年戊申, 禦侮將軍行龍驤衛副司直兼經延官, 昌寧成近默謹狀.

**43** 昔滄溪林先生, 講授於南服, 維時及門者彬彬, 多文學稱焉. 若故承文博士愛日庵李公其
一也. 公諱彦烈, 字烈卿. 原州之李, 自慶州移籍, 以高麗尙書諱申佑爲鼻祖. 繼世簪纓,
有諱子誠, 逮至本朝, 官左贊成, 繩武趾美, 克熾而昌, 兩世武進, 人稱弘署. 至西疇公諱
彬, 以儒術光大之懿學醇德, 爲士林重. 及投俎豆於月岡祠, 官持平, 贈執義, 於公爲曾
祖. 祖諱聘老, 贈左承旨. 考諱泰來, 贈戶曹參判. 妣竹山安氏, 牛山先生邦俊曾孫也.
公生于庚申, 中癸巳生員, 登甲午文科. 歷官承文正字博士, 奉常直長成均典籍. 歿以己
亥, 年僅四十; 何其短耶. 配羅州吳氏, 通德郎錫亨之女. 一男毅敬 官副率, 贈內部協辦.
卽世所稱桐岡先生者也. 一女適進士任泰中. 孫適出男存樸如樸. 女適縣令朴澈源. 庶出

男希樸. 女適朴履忠. 曾玄以下, 不盡錄, 皆業儒, 能世其學. 公之不食之報, 其在斯歟.

嗚呼! 公胚胎前光生, 而已嶄然頭角. 早從賢師, 樂有淵源. 種學績文, 期需世用, 及登科第, 庶展驥步, 則天之眷公, 不爲不厚矣. 公有至性篤孝, 觀於愛日自號之義, 餘可類測. 而忠孝本非二致, 移孝爲忠, 素所期待. 上而聖明察之, 下而儕友信之, 則公於人, 未必爲畸矣. 然而苗而不秀, 昔人所唏, 而旣秀矣, 又摧折之, 天之生斯人也, 果何意也. 抑亦氣數之推蕩, 天不能勝之, 而人不得有爲歟. 顏淵之短命, 伯淳之無福, 從古同然.

嗚呼嘻噫! 公於斯文事, 執正不撓. 迨丙申球疏上, 而時相釀凶斯文之禍慘矣. 於其時, 公有雜錄記事甚悉, 公雖歿而書猶存, 可以竢百質千矣. 其在扶正斥邪之義, 豈云小補之哉. 公之葬, 在所居第後西向之原, 夫人祔右. 今爲二百餘襈, 而墓道未備, 后孫敏默, 將堅石表, 來請以陰記. 余雖不文, 顧念世好, 不忍終辭, 謹撮其狀辭, 兼附昔所慨者, 識之云爾. 坡平后人, 進士尹圭炳敬撰.

**44** 愛日庵李公諱彦烈, 字烈卿. 李氏自慶州移籍, 今爲原州人. 高麗兵部尙書諱申佑爲鼻祖. 入我朝諱子誠, 官左贊成. 有諱英華, 以江陵府使, 移居于湖南之海南縣, 後遷于康津地, 子孫仍居焉. 有諱楠, 有諱億福, 連二世, 以武進位, 雖不大顯, 豐度偉略, 大爲諸名公所稱詡. 有諱彬, 號西疇, 文章德學有名士友間. 兼工於墨藝, 人得片字, 咸珍焉. 捷生進兩試, 晚登文籍, 數於畸不展抱. 官持平, 贈執義, 院享于本縣之月岡, 於公爲曾祖. 祖諱聘老, 考諱泰來, 俱有文學, 隱德不仕. 後贈祖左承旨. 考戶曹參判. 妣竹山安氏佐郎岺之女, 牛山先生邦俊曾孫.

公以肅廟庚申八月十三日生, 癸巳中生員, 甲午魁文科. 歷官忠武衛司正, 承文院正字, 著作博士, 至成均館典籍. 己亥三月三日, 病卒于京邸, 距生之年, 僅四十; 朝野莫不嗟惜焉. 自襲斂至窆歸, 洛下諸公, 躬親看護, 出力助費, 葬于芝山里本第後麓, 卯坐之原.

嗚呼! 公生有異質, 已自孩提, 性不好弄. 及長從學于滄溪先生, 深得爲學門路, 雖席間單傳之旨, 今無記述可徵, 而以後來入身之初, 適値斯文陽九之會, 的見義理之正, 痛斥黨人之誣, 至於立說論斷者觀之, 其有得於師門緒餘大矣. 公篤孝根性, 志物之養, 各致其誠, 平居不離親側. 晚年從宦在京, 得暇輒歸覲. 侍坐色容俱備, 祥和之氣, 溢於言辭. 愛日之號, 專由於孝心純摯, 而天不假年, 竟未終養, 此爲公難瞑之恨, 而人以是益悲之.

公學有淵源, 固不屑屑於進取, 而爲養俛就科業程式之文, 六體咸備, 尤長於策. 竟以是取巍科. 今觀其文, 文章優贍, 條對甚悉, 人或擬之李文成天道對策, 此雖過獎, 公之造詣, 推可知矣. 如使公少延壽限, 左右明辟, 黼黻皇猷, 則其所成就, 何渠不若古人, 而終使參天豫章, 一朝摧折, 旣與之厚, 復奪之速, 天之生斯人也, 果何意歟. 此重可悲也.

公於斯文事, 有日錄甚悉. 盖其時球疏逞凶 時相釀禍讒說, 入于左腹, 竟施先正兩世刊削之典, 繼有遺集毀板之擧. 於是公議峻發, 各自疏辨, 且設縉紳疏廳, 謙齋趙公泰億主論, 或以無前例惑之, 公曰: "爲師辨誣, 奚論前例有無. 吾輩始, 亦可爲後日前例. 復可疑乎?" 趙公亟是之, 竟以議不合中止, 公曰: "此似兒童鬪草之戲也. 徒令貽羞於黨人, 慨歎無已." 其曰: "我國政治, 模倣宋朝, 故小人之禍亦然. 宋朝則惇京螫毒, 溫公之通鑑, 毀佗胃弄權, 二程之全書, 毀終至爲二次慘變. 我國則自于光毀佔畢齋集板, 至于今日事,

而亦爲二次慘變." 此在日錄中說, 而其卓見正識, 皆不可遺也.

夫人羅州吳氏, 士人錫亨之女, 翰林希道之曾孫. 有賢行, 克配無違, 鄉黨稱之. 生一男一女. 男毅敬, 以廟薦入桂坊, 爲副率, 受知震邸, 最蒙睿奬. 自壬午後, 矢心不就職. 及莊陵追崇, 特贈嘉善大夫, 内部協辦, 遣官賜祭, 即世所稱桐岡先生者也. 娶進士高漢亨之女, 長男存樸, 次男如樸. 女適縣監朴澈源. 庶出男希樸, 女適士人朴履忠. 一女婿進士任泰中, 有男女各一人. 曾玄以下, 多不盡錄. 而長房下最蕃. 今世適孫祥林, 能世其家. 有子敏默, 孫孝元, 頗有文藝, 志尚不俗. 公之後祿, 方未艾矣.

嗚呼! 公歿已二百有餘禩矣. 雖博古者, 但識公爲西疇之肖孫, 桐岡之賢父, 滄翁之高弟, 而登高科早歿, 無所成而已. 若乃見識之高, 趨向之正, 論議之峻爽, 文辭之富麗, 凡所以爲不朽者, 咸無聞焉. 太史公所悲名湮沒而不稱者, 重爲公一唏也. 記曰: "先祖有善而不知不明也. 知而不傳, 不仁也." 今敏默爲是之懼, 以其大人所述行錄一通, 謁于尹上舍圭炳, 撰表記, 侈墓顏, 復就舊籠, 收拾得若干文字, 編成一冊, 將付剞劂印行, 猶以爲未也. 則且告余而曰: "夫人之德善, 必待狀而後傳. 而吾祖事行, 公所稔悉也. 願得一言, 俾圖傳後, 則不明不仁之罪, 小子其免矣." 夫面要書, 懇不啻重複. 余固嘉其志, 而不忍孤其言, 乃綴錄中語, 畧附己見爲狀, 以備儒林一傳. 錦城林志洙謹狀.

**45** 伏以表奬名節, 樹立風敎, 朝家之成典也. 尊尚學行, 圭璋聞望, 士林之公議也. 今我康津縣, 故翊衛司副率, 桐岡李先生諱毅敬, 以節義道學, 存以爲遠近所宗іnho. 沒而爲後生之所誦慕, 而尚未蒙太常之採錄春官之襃贈, 則豈非明時之欠事, 思皇之缺望也哉.

先生郎詩禮醇儒之家, 燀世華閥, 不必覼縷, 如陸機之詞賦, 而以持平李公之孫, 博士李公之子, 兼又孝之篤, 學之明, 行之高, 仁之至, 而無表襮之色, 乖崖之端, 而年未屆立, 寓意於實地之學, 樞衣於尹敬菴門下. 蓋審愼字工夫, 爲吾儒入德宗旨, 而坡山淵源, 有所傳受者也.

自玆致力於正心律己之工, 用意於尊德盡性之學, 始之以格致爰屆治平之關振, 本之以曾傳率由程朱之旨訣者, 何莫非古賢上達之要法, 而倡儒道於遠方, 賁斯文於末路者, 有若耀明燭於昏衢, 懸明星於長夜. 至於敦睦之義, 以處一家, 周恤之義, 以處同鄉, 少無慙於張公藝之厚德, 欲效夫范文正徽躅也. 處身主平廣之域, 待人主和弘之氣, 爲文主性理之說, 積學累工然後, 存諸中者, 發諸外, 斐然日章, 己有成德之譽. 九皐之鳴鶴雖遠, 將發聞天之響, 桂櫝之美玉雖蘊, 終有待價之時.

繡史之襃揆天曹之拔擢, 不是自眩自媒, 而思傳爵祿可辭之訓, 韜晦於江海魚鳥之鄉, 隱逸於山林花竹之室, 而有乎衣錦而尙絅, 藏珠而媚澤, 令名四達, 其在明庭搜巖之日, 桂坊一召, 果是遐外寒士之淸望, 薰沐應命, 累入書筵, 文義之敷達, 容儀之修正, 令同席之士, 欽艷而奬詡, 至於玉音琅然, 諭以善陳文義, 特賜寶墨, 此乃曠世殊寵, 而惟其用捨行藏, 若符於魯論之告顏氏, 隱遯憂樂, 或體乎義經之揭文言. 晚築一室於月出之陽, 扁以桐岡, 而及其易簀也, 四鄰章甫, 營建院宇, 小伸仰恭之誠, 而第伏念以若此文學德行, 生未展抱負之用, 死未蒙崇奬之報, 南士之抑欝爲如何哉.

伏惟閤下以蒼珮朱軒之節, 任白筆霜簡之啓於該道, 則凡於襃奬之節, 無微不燭. 伏願閤

下, 克恢公聽, 博採衆議, 以故副率桐岡李先生篤實之學, 莊獻世子表賜之詩, 枚擧轉達
於天階之下, 俾蒙褒贈之典, 以之扶名敎於一代, 樹風聲於百世, 千萬幸甚. 伏不勝屛營
祈懇之地, 謹冒昧以陳繡衣閤下.

壬寅六月 日

康津幼學 金世元 金正琪 崔吉興 金樂基 吳性鉉 朴達孝 吳龍海 尹邦鎭
靈巖幼學 文曺宅 愼五顯 崔志欽 玄傅澈 曹英鎭
海南幼學 任廷鳳 尹鍾泰 李錫章 朴宗曄
昌平幼學 高濟臣 盧光錫
南原進士 權時應 宋仁煥
全州幼學 李重憲 進士 羅時元
羅州幼學 柳宜澈 朴彝鉉
光州幼學 高正鎭 尹永駿 文達院 文箕權 白混洙
長興幼學 高五鎭 等

之德之行, 若是卓善, 生焉而未展所蘊, 沒焉而尙稽虵褎, 士林之齎鬱, 安得不爾. 啓聞禮
重, 第當有商量白事.

46 戊辰七月十四日, 筵對兼弼善臣黃景源, 司書臣任珣, 副率臣李毅敬, 同爲入侍. 講畢欲
退, 東 宮邸下忽下詢曰: "桂坊家何在?" 臣毅敬起伏對曰: "臣家在全羅道康津." 東宮曰:
"他人所不解之文義, 桂坊每敷陳善諭, 心深嘉之, 欲有所表贈矣." 因出一幅紙, 付案右
內侍, 曰: "以此與桂坊." 內侍誤聽, 輒趍詣於黃弼善前, 東宮廣聲曰: "何不與桂坊?" 內
侍慌遽持奉於臣毅敬之前, 臣謹受而披看, 則乃此七言四句, 三言六句也. 臣遂起伏謝
曰: "臣充數宮僚, 逐隊旅進, 至於文義, 時有敷陳者, 而亦不過章句中, 已盡著明者. 善諭
之旨, 臣不敢冒當. 而賜詩恩數, 特出千萬意慮之外, 尤極慚惶罔措矣." 東宮又曰: "近來
日氣雖熱, 此則予自手書. 昨日春坊下番所持去者, 中官書之, 非予手筆也." 蓋其前日, 黃
景源起伏曰: "臣出入經筵幾何年. 出入書筵幾何年. 尙不得邸下睿筆. 未知近日有何所
書乎?" 東宮遂命內侍, 出授一幅紙, 乃七言二句詩也. 景源曰: "此詩臣請奉歸矣." 東宮不
答, 再請又不答, 景源憮然. 任珣起伏曰: "請奉出於外, 謄書後還納." 東宮曰: "下番持去
可也." 景源袖詩, 拜謝而出. 昨日下番所持去之敎, 蓋持此也. 毅敬遂奉詩, 拜謝而退. 副
率臣李毅敬謹識.

참고문헌

**단행본**

김영숙, 『백운옥판차 이야기』, 다지리, 2008.

민경현, 『한국정원문화』, 예경산업사, 1991.

양광식, 『다산의 강진 유배 18년』, 강진문사고전연구소, 2003.

_____, 『강진과 차』, 강진문화연구회, 2008.

_____, 『다산과 강진 백운동』, 강진문사고전연구소, 2012.

양광식 외, 『월출산 강진 땅 이야기』, 강진문사고전연구소, 2010.

이상욱 편, 『원주세고(原州世稿)』, 해성사, 1997.

이효우 편, 『백운세수첩(白雲世守帖)』, 연담문고, 2001.

정동오, 『한국의 정원』, 민음사, 1986.

정민, 『다산의 재발견』, 휴머니스트, 2011.

_____, 『새로 쓰는 조선의 차문화』, 김영사, 2011.

최계원, 『우리차의 再照明』, 차와사람, 1983.

최규용, 『금당다화』, 이른아침, 1978.

諸岡 存·家入一雄 共著, 『朝鮮の茶と禪』, 東京 : 日本の茶道社, 1940.

諸岡 存·家入一雄 共著, 김명배 역, 『조선의 차와 선』, 보림사, 1991.


**논문**

강순형, 「우리가 지켜내야 할 최초 차 브랜드 백운옥판차」, 『차의 세계』, 2006년 10월호.

_____, 「이한영 생가 왜 잊고 있는가」, 『차의 세계』, 2006년 10월호.

김수진, 정해준, 심우경, 「강진 백운동 별서정원에 관한 기초연구-입지와 공간구성을 중심으로」,『한국전통조경학회지』Vol 24, No 4, 한국전통조경학회, 2006. 12, 51-61쪽.

손연숙,「우리나라 차산업에 있어 이한영의 백운옥판차가 가지고 있는 의의에 관한 고찰」, 원광디지털대학교 대학원, 2008.

오사다 사치코,「조선말기 전라남도지방의 음다풍습에 관한 연구」, 성신여대 석사논문, 2007.

_____,「금릉월산차와 백운옥판차 소고」,『한국차학회지』Vol 14, 2008.

_____,「아유카이 후사노신 생가 방문기」,『차와 문화』, 2007년 가을호.

_____,「이한영과 최초의 차 브랜드 문제」,『차와 문화』, 2007년 가을호.

이재근,「조선시대 별서정원에 관한 연구」, 성균관대 조경학과 박사논문, 1992. 4.

최석환,「강진 월산차 상표 드디어 발견되다」,『차의 세계』, 2006년 10월호.

_____,「이한영의 백운옥판차 제다비법을 밝힌다」,『차의 세계』, 2006년 12월호.

# 찾아보기

# 강진 백운동 별서정원

ⓒ 정민 김춘호

1판 1쇄 2015년 3월 23일
1판 3쇄 2023년 6월 5일

지은이 정민
사진 김춘호
펴낸이 강성민
편집장 이은혜
마케팅 정민호 박치우 한민아 이민경 박진희 정경주 정유선 김수인
브랜딩 함유지 함근아 박민재 김희숙 고보미 정승민
제작 강신은 김동욱 임현식
독자모니터링 황치영

펴낸곳 (주)글항아리 | 출판등록 2009년 1월 19일 제406-2009-000002호

주소 10881 경기도 파주시 심학산로 10 3층
전자우편 bookpot@hanmail.net
전화번호 031-955-8869(마케팅) 031-941-5159(편집부)
팩스 031-941-5163

ISBN 978-89-6735-186-1 03900